HISTOIRE
DE
SAINTE SOLANGE
VIERGE ET MARTYRE
PATRONNE DU BERRY

PAR

L'ABBÉ JOSEPH BERNARD

DE MONTMÉLIAN

SOCIÉTÉ GÉNÉRALE DE LIBRAIRIE CATHOLIQUE

PARIS
VICTOR PALMÉ
Directeur général
RUE DE GRENELLE, 25

BRUXELLES
J. ALBANEL
Directeur de la succursale
13, PLACE DE LOUVAIN

M DCCC LXXVIII
(Tous droits réservés)

HISTOIRE

DE

SAINTE SOLANGE

LE PUY, IMPRIMERIE MARCHESSOU.

HISTOIRE

DE

SAINTE SOLANGE

VIERGE ET MARTYRE

PATRONNE DU BERRY

PAR

L'ABBÉ JOSEPH BERNARD

DE MONTMÉLIAN

SOCIÉTÉ GÉNÉRALE DE LIBRAIRIE CATHOLIQUE

PARIS	BRUXELLES
VICTOR PALMÉ	J. ALBANEL
Directeur général	Directeur de la succursale
5, RUE DE GRENELLE, 25	5, PLACE DE LOUVAIN, 5

M D CCC LXXVIII

(Tous droits réservés)

DÉDICACE

A SA GRANDEUR

Monseigneur Charles-Amable de LA TOUR-D'AUVERGNE-LAURAGUAIS

Archevêque de Bourges, Patriarche, Primat des Aquitaines.

Monseigneur,

Elle se place naturellement sous votre haut patronage, l'Histoire de la sainte Patronne du diocèse que vous illustrez par vos vertus, comme par l'éclat de votre nom. Aussi permettez-moi de vous l'offrir, et daignez en accepter la dédicace et l'hommage, bien qu'ils ne viennent pas d'un de vos fils dans le sacerdoce.

Le nom de la Vierge du Berry, avec sa gracieuse légende, a pénétré jusqu'au cœur de nos

montagnes de Savoie. Son histoire m'a charmé et j'ai voulu la faire connaître davantage, croyant le moment favorable; car, vous le savez mieux que tout autre, Monseigneur, ce sont les bergères qui sauvent la France. . . . . . .
. . . .

Oubliez l'étranger, Monseigneur, pour ne vous souvenir que de la grande Sainte qui protége votre pays et dont vous vous plaisez à rehausser le culte, à restaurer les chapelles, à faire grandir la dévotion dans tous les cœurs; et, dans cette pensée, veuillez prendre sous votre protection ce mince volume que je dépose respectueusement aux pieds de votre Grandeur, et agréer, Monseigneur, l'expression du profond respect avec lequel

J'ai l'honneur d'être,

de votre Grandeur,

le très-humble serviteur,

L'abbé J. BERNARD, *de Montmélian.*

APPROBATION

De Monseigneur ROSSET

Evêque de St-Jean-de-Maurienne.

Evêché de St-Jean-de-Maurienne, le 22 avril 1878.

Monsieur l'Abbé,

Absorbé en ce moment par beaucoup d'affaires, et sur le point de partir pour ma visite pastorale, je n'ai pu me procurer le plaisir d'examiner moi-même la Vie de sainte Solange ; mais j'ai confié cet examen à un ecclésiastique très-compétent, qui a écrit l'*Histoire hagiologique du diocèse de Maurienne*. Son rapport est favorable à votre livre : il me dit qu'il « *est plein de foi et de piété, écrit avec le cœur « et à la lumière d'une saine théologie. L'auteur « narre pieusement les faits miraculeux qu'il » rencontre sur son chemin......* » Il me signale quelques défauts secondaires, que vous pourrez facilement faire disparaître dans une nouvelle édition. Je vous félicite donc d'avoir entrepris d'écrire la vie d'une fervente chrétienne qui peut être proposée comme modèle aux jeunes personnes, et j'appelle sur votre ouvrage les meilleures bénédictions du ciel.

Recevez, cher Monsieur l'Abbé, l'assurance de mon respectueux et affectueux dévouement.

† Michel, *évêque de Maurienne.*

APPROBATION

DE Monseigneur DE LA TOUR-D'AUVERGNE

Archevêque de Bourges.

Archevêché de Bourges, le 21 avril 1878.

Monsieur l'Abbé,

J'accepte très-volontiers la dédicace de votre nouvelle Histoire de sainte Solange, Patronne du Berry. Tout ce qui peut servir à étendre l'honneur et le culte de notre glorieuse Patronne ne peut que mériter, de notre part, encouragement et reconnaissance. Aussi, est-ce de tout cœur que je forme des vœux pour le succès de votre livre.

Agréez, Monsieur l'Abbé, l'assurance de mon humble dévouement en N.-S.

† C. A. *Archev. de Bourges.*

APPROBATIONS

De N. N. S. S. les Évêques de Chambéry,
de Bourges, de St-Jean-de-Maurienne.

Sans parler du bonheur qu'il éprouve, l'auteur est vraiment confus des approbations flatteuses qui ont accueilli son livre, dès sa première apparition. C'est déjà pour lui une des plus douces récompenses qu'il en ût attendre. Qu'on lui permette de citer ici ces hautes approbations, en commençant par celle qui a le plus délicieusement ému son cœur filial de prêtre, parce qu'elle enait de son vénérable père dans le sacerdoce.

APPROBATION

De Monseigneur PICHENOT

Archevêque de Chambéry.

Archevêché de Chambéry, 21 avril 1878.

Monsieur l'Abbé,

Je viens de parcourir votre charmante Histoire de sainte Solange : *c'est un vrai poëme. Je suis* encore tout embaumé du parfum qu'on y respire, et tout émerveillé des recherches et des citations qu'il renferme. Il vous a fallu pour composer ce volume l'imagination et les couleurs d'un poëte, le travail et la patience d'un bénédictin. Il y a tant de fraîcheur et de suavité dans la vie de cette douce et humble bergère qu'on la croirait sœur de Cécile, d'Agnès, de Geneviève, de Rose de Lima, de Germaine Cousin.

Je désire que ce beau et bon livre se répande et soit lu partout; ce sera un encouragement et une consolation dans les tristesses et les abaissements de l'heure présente, et des jours mauvais que nous traversons.

Recevez, Monsieur l'Abbé, avec mes remercîments et mes félicitations, la nouvelle assurance de mon parfait dévouement.

† P. A. *Archevêque de Chambéry.*

APPROBATION

De Monseigneur DUPANLOUP

Evêque d'Orléans.

———

Evêché d'Orléans, 26 avril 1878.

Monsieur l'Abbé,

J'ai reçu l'exemplaire de votre Histoire de sainte Solange que vous avez bien voulu m'adresser, et je vous prie d'en agréer tous mes remerciements. Les accablements que j'ai trouvés ici au retour d'une longue absence ne m'ont pas encore permis d'en achever la lecture; mais ce que j'ai pu en lire déjà m'a charmé et édifié. Sainte Solange est populaire aussi dans mon diocèse, et son histoire est assurément une de nos plus gracieuses traditions. Je vous félicite, Monsieur l'Abbé, d'avoir eu la pensée de l'écrire, et de n'avoir négligé, pour le faire avec succès, aucune recherche. Votre livre ne peut qu'accroître parmi nos populations la dévotion envers la sainte bergère, de si suave et héroïque mémoire.

Veuillez agréer tous mes bien dévoués hommages en N.-S.

† F. Ev. d'Orléans

DÉCLARATION DE L'AUTEUR

Pour se conformer aux décrets d'Urbain VIII du Saint-Office, publiés en 1623, 1631 et 1654, l'auteur de cet écrit proteste qu'on ne doit ajouter à ce qu'il rapporte des différents prodiges attribués à sainte Solange, que la croyance raisonnablement due à une autorité purement humaine et au jugement d'un simple écrivain humblement soumis d'avance à toutes les décisions de l'Eglise.

L'abbé J. BERNARD.

PRÉFACE

Dès sa première apparition dans le monde, le Christianisme créait un type nouveau d'une incomparable beauté, qui devait rayonner à travers les siècles et se reproduire à l'infini en faisant luire sur le front de la femme l'auréole de la virginité. A cette auréole le martyre ajouta bientôt la sienne; et l'on vit alors le plus beau spectacle qu'il soit donné à l'homme de contempler, le spectacle des Vierges-martyres, figures resplendissantes, vivants reflets de Dieu, qui planent au-dessus des hontes du paganisme et des ténèbres de la barbarie.

On peut se demander si le Christianisme a

rien produit de plus attrayant et de plus achevé ; ce qui est certain, c'est que, hors de lui, rien de semblable ne s'est jamais trouvé et qu'aucune poésie n'égalera cette poésie. Il est là, dans sa plus magnifique réalité, cet idéal que les artistes poursuivent dans leur rêves ardents et qu'ils demandent en vain à la mythologie païenne.

L'imagination ne conçoit rien au delà de la beauté de ces types admirables de nos vierges chrétiennes, blanche légion ensanglantée par le martyre. Le regard s'y attache et s'y repose comme dans la contemplation d'une vision du ciel. Des vierges, plus encore que des autres saints, on peut dire qu'elles sont *les fleurs du jardin de Dieu.*

Parmi ces fleurs de la sainteté, il en est une humble et cachée comme la violette, qui, après mille ans, embaume encore l'Eglise, le Berry et la France. De cette fleur moissonnée à son aurore, je voudrais vous faire aspirer le parfum en vous disant l'histoire naïve et touchante de sainte Solange, qui a charmé tout un peuple de génération en génération et que connaissent toutes les chaumières du Berry.

Cette histoire est un poëme tout de foi et d'amour au milieu de la barbarie du moyen âge, le poëme de la virginité couronnée par le martyre. Il faudrait la lyre des anges pour le chanter et je n'ai que ma foi et mon cœur.

Solange est, parmi les saintes de France, la figure de vierge la plus douce, la plus sympathique et la plus suave qu'on puisse rêver. Elle a du lys des champs la grâce et la fraîcheur : vierge, elle en a la blancheur immaculée et les roses du martyre couronnent son front.

Son nom est doux comme un écho du ciel ; il n'a guère retenti que dans le Berry et les provinces circonvoisines ; plus loin, il devient presque inconnu. Il y a peu de temps encore, je l'ignorais moi-même ; mais quand j'eus, pour la première fois, entendu cette poétique légende des siècles de foi, le désir me vint de visiter les lieux témoins de l'enfance et du martyre de la Sainte. Je vis le village qui l'a vu naître et, non loin de là, le bourg, l'église, l'élégante chapelle, la fontaine et le champ qui portent son nom. Je me prosternai sur ce *champ du martyre* où, depuis dix siècles, tant de pèlerins se sont prosternés ; je baisai avec respect cette terre sacrée qui a bu son sang virginal, ce gazon béni qu'au jour du pèlerinage les enfants et les femmes arrachent à pleines mains pour l'emporter comme des reliques dans leurs demeures.

A partir de ce jour, le souvenir de la vierge-martyre s'imposa à ma pensée ; je résolus d'étudier sa vie et de l'écrire, afin de faire connaître et aimer le plus possible cette sainte bergère qui n'eut rien des grandeurs de la terre, mais qui a toutes les gloires du ciel.

A cette heure d'effroi où notre vieille société chancelle sur ses bases, au milieu des effondrements inouïs qui nous menacent de toutes parts, il importe plus que jamais de résister au courant dévastateur de l'impiété, du scepticisme et de la révolution.

Et pour cela que faut-il ? Renouer la chaîne

PRÉFACE VII

es temps, rattacher le présent au passé, re-
rendre nos traditions, restaurer la foi et les
mœurs antiques ; en un mot, refaire une France
chrétienne et avec elle, un monde chrétien.
Eh bien ! si quelque chose peut contribuer à
cette œuvre de rénovation religieuse, si nécessaire à notre siècle et à notre pays, assurément
c'est le culte des saints. Pour le bien comprendre, il suffit de considérer attentivement
quelle est, dans le monde, la mission sociale
des saints et des saintes ; quelle fut, en particulier dans la Gaule, la mission de nos saints
français et de nos saintes françaises.

Deux paroles de l'Evangile préparèrent la
régénération du monde. Sur cette civilisation
dont le dernier mot est l'amour effréné de l'or
et de la volupté, le Christ laisse tomber cette
parole sublime et féconde : « *Bienheureux ceux
qui ont le cœur pur et l'esprit de pauvreté !* »
Et dès lors, sous les premiers souffles du
christianisme, on vit naître, réchauffée par sa
pure et fortifiante haleine, cette phalange de
saintes, de vierges et de martyres, qui devait

traverser les âges, affrontant les persécutions, souriant aux tortures, priant dans les arènes ou sur les bûchers ardents pour de là s'envoler au ciel.

Ce furent, dans les premiers siècles de l'Eglise, les saintes Thècle, Blandine, Théodora, Potamienne, Eulalie, Cécile, Agathe, Agnès, Lucie : noms harmonieux, ravissantes figures qui nous attirent par le triple ascendant de la vertu, de la jeunesse et de la beauté. Elles brillèrent comme des phares lumineux et bienfaisants dans les ténèbres de l'idolâtrie.

Dieu suscita ces âmes admirables d'héroïsme et d'abnégation pour condamner les vices de la société romaine qui périssait, et leurs vertus furent comme les sources où se renouvela le monde sorti des invasions. Et, durant les siècles tumultueux qui suivirent, quand il s'agit de transformer les Barbares et de les conquérir à la religion chrétienne qui s'élevait jeune et vigoureuse sur les ruines du monde païen, c'est encore à nos saints et à nos saintes que Dieu réserva cette difficile mais sublime mission. Aussi les vit-on se multiplier sur le sol des Gaules, « en même temps que les guerriers et les héros : les guerriers et les héros conquéraient la terre, les saints et les saintes conquéraient les âmes; grands évêques, grands moines, grandes saintes; c'est une pléiade incomparable; celle-ci surtout, les saintes, furent l'attrait le plus doux dont Dieu se servit pour apprivoiser les barbares; leur violence tombait devant cette douceur chrétienne, leurs passions rebelles cédaient au charme de ces vertus. Et ces femmes, et ces vierges, Dieu les prenait partout, à la cour des rois francs ou dans les familles populaires ; tantôt c'étaient des reines, comme Clotilde, Bathilde, Radegonde, et tantôt des bergères, telles que Geneviève et telles que Solange.

Sainte Geneviève, sainte Solange, et plus tard Jeanne d'Arc, une bergère aussi, et un jour peut-être une sainte, et, à une époque plus rapprochée de nous, sainte Germaine : il y a une complaisance manifeste de Dieu, et dont nous avons le secret, à se choisir de tels instruments de son action sur son peuple chéri de France. C'est *qu'il aime à prendre,* dit saint Paul, *ce qui est faible, pour vaincre ce qui est fort.* Mais *de même,* dit l'Apôtre, *que l'étoile diffère de l'étoile en clarté,* ainsi de la gloire des saints sur la terre. Il y en a qui ont rayonné sur tout un peuple et qui sont honorés et invoqués par toute une nation. Il en est d'autres qui, non moins grands aux yeux de Dieu, mais moins illustres parmi les hommes, sont en quelque sorte réservés à une province, à un pays, comme ses patrons et ses protecteurs particuliers. Cette gloire plus modeste est celle de Solange [1]. » Solange a sa place d'honneur, sans doute, parmi nos saintes françaises ; mais elle est avant tout la sainte du peuple, la sainte des campagnes, la glorieuse patronne du Berry.

Elle est de toutes les saintes de France celle dont on a le moins parlé, mais qu'on a le plus priée peut-être dans tous les diocèses en-

---

1. L'abbé LAGRANGE, *Panégyrique de sainte Solange.*

vironnant celui de Bourges. Là, la foi en elle est très-vive; elle a laissé des empreintes profondes dans les cœurs plus encore que dans les monuments.

De toutes parts on accourt à ce pèlerinage du lendemain de la Pentecôte; bien des guérisons y sont demandées et presque tous les ans il y a des miracles obtenus. Une sainteté aussi pure mérite mieux que cette gloire restreinte; il est temps qu'elle rayonne du cœur jusqu'aux extrémités de la France. Il convient de montrer à tous les yeux « ce trésor que cachait, vers la fin du neuvième siècle, sous un toit de chaume, dans une famille de braves cultivateurs, un petit village du Berry » [1].

Mais comment reproduire dignement cette chaste figure aux illuminations tranquilles? C'est à genoux que je voudrais la peindre dans le ravissement et dans l'extase, comme faisait Angelico de Fiesole pour les têtes du Christ et de la Vierge. Je voudrais vous la montrer

---

1. L'abbé LAGRANGE, *Panégyrique de sainte Solange.*

non pas seulement comme je l'ai entrevue dans mes rêves, flottant dans l'espace, chaste et pure, rayonnant de l'amour divin, mais simple dans sa dignité, calme, grande en son âme comme elle l'est aux yeux de Dieu, afin qu'en lisant ces pages vous ayez le désir de l'imiter, vous surtout, jeunes filles de France à qui ce modèle a été donné. Je voudrais vous mettre au cœur un grand amour de Dieu, vous faire comprendre le secret de la sainteté de Solange, son amour profond pour le Christ, sa pureté venant de ce sentiment divin.

C'est là mon but et il aura été atteint, si quelque âme d'élite trouve sa voie vers Dieu en admirant Solange, et, comme elle aussi, consacre sa jeunesse à Jésus !

Puisse la Sainte répandre la grâce dans cet écrit commencé sous les auspices des saints Anges, qu'il s'achève à la gloire de Celui qu'elle a tant aimé, et, selon la poétique prière d'un hagiographe du moyen âge, racontant la vie de sainte Agnès : « Qu'elle-même, la douce Patronne du Berry, trace des lettres d'or sous la plume de son indigne historien et qu'elle verse sur ses paroles la rosée d'un divin nectar » [1] !

« 1. *Agnes auro sui pennam scriptoris innunget, linguam nectareo compluat igne meam.* » Philipp. ab Elemosynis, abbatis Bonæ-Spei, apud Boll. Jan. xxi.

Paris, 2 octobre 1876, en la fête des saints Anges.

VIE
DE
SAINTE SOLANGE

CHAPITRE PREMIER

LE SIÈCLE DE SAINTE SOLANGE

Avant de contempler la douce image de cette Sainte à qui je voudrais rendre la fraîcheur et le parfum des anciens jours, il convient, ce semble, de jeter un coup d'œil sur tout ce qui l'entoure, sur les événements, les personnages, les mœurs, les usages du temps où elle vécut. Qu'il nous soit donc permis, pour faire mieux comprendre la vie de sainte Solange, de tracer une esquisse de l'état du monde chrétien à son époque.

Sans doute, tout ce qui l'emplit ne se présentera pas dans le cadre restreint de cette histoire ; mais, en suivant ce sentier biographique, il nous sera donné d'entendre comme l'écho lointain des grands événements de ce neuvième siècle qui reçut l'influence de notre Sainte et l'éclat de ses vertus.

Tout en restant fidèle à l'idée fondamentale de ce travail qui doit être d'écrire une hagiographie, il est utile de donner un cadre au tableau : la figure de la Sainte n'en ressortira que plus brillante et plus radieuse.

Malgré de nombreuses et actives recherches, il nous a été impossible de trouver et de fixer avec certitude la date précise de la naissance de sainte Solange et celle de son glorieux martyre.

Godescard et deux manuscrits placent sa mort vers l'an **880**; les autres historiens, avec plus de raison, la placent vers l'an **878**; il est certain d'ailleurs qu'elle eut lieu dans l'espace de temps qui s'écoula depuis le 10 mai 867 jusqu'au 10 mai 881.

D'après les Bollandistes, la *Gallia christiana,* la chronique manuscrite des archevêques de Bourges, conservée en la bibliothèque des Pères Augustins de cette ville, d'après les plus anciens historiens du Berry et les hagiographes de la Sainte, nous savons qu'elle vivait vers la seconde moitié du neuvième siècle, sous le règne de Charles le Chauve et sous le pontificat de Jean VIII, alors que *Bernard* gouvernait le comté de Bourges et que *Frotier* ou Frottaire occupait le siége archiépiscopal de la capitale du Berry.

Or, comme les deux *Bernard,* les seuls de ce nom qui possédèrent le comté de Bourges, l'ont gouverné successivement de l'an 878 à 881 et que sainte Solange vécut environ seize ou dix-huit ans, on peut, avec la plus grande probabilité, placer sa naissance entre l'année 860 et 864, et sa mort entre 878 et 881 [1], c'est-à-dire en plein moyen âge, à cette époque encore demi-barbare où le Christianisme luttait péniblement avec la dureté des races germaines qui avaient occupé quelques siècles auparavant le sol gallo-romain.

L'histoire de sainte Solange est donc l'histoire de la civilisation chrétienne aux prises avec les mœurs encore semi-barbares des Gallo-Francs; c'est la continuation de la lutte sublime du Christianisme et de la Barbarie, de la mansuétude évangélique avec la sauvagerie des temps. Tout le moyen âge est là avec son double aspect brutal et croyant, barbare et chrétien.

Un siècle environ s'était écoulé depuis que Pépin, resté seul maître après la retraite de Carloman dans un cloître, s'était proclamé roi aux applaudissements de la nation franque, qui

---

1. *Voir la note 1, aux pièces justificatives, à la fin du volume.*

voyait monter sur le trône le plus habile et le plus courageux de ses guerriers, et de l'Eglise, qui voulut inaugurer la nouvelle dynastie pour s'appuyer sur elle. Ainsi s'était trouvée couronnée la *révolution carlovingienne* qui était préparée depuis longtemps et qui fut le triomphe définitif de l'élément barbare, énergique et rajeuni en la personne de chefs nouveaux, sur l'élément gallo-romain, corrompu, mutilé, mais encore vivant, surtout au midi de la Gaule.

Un grand événement ouvre avec splendeur le neuvième siècle : c'est la reconstitution de l'unité de l'empire d'Occident dans la personne de *Karl,* de ce Charlemagne « dont la grandeur a pénétré le nom » et qui s'intitule l'*évêque du dehors* et le défenseur de la Papauté.

Alors, le jour de Noël, eut lieu, dans la basilique du Vatican, cette scène majestueuse, spectacle unique au monde, où le roi des Francs, des Aquitains et des Lombards, à genoux devant l'autel, reçut des mains de saint Léon III, successeur d'Adrien, le diadème des Césars aux acclamations multipliées d'une foule en délire. « Ainsi l'Eglise sacrait un empereur ; l'Eglise ralliait toutes les nations chrétiennes en un seul empire chrétien renouvelé » [1].

Depuis lors les rapports de la Papauté et

---

1. H. DE RIANCEY, *Histoire du monde*, t. VII.

de la Gaule vont toujours croissant. Le pouvoir des Pontifes romains grandit ; car de toutes parts on leur assigne le rôle de conciliateur, d'arbitre ou de juge ; bientôt Rome va devenir l'unique et dernier boulevard de la chrétienté.

Charlemagne n'est plus !.....

Quand cette grande figure, qui éclaira deux siècles, se fut éteinte, la dislocation de son immense empire commença. Les nationalités si violemment comprimées relevèrent la tête et secouèrent le joug. Le jour de la réaction était venu. Mais l'empire chrétien se dissolvant, à sa place naît la chrétienté.

Alors, au sein des guerres incessantes, des luttes de peuple à peuple, de race à race, au-dessus des débris de royaumes et des ruines de l'empire, on voit apparaître et resplendir ces figures de grands Papes ou de saints Pontifes qui deviennent le dernier refuge de la grandeur en Occident.

Après Adrien I dont la figure ne pâlit pas à côté de celle de Charlemagne *qui le chérissait tendrement,* après Adrien, grand pape et grand roi, digne d'être l'allié et l'ami du plus grand génie des temps modernes, c'est saint Léon III, qui a la gloire de le couronner, c'est saint Paschal I, qui découvre les reliques de sainte Cécile, cette sœur de sainte Solange par le martyre et la beauté. Mais écoutez l'avis miraculeux qui amena cette découverte.

« Un matin (c'est saint Paschal lui-même qui le rapporte dans un de ses diplômes), il assistait à l'office divin dans la basilique de Saint-Pierre, près de la Confession. Les clercs psalmodiaient mélodieusement l'office des Laudes, et le Pontife écoutait avec délices l'harmonie des cantiques que l'Eglise fait monter vers le Seigneur au lever du jour. Un assoupissement produit par la fatigue des veilles saintes, vient le saisir sur le siége où il présidait dans la majesté apostolique. Les chants sacrés ne résonnent plus à son oreille que comme un concert lointain ; mais son œil fermé aux objets extérieurs est soudain frappé d'une apparition lumineuse. Une jeune vierge de grande beauté et parée comme les épouses du Christ, est devant lui. Et il entendait une voix, douce comme une brise, lui dire : « Je m'appelle Cécile, servante du Christ. La faveur de ma puissante Dame, la mère de Dieu toujours vierge, n'a pas permis qu'on m'emportât au loin et je suis demeurée au même lieu où j'ai toujours reposé..... Tu avais commencé des recherches, continue-les », etc.

Après ces paroles, la vision disparut.

Le Pontife, frappé de cet avertissement surnaturel, fit reprendre incontinent les fouilles dans le cimetière Callixte, et l'on retrouva le corps de Cécile revêtu de sa robe brochée d'or, reposant dans son arche de cyprès.

La dédicace de l'église de sainte Cécile eut lieu le 8 mai de l'an 822, [1] deux ans avant la mort de saint Pascal. Ce saint Pontife, qui était monté sur le siége apostolique en 817, avait bientôt reconnu la nécessité de transférer d'une manière définitive la généralité des corps saints dans la ville, à cause de l'état de délabrement des cryptes aux Catacombes. Dès la seconde année de son pontificat, il s'était mis en devoir de préparer des sépultures plus convenables dans les églises et il avait commencé le cours des solennelles translations qui ont marqué son règne d'un caractère particulier.

Rien ne distingue les premiers Papes qui lui succèdent dans l'espace de vingt-quatre années. Puis, de 858 à 867, on voit briller la figure de saint Nicolas I, ce grand Pape du neuvième siècle qui, à une époque soi-disant barbare, pendant laquelle on prétend que l'Eglise partageait la barbarie universelle, recommanda au roi des Bulgares d'abolir la torture, alors en usage contre les prévenus de quelques crimes.

1. Dom Guéranger, *Histoire de sainte Cécile.*

C'est sous le pontificat de ce grand Pape que saint Méthodius et saint Cyrille portent chez les Slaves la lumière de l'Evangile. C'est Nicolas qui, au concile de Rome, en 863, condamne le fameux schisme de Photius chez les Grecs, en lançant sur lui et ses partisans les foudres de l'excommunication. C'est Nicolas, que l'on a appelé le *moine inflexible*, qui se mêle activement des affaires du clergé gallo-franc, qui multiplie ses lettres, ses avertissements et ses censures.

Adrien II, son successeur, ne montre pas moins d'énergie, il renouvelle les excommunications lancées contre Photius qui relève la tête et continue de propager son erreur. Il soutient avec fermeté la sentence de son prédécesseur contre Lothaire qu'il contraint à renoncer à son adultère avec Valdrade. Quand ce prince se présente à lui pour recevoir la communion, le Pape lui dit à haute voix : « Si tu as renoncé à l'adultère, si tu as rompu toutes relations avec Valdrade, que ce sacrement t'apporte le salut ! mais il se changera en punition si ton cœur est toujours pervers. »

Cette noble fermeté de langage est d'autant plus louable que, pour soutenir ainsi les droits de la morale, le Pape devait braver et blesser un prince à qui il était redevable d'avoir vu Rome délivrée des Sarrasins. Le parjure mourut quarante jours après, et sa mort parut l'effet d'un jugement de Dieu. En 869-70, le concile œcuménique de Constantinople renouvelle d'une manière définitive les condamnations de Nicolas I et d'Adrien II contre Photius.

Enfin voici venir l'époque si agitée du Pape Jean VIII, qui, selon Rorbacher, ne ressemblait pas mal à une tempête qui allait tout brisant.

Au jugement de Muratori, ce fut un « pontife infatigable, d'une grande finesse dans les affaires politiques, d'une force non moins grande dans le gouvernement de l'Eglise ; mais qui vécut dans des temps bien malheureux et au milieu des bourrasques. » Nous verrons comment il sut se montrer à la hauteur de sa position exceptionnnelle et difficile.

Mais avant d'aller plus loin, nous avons à parler d'un événement fameux qui fit la terreur du *neuvième siècle* et l'occupa tout entier : *l'invasion des Normands.* C'est ce qui distingue le plus tout le règne de Charles le Chauve.

Les écrivains du neuvième et du dixième siècles, ordinairement si pâles, s'élèvent à la plus haute éloquence et ils égalent, comme Jérémie, les lamentations aux larmes, quand ils parlent des dévastations et des cruautés des *Northmans* ou *hommes du Nord.*

Ces farouches Scandinaves versaient avec plaisir le sang des prêtres jusque sur les marches de l'autel ; ils aimaient surtout à piller les églises et faisaient coucher leurs chevaux dans les chapelles des palais. Ils égorgeaient les enfants sur le sein de leurs mères !

Il y avait un siècle que ces terribles pirates dont les chefs s'appelaient les *rois de la mer,* dévastaient l'Angleterre et l'Irlande, quand sur de petits vaisseaux plats ils abordèrent les côtes de France et y commencèrent leur œuvre accoutumée de pillage, de meurtre et de dévastation.

De bonne heure ils avaient remonté le cours de la Loire et ravagé son riche littoral. Dès 856, ils entrèrent à Paris et le pillèrent ; ils mirent le feu à l'église de Saint-Pierre et de Sainte-Geneviève, et à toutes les autres, moins Saint-Étienne, Saint-Germain et Saint-Denis qu'on racheta à prix d'argent. Bientôt ils portèrent leurs ravages jusqu'au centre de la Gaule et le Berry n'en fut pas exempt. En 857, ils avaient pénétré jusqu'à Clermont, « le terme imposé jusque-là au glaive des barbares », dit un chroniqueur contemporain, et pillé Bourges, la tête de l'Aquitaine, qu'ils avaient surprise sans défense.

En 867, ils vinrent de nouveau jusqu'à Bourges, et cette fois, la ville fut non-seulement mise au pillage, mais encore livrée à l'incendie.[1]

Une troisième invasion eut lieu en 873. Nous n'en connaissons qu'un épisode : les Normands s'avancèrent en Berry jusqu'au monastère de Massay.

Rainulf I, duc d'Aquitaine, et le duc de France, Robert, qui s'était montré *fort* contre tous les autres et qu'on nommait le *second Machabée*, moururent sur la Loire en combattant vaillamment, sans avoir pu arrêter ces menaçantes incursions. Après ces deux défenseurs, la France n'en eut plus, sauf Eudes, comte de Poitiers, fils de Robert *le Fort*.

L'Ile-de-France vit ses châteaux, ses monastères et ses églises en flammes ; mais le comte Eudes ou *Ode le Riche* la défendit avec vaillance et la cité de Paris prouva qu'elle était digne de devenir la capitale d'un royaume. Les habitants animés par leur comte et leur clergé, par l'évêque Gozlin et l'abbé de Saint-Denis, Ebbles, ne cédèrent pas malgré les assauts répétés et le siége de plusieurs années. « Il faut lire, dans les récits du temps, l'héroïsme des Parisiens, l'intrépidité des religieux, la foi de tous. C'est un des plus beaux spectacles du patriotisme et de la piété. »[2]

---

1. *Chr. Masiac.* Nov. Bibl., II, 732.
2 DE RIANCEY, *Hist. du monde.*

S'ils étaient les plus redoutables, les Normands n'étaient pas les seuls envahisseurs. Comme les Normands, les Sarrasins, les Slaves et les Hongrois pénétraient partout. Un jour, ces quatre peuples, d'origine si diverse, se virent sur les montagnes de la Savoie et furent sur le point de se charger ; mais le plus souvent ils s'entendaient mieux pour dépouiller l'empire. On ne peut se figurer l'effroi universel qui saisissait la Gaule franque à l'aspect des Normands.

Dès que les *hommes du Nord* se montraient, dès que leurs barques, leurs dragons, leurs serpents paraissaient sur les fleuves ; dès que « le *cor d'ivoire retentissait sur les rives* »[1], c'était un *sauve-qui-peut* général. A l'approche de ces bandes de pirates, les villages devenaient déserts, la population abandonnait ses chaumières qu'on allait brûler et ses moissons qui allaient être détruites. Elle courait, affolée de terreur, chercher un refuge dans la cité voisine, dans le donjon prochain ; il arriva bientôt qu'elle ne voulut rebâtir ses cabanes qu'à l'ombre des seigneurs capables de la défendre ou de lui donner asile, et ainsi elle s'agglomérera en nouvelles réunions de bourgades ou de hameaux autour de la demeure retranchée. Elle ne semait, elle ne récoltait, elle ne vivait que grâce

---

1. Michelet, *Hist. de France*, t. I.

aux seigneurs. Du rapport qui résulte de la protection du fort au faible naquit la *féodalité*.

Charles le Chauve étant impuissant à défendre la France, dès lors chaque seigneur se défendit lui-même. Malgré les édits de Pistes, il entoura son manoir de murailles crénelées, de fossés profonds, leva les ponts-levis, abaissa les herses. Les vassaux qui trouvaient protection à l'abri de la forteresse féodale, ne reconnurent plus que lui pour souverain ; la souveraineté fut localisée, et, quoique on ne puisse assigner ni le jour ni l'heure de ces révolutions qui s'élaborent pendant des siècles, c'est certainement au neuvième siècle qu'on doit placer le triomphe de ce système d'isolement préparé par les mœurs germaniques, développé par les institutions mérovingiennes et qui devint maître absolu sous les faibles successeurs de Charlemagne. Ils laissèrent peu à peu les seigneurs usurper les *droits régaliens*.

Charles le Chauve, par une politique inconcevable ou un intérêt bien mal entendu, sanctionna ces usurpations par le Capitulaire de Quiersy-sur-Oise. En l'Assemblée qu'il tint en cette ville en 877, il statua que les offices des comtes et les bénéfices de ses vassaux et arrière-vassaux passeraient à leurs enfants. Ainsi ces derniers devinrent possesseurs par le double droit d'élection et de succession. [1] Néanmoins ce capitulaire ne changeait rien aux charges et devoirs des possesseurs envers la couronne ; mais de l'hérédité à la suzeraineté, il n'y avait qu'un pas à faire et il fut bientôt franchi.

Dès lors la féodalité fut constituée en droit comme en fait. Les invasions des Normands avaient contribué à ce résultat. Force fut, en effet, de faire des divisions territoriales pour rendre la résistance plus facile ou payer de grands services ou compenser des pertes douloureuses. C'est ainsi que Charles le Chauve, pour se faire des alliés contre Pépin, créa le duché de Bourgogne pour Richard *le Justicier* le duché de France pour Robert *le Fort* et pour Baudoin, le comté de Flandre.

Pendant que la royauté favorisait, de gré ou de force, la puissance usurpatrice des grands feudataires, la Papauté sentait son influence grandir de jour en jour. Pour légitimer ou étendre son pouvoir, elle ne dut rien, quoiqu'en dise une presse hostile, à la publication des fameuses *Décrétales* qui se fit à cette époque.

Quand l'*évêque du dehors*, le PÈRE DE L'EUROPE, vient à manquer, quand l'empire s'effondre, quand le monde périt, la Papauté rentre

---

[1]. *Hist. gén. et hérald. des pairs de France, des grands dignitaires de la couronne*, etc , par le chevalier DE COURCELLES.

dans le monde qui l'appelle et qui lui crie merci. Elle se mêle avec ardeur des intérêts temporels de la société ; elle y apporte tout son zèle et toute sa prévoyance. Ses ennemis lui en font un reproche quand ils devraient l'en bénir ; où leur mauvaise foi ne veut voir qu'une basse cupidité, nous voyons, nous, un titre de reconnaissance et de gloire.

Oui, l'histoire véridique l'atteste, les Papes d'alors se multiplient devant les dangers pour y faire face. Quand ils voient l'Italie menacée par les Sarrasins, ils se placent à la tête des troupes pour exciter, encourager les combattants. A leur aide, ils appellent les rois, les empereurs ; ils raniment leur courage, leur rappellent leurs devoirs envers leurs peuples, envers Rome, envers saint Pierre.

Leur exemple est également suivi par les évêques.

Quand les pirateries des Normands s'étendent partout, menacent toutes les provinces, toutes les villes, tous les diocèses, chacun prend la défense des siens. Ainsi que nous l'avons vu, l'évêque Gozlin, l'abbé Ebbles sont les premiers sur la brèche. L'archevêque de Reims, Hincmar, met en fuite les bandes féroces qui s'approchent de sa métropole. « Tel est le rôle du pape, des évêques et des abbés. Le courage n'y manqua pas plus que la prudence et la piété ; bien loin de partager l'abâtardissement de tous, leur conduite fait contraste, il leur faut rendre cette justice.

Non, il n'est pas vrai qu'ils abandonnassent les faibles sans direction, sans asile, sans secours, et qu'eux aussi ils se sauvassent, « *emportant les ossements des saints, impuissants comme leurs reliques* » [1].

Ah ! sans doute ils conservaient précieusement ces augustes témoins d'autres combats, ces monuments de victoires remportées aussi par la souffrance ; ils avaient besoin de ces nobles trophées pour les montrer aux hommes de leur âge et leur enseigner, par la vue des restes des confesseurs et des martyrs, à supporter aussi tant de maux accablants. Mais fallait-il défendre le pays ? leurs églises, leurs monastères, leurs palais épiscopaux devenaient des forteresses et des lieux de refuge, et bravaient les assauts » [2].

Loin d'être *impuissantes,* les reliques des saints, par leur seule présence, remportèrent plus d'une fois la victoire. Qu'il nous suffise d'en citer un exemple frappant. L'an 838, la ville de Tours était près de succomber aux assauts réitérés des Normands. L'assaut le

1. MICHELET, *Hist. de France*, t. I.
2. H. DE RIANCEY, *Hist. du monde*

plus terrible venait d'être livré ; les Tourangeaux, dans cette extrémité, eurent recours à leur puissant patron, le grand thaumaturge des Gaules. Les prêtres suivis des femmes, des vieillards et des enfants, portèrent en procession la châsse de saint Martin sur les remparts de la cité. A cette vue, les assiégés reprirent courage ; les Normands épouvantés furent tellement frappés de terreur, qu'ils prirent la fuite avec précipitation, se renversant les uns sur les autres dans un effroyable désordre [1].

Ainsi l'Eglise sauve la liberté des Etats et des cités. Elle sauve la foi et la piété. Elle sauve les habitants et le territoire. Dans cette désastreuse époque où le globe impérial allait ballotté de l'un à l'autre, où l'on voyait les trônes s'élever, se briser, où chaque homme puissant, duc, margrave ou comte, prenait une couronne de roi ; alors que les races, les peuples, les grands et les petits s'abandonnaient eux-mêmes en ne songeant qu'à eux, l'Eglise fut le seul lien entre tous, le seul centre commun, le seul corps qui subsista au milieu des ruines et qui voulut se dévouer incessamment au bien général.

Au milieu des royaumes qui changent et tombent, l'Eglise catholique demeure toujours

---

1. *Histoire de la Touraine,* par CHALMEL.

la même, bâtie sur cette pierre fondamentale *qui est le Christ* et contre laquelle viendront se briser toutes les rages de l'enfer. *Stat crux dum volvitur orbis!*

« Dans cette immutabilité vivante et divine, elle est un centre d'attraction et de gravitation pour les siècles et les peuples, et leur communique une certaine unité de vie et d'intelligence qu'ils ne trouvent pas en eux-mêmes. C'est ce que nous voyons particulièrement au neuvième siècle. Un premier saint Léon arrête le farouche Attila à l'entrée de l'Italie ; un autre saint Léon rétablit l'empire d'Occident dans la personne de Charlemagne pour la défense de l'Eglise romaine ; et lorsque les petits-fils dégénérés de Charlemagne ne savent plus se défendre eux-mêmes contre les incursions des nouveaux barbares, un nouveau saint Léon (IV) se trouve, qui défend Rome et ses provinces contre la fureur des Sarrasins.

Cependant tous ces peuples divers, Francs ou Français, Lombards ou Italiens, Visigoths ou Espagnols, Bretons ou Anglais, Germains ou Allemands, ne forment dans l'Eglise catholique qu'un seul peuple, le peuple chrétien ; tous ils reconnaissent l'Eglise pour leur mère, le Pape pour leur père, Rome pour leur centre » [1].

---

1. Rohrbacher, *Histoire universelle,* t. XII.

Nous avons vu que l'époque du Pape Jean VIII ne ressemblait pas mal à une tempête. Le Midi de l'Italie était ravagé par les Sarrasins. Le pape ne voyait aucun prince sur qui s'appuyer pour les repousser; car à peine Charles le Chauve était-il retourné en France, après son sacre à Rome, que les Sarrasins, profitant de son éloignement, reprennent leur marche envahissante.

Le péril devient d'autant plus pressant pour Rome que le duc de Naples, Sergius, fait alliance avec eux. Dans cette extrémité, le Pape fit un pressant appel au défenseur officiel du Saint-Siége :

« Essaierai-je, lui écrivait-il, de décrire l'immensité de nos malheurs ? Les feuilles de la forêt changées en autant de langues suffiraient à peine à les raconter ! Le sang des chrétiens coule à flots ; le peuple consacré à Dieu est cruellement immolé. La captivité la plus dure attend ceux qui échappent aux flammes et au glaive. Voici que les villes, les bourgs, les villages privés de leurs habitants, tombent en ruines, leurs évêques fugitifs ne trouvent de refuge qu'auprès des tombes des Apôtres.

« La maîtresse des nations, la reine des cités, la mère des églises, la consolatrice des affligés, le siége des Apôtres, Rome désolée gémit dans la détresse. Voici que viennent les jours de misère et de calamité . . . . . Personne n'entend notre appel, personne ne vient à notre secours.

« Après Dieu, il n'y a pour nous de refuge qu'en vous, très-noble et clément empereur. »

Cette lettre poignante nous montre dans quel désarroi se trouvait alors l'Italie, comme tant d'autres contrées de l'Europe.

Charles le Chauve écoute enfin la voix du Pape, il descend en Italie à la tête d'une nombreuse armée. Le Pape vient à sa rencontre jusqu'à Pavie. Mais le triste empereur, comme plus tard Charles le Gros, savait mieux se servir de l'or que du fer. Apprenant que Louis le Germanique s'avance pour le combattre et revendiquer le titre d'empereur, ses soldats prennent la fuite; il s'enfuit avec eux et vient mourir dans une cabane au pied du mont Cenis, empoisonné peut-être par son médecin, le Juif Sédécias (877).

Louis le Bègue qui lui succède meurt deux ans après, sans avoir rien pu faire pour l'Italie. Le pillage et les invasions continuent et, sous l'inepte Charles le Gros, le désordre est à son comble et plus que jamais le péril a grandi.

Chose singulière et qui peint bien l'esprit de foi du moyen âge! le pontificat si difficile et si troublé de Jean VIII, le règne si agité de Charles le Chauve, cette époque désastreuse de guerres et d'invasions fut aussi le temps de luttes théologiques célèbres sur l'Eucharistie et sur la grâce, luttes auxquelles prirent part Paschase, Radbert, Raban Maur, Hincmar et Jean Scot, le dernier des platoniciens. « Charles le Chauve avait le goût de l'instruction et de la distinction intellectuelle ; il aimait et protégeait les lettres ; si bien qu'au lieu de dire, comme sous Charlemagne : *l'école du palais,* on appelait le palais de Charles le Chauve, *le palais de l'école* » [1].

Une grande activité intellectuelle régna dans les monastères de Corbie et de Fulde, qui eurent des controverses dignes d'une autre époque. Jean Scot, plus connu sous le nom d'Erigène, fut appelé d'Outre-Mer, comme autrefois Alcuin, pour diriger *l'école du palais.* Il jouit parmi ses contemporains d'une immense célébrité. Son successeur, à la tête de cette école, fut Loup, abbé de Ferrière, auteur de lettres curieuses et collecteur infatigable de manuscrits. Quant à Hincmar qui occupa pendant 7 ans le siége de Reims (de 845 à 882), il laissa bien loin derrière lui tous ses contemporains : théologien, jurisconsulte, homme politique, il fut comme le chef et l'organe du

[1] Guizot, *Hist. de France,* t. I.

clergé de France, durant un tiers de siècle [1].
Il a été le Bossuet du neuvième siècle.

Parmi les illustrations scientifiques et littéraires de l'époque, on peut citer encore : Eginhard (839), secrétaire et gendre de Charlemagne, auteur d'une *Vie et gestes de Charlemagne* et des *Annales des rois franks,* monuments du plus haut intérêt pour l'histoire de l'époque carlovingienne ; Nithard (790-858), qui écrit une *Histoire des divisions entre les fils de Louis le Débonnaire,* où se trouve le premier monument authentique de la langue romane se transformant en langue vulgaire et courante ; Anastase le Bibliothécaire, qui écrivait à Rome son histoire ecclésiastique vers la fin du neuvième siècle.

Enfin, parmi les poètes, on remarque : Angilbert (814), abbé de Saint-Riquier, ministre, maître de chapelle et gendre de Charlemagne qui l'appelait son *Homère ;* Ernold le Noir, qui, dans son poëme à la louange de Louis le Débonnaire, trace, peut-être à son insu, un tableau curieux des événements et de la société qu'il décrit : on y sent courir déjà le souffle chevaleresque des *Chansons de geste,* qui sont près d'éclore ; Valafride Strabus (849), théologien, historien et poète, dont l'*Hortulus* ou *Petit jardin*

---

1. DARESTE, *Hist. de France,* t. I.

a parfois un parfum d'élégance ; Raban Maur, déjà cité, le plus laborieux des écrivains du neuvième siècle, auteur de l'hymne *Veni Creator Spiritus;* enfin la célèbre religieuse de Gandersheim *Roswitha,* la *rose blanche,* à qui l'admiration de ses contemporains décerna le nom de *dixième muse.* Elle reproduisit les principaux traits de *l'Evangile apocryphe de la Nativité de sainte Marie,* qui jouit, durant tout le moyen âge, d'une grande célébrité ; elle le reproduisit dans un poëme latin en vers hexamètres que nous retrouvons dans ses œuvres [1]. Ils passèrent plus tard dans la *Légende dorée;* ils figurèrent dans la *Vie de Jésus-Christ* de Ludolphe le Saxon (1330), prieur des Chartreux de Strasbourg, ouvrage dont la vogue fut extrême au quatorzième et au quinzième siècles. Les poètes les intercalèrent dans leurs vers, les artistes en multiplièrent les images. En outre, Roswitha célébra sainte Agnès en des vers élégants dignes d'un âge plus cultivé.

Roswitha ne fut pas seulement une merveille pour la Saxe ; elle est une gloire pour l'Europe entière ; dans la nuit poétique du moyen âge, on trouverait difficilement une étoile plus éclatante.

---

1. *Historia Nativitatis laudabilisque conversationis intactæ Dei Genitricis.* (P. 73 de l'édit. de 1707.)

Les ménestrels et les trouvères n'avaient point encore paru : on ne connaissait que les *bardes* gaulois qui entonnaient le *bardit* ou chant de guerre avant de marcher au combat.

C'est vers cette époque, sous Charles le Chauve, qu'on retrouve pour la première fois dans l'histoire une sorte de *tournoi*, de joûte ou de pas d'armes; mais alors il n'était pas encore question de galanterie. Les princesses et les suzeraines ne se montraient pas en *pompeux arroi* sur les échafauds des lices. Le tournoi alors n'était pas autre chose qu'un passe-temps violent, qui permettait à ces hommes de fer de se mesurer corps à corps, en échangeant de terribles coups d'épée ou de lance, ou en martelant, en brisant leurs armures. Ces rudes et grossières épreuves de force musculaire se modifièrent, en se régularisant, à mesure que la chevalerie chrétienne adoucissait les mœurs de la noblesse [1].

La religion continuait son œuvre bienfaisante et civilisatrice où les femmes jouent un grand rôle.

Pendant le huitième et le neuvième siècle, quantité de maisons hospitalières s'élèvent le long des routes allant de France en Italie, de

---

1. La tradition rapporte que le *tournoi* proprement dit fut inauguré en Bretagne, au xe siècle, par Geoffroi, sire de Preuilli.

France en Espagne et de France aux confins de l'Allemagne civilisée. Les léproseries ou *ladreries,* qu'on pourrait faire remonter jusqu'au cinquième siècle, se multiplient au neuvième où elles sont définitivement instituées. C'est aussi l'époque de fondation d'un nombre considérable d'*hôtels-Dieu,* asiles pieux, installés la plupart près du porche des églises cathédrales où ils succédaient aux anciennes infirmeries canoniales.

Dans le cours de trois siècles, du neuvième au onzième, la découverte et l'exhumation des corps saints, leur translation solennelle, la fondation de monastères, d'oratoires et d'églises en leur honneur, remplissent les annales du monde catholique.

C'est l'époque présumée de l'introduction en Europe de ces antiques images de la sainte Mère du Christ, sculptées ou peintes, qui étaient si révérées au moyen âge et qui ne le sont pas moins aujourd'hui : des *Vierges noires,* d'origine abyssinienne sans doute, des Vierges bistres ou jaunâtres, provenant de quelque autre contrée africaine, et des Vierges brunes ou byzantines au type sévère et dur, aux nuances plates et crues. Ces images, toutes assez grossièrement exécutées, — quoique les dernières reproduisent un type unique qui fut attribué au pinceau de saint Luc, — souvent étranges d'expression et de caractère, mais la plupart d'une incontestable antiquité, furent communes en Italie, en Espagne, dans les îles méditerranéennes et en plusieurs provinces méridionales de la France, mais beaucoup plus rares dans le Nord et l'Occident [1].

Dès le neuvième siècle, le pèlerinage de saint Jacques de Compostelle était déjà fameux ; on y allait, de tous les points du monde chrétien, apporter des offrandes et des *ex-voto*. La route qui conduisait à ce sanctuaire était continuellement encombrée d'une véritable armée de pèlerins, et cette affluence extraordinaire ne diminua pas pendant tout le moyen âge.

De retour dans leur pays, les *pèlerins* de *Monseigneur saint Jacques* formaient une véritable chevalerie catholique : ils continuaient les pieux exercices accomplis pendant leur pèlerinage et gardaient, jusqu'à la mort, l'esprit d'association pieuse, qui les réunissait sous la même bannière. C'est ainsi qu'on cherchait en Dieu la consolation des malheurs de la vie présente.

Au milieu de tant de troubles, tandis que la royauté pontificale grandissait, l'Eglise catholique continuait de produire des fruits de sainteté et de vie.

---

[1]. *Vie militaire et religieuse au moyen âge* par Paul LACROIX ou le *Bibliophile Jacob*.

La sainteté brillait sur le siége de saint Pierre ; elle brillait sur plusieurs trônes en Occident ; on la voyait en Occident et en Orient sur plusieurs siéges épiscopaux, dans les monastères, dans toutes les classes de la société. Sur le siége de Pierre, les saints s'appellent : Léon III, Paschal, Nicolas, Léon IV.

Sur les trônes d'Occident et d'Orient, c'est saint Edmond, puis saint Alfred le Grand, roi d'Angleterre (870) ; c'est sainte Théodora, impératrice des Bulgares, c'est sainte Ludmille, duchesse des Bohêmes, et saint Alphonse le Grand, roi d'Espagne.

Sur les siéges épiscopaux, c'est en Occident saint Anscaire, l'Apôtre du Septentrion, premier archevêque des Nordalbingues, qui, consumé de travaux apostoliques et d'austérités, lègue son siége (865) à saint Rambert, l'un de ses disciples, évêque d'Hambourg et de Brême. C'est Adon, archevêque de Vienne ; c'est saint Eucher, évêque d'Orléans.

C'est, en Orient, le grand saint Ignace, patriarche de Constantinople, supplanté, persécuté, anathématisé, exilé par l'intrus et schismatique Photius ; puis saint Paulin, patriarche d'Aquilée.

Ailleurs, c'est saint Méthodius qui se fait l'Apôtre des Moraves, instruit et baptise le jeune duc des Bohêmes, Borzivoy, et sa jeune femme de la nation des Slaves, sainte Ludmille. Saint Cyrille se joint à lui pour porter aux Slaves la lumière de l'Evangile.

Alors le Pape Jean VIII reçoit des sauvages forêts de la Servie, de la Moravie et de la Bohême, ces députations modestes qui l'assurent de la dévotion naïve de ces jeunes peuples à saint Pierre et à son siége. Ainsi, grâce à de saints apôtres, s'accomplit (en 865) la civilisation chrétienne des Scandinaves, des Bulgares et des Slaves.

Ainsi la conversion des *Bulgares* consolait l'Eglise au neuvième siècle, comme au dix-neuvième le retour de cette même nation au giron de l'Eglise romaine, après de longs siècles de schisme, vient encore de la consoler au milieu des tribulations et des défections qui l'affligent.

Les saints jettent sur cette époque un incomparable éclat.

Il y aurait des centaines de noms à ajouter à ces noms : Sainte Odille, abbesse, saint Euloge (859), les martyrs de Cordoue (855). Qu'il nous suffise de nommer encore saint Théodore *Studite,* le courageux confesseur qui disait, à propos de son exil au fond de l'Asie-Mineure : « Qu'on me transporte où l'on voudra, j'y consens volontiers ; toute la terre est au Seigneur. Mais si l'on veut enchaîner ma parole, je l'ai consacrée à la cause de la vérité. »

CHAP. I. — LE SIÈCLE DE SAINTE SOLANGE

Ainsi le neuvième siècle ne fut pas indigne du huitième, malgré les défections et les malheurs qui vinrent affliger l'Eglise.

Vers la fin de ce siècle, l'univers chrétien tombait malade, il éprouvait les premiers symptômes d'une maladie qui, pour l'Occident, devait durer un siècle, mais bien des siècles pour l'Orient. Cette maladie aboutit en Occident à l'âge viril, en Orient, à la décrépitude.

En Espagne, les chrétiens, sous le règne d'Alphonse le Grand, maintiennent leurs libertés et leur indépendance, et rétablissent leur royaume dans les montagnes des Asturies. Ils continuent à faire des conquêtes sur les infidèles, à repeupler les villes, à reconstruire les églises et les monastères.

En Angleterre, le roi Alfred le Grand, après avoir expulsé les Normands, continue de régner avec gloire et utilité, tant pour le royaume que pour l'Eglise.

La France, voyant décliner la race de Charlemagne, travaille à enfanter une nouvelle dynastie; mais dans ce temps-là même les terribles Normands commencent à se convertir et relèvent les églises et les monastères qu'ils ont détruits.

Enfin le neuvième siècle qui s'était magnifiquement ouvert par le couronnement de Charlemagne se termine, après des convulsions violentes et continuelles, par l'avénement de la féodalité.

Et l'Eglise s'illumine, même à ce moment, d'un dernier rayon de cette lumière que Charlemagne avait projetée sur son siècle. Elle était avant lui, et après lui, elle soutient le monde qui retombe dans la nuit.

A cette heure, l'âge héroïque de l'Eglise de Bourges était un peu passé. Tant que les Gallo-Romains en occupèrent les dignités, ils y portèrent des lumières et des vertus ; et, au milieu des désordres de la première race, c'est un contraste frappant que de trouver tant de corruption et de violence chez les maîtres de la Gaule, tant de sagesse et de sainteté dans la société chrétienne, formée surtout des vaincus.

Mais l'Eglise s'était enrichie ; ses vastes propriétés, ses positions éminentes excitèrent bientôt l'avidité des conquérants encore barbares ; quoi d'étonnant si parfois ils s'en emparèrent sans respect pour les choses saintes !

Bien souvent, dès lors, les noms d'origine germanique vont se rencontrer dans la liste de nos évêques ; ils seront obscurs ; la voix du peuple et de l'Eglise leur donnera plus rarement le titre de *Saint,* et ceux qui acquerront quelque célébrité la devront moins à leurs vertus épiscopales qu'à leur intervention souvent trop active dans les querelles des princes et des grands, dans la politique confuse et funeste de l'époque carlovingienne. Les légendes elles-mêmes, expression touchante de l'admiration populaire pour la piété surhumaine de quelques personnages d'élite, deviennent plus rares, plus vagues et moins colorées [1].

Cependant, même à cette époque de troubles et de décadence, l'Eglise de Bourges, qui a pour patrons saint Jean-Baptiste et saint Etienne, et qui a fourni, depuis saint Ursin, apôtre des Aquitaines, toute une pléiade de saints archevêques, l'Eglise de Bourges compte encore au neuvième siècle un grand nombre de saints : saint David, mort en 808, saint Aoust ou Aigulphe en 835, saint Etienne en 843, saint Raoul en 866, saint Florent ou Vulsade en 875 [2]; mais nous n'y voyons figurer qu'une seule Sainte qui est sainte Solange.

Celui qui occupait, en ce temps-là, le siége archiépiscopal de Bourges, était un homme ambitieux et habile, nommé Frottier ou *Frotaire*. D'abord archevêque de Bordeaux, il avait su, à force de flatteries et peut-être aussi de services, se concilier les bonnes grâces de Charles le Chauve, récemment devenu empe-

---

1. RAYNAL, *Histoire du Berry*.
2. CATHERINOT, *Patronnages du Berry*.

reur. Déjà il avait obtenu de lui la riche abbaye de Saint-Hilaire de Poitiers, enlevée au fils du comte Robert; il songea à se faire donner l'archevêché de Bourges, moins appauvri que celui de Bordeaux par les expéditions des Normands. Il l'obtint de Charles le Chauve; un diplôme pour l'abbaye de Beaulieu prouve que dès le 13 juillet 876, l'empereur lui donna le titre d'archevêque de Bourges [1].

Au mois de septembre, le Pape Jean VIII, informé de la nomination de Frotaire et de la résistance des évêques, écrivit à Charles le Chauve qu'il approuvait sa décision; en même temps il mandait [2] aux habitants de Bourges, aux évêques suffragants de le reconnaître comme métropolitain; il disait seulement que la translation n'était que momentanée et cesserait avec les causes qui la motivaient [3].

D'accord avec les évêques, *Bernard,* alors duc ou marquis de Septimanie et comte de Bourges, interdit à Frotaire l'entrée de sa ville archiépiscopale. Le Pape intervint inutilement auprès du comte de Bourges, qu'il finit par excommunier au synode de Troyes au mois de septembre 878. Le comte Bernard, dont nous aurons à reparler dans le cours de ce récit,

1. *Gallia christ.*, II Instrum, coll. 4.
2. Johan. VIII, *Epist.* xi *ad Car. Calv. imper*
3. Raynal, *Hist. du Berry*, t. I, liv. ii.

fut en même temps dépouillé par Louis le Bègue de tous ses honneurs.

C'est au milieu des désordres qui affligèrent le pontificat de Frotaire et les règnes de Charles le Chauve et de Louis le Bègue qu'une tradition constante place le martyre de l'humble bergère dont nous allons retracer l'histoire.

Sa vie, si courte qu'elle fût, offre un charme tout particulier; sa piété simple nous attire, son idéale beauté enchante et repose. Un calme divin était en elle et s'impose encore à l'imagination qui la contemple à travers les siècles.

Dans le peu d'années qui s'écoulent depuis son berceau jusqu'à sa tombe, il y a deux phases bien distinctes : la première est toute simple, toute champêtre, toute poétique, faite pour ravir l'âme et le cœur en les entraînant vers Dieu; la seconde est tragique, sainte dans les combats et plus édifiante encore que la première. Pendant la première période, dans l'âme de la vierge, se forme jour par jour, goutte à goutte, le céleste arôme de la chasteté; puis, du vase tout à coup brisé par la mort, il s'échappe comme de l'urne de Madeleine un parfum suave de sainteté et de vie qui embaume le pays tout entier.

L'enfance de Solange et sa première jeunesse

se passent auprès de son troupeau, dans la prière, les mortifications, les jeûnes, les contemplations, les extase de l'amour divin. Dans cette âme si pure il n'y a de place que pour Dieu : elle l'aime et elle se donne toute à lui.

A seize ou dix-huit ans, dans l'éclat de sa plus splendide beauté, simple bergère, elle dédaigne la main d'un riche et beau seigneur, fils du prince de son pays. Que lui font les grandeurs de la terre? Selon la magnifique expression de Bossuet : « elle ne respire que du côté du ciel. » Au printemps de son âge, elle est mûre pour l'éternité, et son âme, en quittant la terre, s'exhale dans un soupir d'amour : *Jésus! Jésus! Jésus!*

On comprend le dramatique intérêt d'une telle vie : une jeune fille mourant pour la liberté de son âme, pour son droit de servir Dieu à sa manière et de repousser la fortune et la main d'un grand de la terre. « Tout ce qui se rencontre ici : la vie simple et cachée d'une bergère, avec la vertu sublime d'une sainte ; cet amour exquis de Dieu et de la prière ; cette fleur d'innocence s'épanouissant dans la virginité ; et puis, je ne sais quelle chaste lumière d'en haut jetant sur cette humble vie un mystérieux et doux éclat ; et tout à coup, le moment de la lutte venu, cette âme de bergère qui se révèle si forte et si magnanime; toutes les séductions, et toutes les convoitises vaincues par cette enfant qui ne sait que prier Dieu; l'honneur, le courage, l'héroïsme, le sang versé pour la plus belle des gloires de l'âme; puis la splendeur des miracles sur tout cela; cet ensemble de choses, humbles et grandes, gracieuses et saintes, est si admirable; dans ce petit cadre champêtre Dieu a dessiné un si merveilleux tableau, que nos populations en ont été et en seront à jamais ravies » [1].

Tant de charme, tant d'intérêt dans la brève existence de cette jeune fille des champs, ne sont pas la vaine fiction d'un poëte enthousiaste; ils sont garantis par la vérité et la double autorité de la tradition et de l'histoire.

Ici la tradition l'emporte de beaucoup sur les témoignages historiques. Chez le peuple, la mémoire du cœur, cette mémoire qui se rattache aux actes qu'il admire, aux choses qui l'impressionnent, demeure longtemps vivante et indélébile.

On vous montre encore aujourd'hui l'emplacement de la chaumière où est née Solange, le sentier qu'elle suivait pour conduire ses brebis au pâturage, le champ où elle allait,

---

1. L'abbé LAGRANGE, *Panégyrique de sainte Solange.*

au pied d'une croix, faire ses oraisons, la place où sa tête virginale tomba sous le glaive, le ruisseau qui fut rougi par son sang et le lieu où elle marqua elle-même son tombeau.

Du chaume qui la vit naître il ne reste plus rien ; mais son nom est resté partout où elle a passé : au sentier, au champ, à la fontaine, au bourg, à l'église qui la vit si souvent prier. Ce nom est porté dans tout le Berry, par les jeunes filles nobles et par les filles du peuple. En un mot, il est sur les lèvres et dans le cœur de tous.

Ainsi la profonde impression que la destinée tragique et surtout l'héroïque vertu de sainte Solange ont faite sur les gens de son époque, s'est manifestée par le soin tendre et respectueux que l'on a mis à recueillir et à répéter de génération en génération les moindres actions de sa vie, à indiquer les lieux qui ont reçu l'empreinte de ses pas, à relater une foule de petit traits qui éclairent cette âme si naïve et si pure. Il nous est ainsi donné, à dix siècles de distance, de recomposer cette gracieuse figure du passé.

L'authenticité de cette *Vie légendaire* est attestée non-seulement par une tradition constante, mais encore par la *Chronique* des Pères Augustins de Bourges, par des hagiographes du dix-septième siècle, par tous les historiens et chroniqueurs du Berry, par les Bollandistes dans les *Actes des Saints,* ainsi qu'on pourra s'en convaincre par l'indication des sources historiques donnée à la fin de ce volume.

Comme si ce n'était pas assez, pour confirmer la vérité de cette légende, des témoignages irrécusables de la tradition et de l'histoire, elle a reçu une sanction bien autrement haute, bien autrement puissante, elle rayonne d'une auréole immortelle qui fait pâlir les prestiges de l'imagination, les grandeurs du monde et la renommée de la gloire et du nom : l'auréole de la *sainteté!*

Solange est glorifiée par tout un peuple et ce culte populaire mêle les plus attendrissants souvenirs aux plus hauts enseignements. Voilà pourquoi ma main a tressailli de joie en ressuscitant aux yeux de tous l'épisode le plus ravissant du neuvième siècle, en rajeunissant cette histoire légendaire des temps passés dont la lecture amène comme une émanation de l'atmosphère qu'ont respirée nos aïeux.

A ceux qui seraient tentés de croire que nous avons prêté à notre Sainte une nature trop poétique, une âme trop éprise des beautés de la Création, nous répondrons qu'ils oublient l'esprit du siècle où vivait Solange.

C'était au *moyen âge,* cette époque appréciée de façons si diverses, qu'on a eu le double tort d'attaquer si souvent avec tant de violence et d'injustice, et de défendre parfois avec trop de fanatisme et d'exagération. Comme le moyen âge a eu une durée de *mille ans*, depuis 476, date de la déposition d'Augustule jusqu'à 1453, date de la prise de Constantinople, il serait difficile, dans une si longue période, de ne pas trouver des misères à côté des splendeurs. Des heures sombres ont précédé et suivi les années de grandeur et de prospérité.

« Le moyen âge, j'ai bien le droit de dire à quelle époque je l'admire. Ce n'est ni lorsqu'il commençait, puisqu'il n'était pas encore, ni lorsqu'il allait finir, puisqu'il n'était déjà plus. Les commencements sont laborieux et terribles; sa fin est triste, peut-être méritée; son milieu fut sublime. Je le prends là. Jamais l'esprit humain n'a déployé plus de vigueur, et l'âme humaine plus d'amour [1]. »

Cet âge n'avait rien de commun avec le positivisme et le scepticisme contemporains. Je n'en veux être ni l'admirateur exclusif ni le détracteur passionné. Je constaterai simplement sa supériorité religieuse sur notre époque.

« Le grand bienfaiteur du moyen âge est le christianisme. Ce qui frappe le plus dans les révolutions de ces temps demi-barbares, c'est

---

2. Louis VEUILLOT, *le Droit du seigneur.*

l'action de la religion et de l'Eglise. Le dogme d'une origine et d'une destinée communes à tous les mortels, proclamé par la voix puissante des évêques et des prédicateurs, fut un appel continuel à l'émancipation des peuples. Il rapprocha toutes les conditions et ouvrit la voie à la civilisation moderne.

« Quoiqu'ils ne cessassent pas de s'opprimer les uns les autres, les hommes se regardèrent comme les membres d'une même famille et furent conduits, par l'égalité religieuse, à l'égalité civile et politique. De frères qu'ils étaient devant Dieu, ils devinrent égaux devant la loi, et de chrétiens, citoyens. Cette transformation s'opéra graduellement, lentement, comme une chose nécessaire, infaillible, par l'affranchissement continu et simultané des personnes et des terres.

« ..... L'esclave que le paganisme, en se retirant, remet aux mains de la religion chrétienne, passe d'abord de la servitude au servage vers la fin du neuvième siècle ; puis il s'élève du servage à la main-morte, et de la main-morte à la liberté [1]. »

Dans le siècle de sainte Solange, comme dans tout le moyen âge, la poésie et la foi

---

[1]. GUÉRARD, *Condition des personnes et des terres au moyen âge.*

étaient comme inséparables ; les plus hauts enseignements de la religion et les plus délicieuses créations de l'imagination se confondaient dans une union si intime, qu'on ne saurait comment les décomposer. Les saints surtout étaient tous plus ou moins poètes, tous admirateurs passionnés des œuvres visibles du Créateur.

Les liens alors étaient innombrables, qui rattachaient la terre au ciel, la poésie à la foi, la nature à Dieu. Les pauvres d'alors, les simples, les ignorants, n'étaient pas, comme aujourd'hui, étrangers aux choses du cœur et de l'imagination. Le spectacle des choses visibles élevait merveilleusement leur âme vers les choses immatérielles et invisibles. Ils voyaient, ils sentaient entre les unes et les autres des relations mystérieuses. Ils avaient saisi le sens profond de cette parole des Saints Livres : « *Les cieux racontent la gloire de Dieu.* »

Dans toutes les choses créées, ils voyaient un symbole de la vie humaine ou des vérités consacrées par la foi. La vue de l'Océan leur rappelait l'immensité de Dieu ; celle d'un lac tranquille, le calme et la limpidité qui doit régner dans la conscience ; celle d'une rivière, la fugitive rapidité de la vie.

Chaque plante, chaque fleur avait un emblème spécial et portait un nom de saint ou de sainte, quand ce n'était pas celui de la Vierge Marie. La terre, qui leur avait été affectée pour séjour, devenait ainsi, après Dieu, l'objet de leur féconde sollicitude, de leur affection ingénue. Et, comme le dit si bien Montalembert, « la terre devait de la reconnaissance pour cette association à la religion de l'homme. On allait, dans les nuits de Noël, annoncer aux arbres de la forêt que le Christ allait venir. Mais, en revanche, elle devait donner des roses et des anémones au lieu où l'homme versait son sang, et des lis là où il faisait tomber des larmes. Quand une sainte mourait, toutes les fleurs des environs devaient se faner en même temps ou s'incliner sur le passage de son cercueil [1]. »

Ce n'était pas seulement le poète saint François d'Assise qui dialoguait avec les petits oiseaux, qui appelait tous les êtres de la création, ses frères ; tous les chrétiens, grands ou petits, savants ou ignorants, avaient alors plus ou moins le même sentiment. On savait, en ce temps-là, que « *toutes choses sont des voiles qui couvrent Dieu* » et ces voiles, pour eux, étaient très-transparents. On savait que le monde est, selon la belle expression de saint Augustin, « *le poëme de Dieu* », poëme immense dont chaque vers coule avec une mélodieuse cadence et tombe dans l'éternité en fai-

---

1. Montalembert, *Histoire de sainte Elisabeth*.

sant signe au vers suivant de le remplacer ; on savait que « *l'homme est l'ombre du Verbe* » et le plus beau chant de son poëme; que « non-seulement *la nature est un livre divin, mais un hymne perpétuel, une lyre, un concert qui se fait entendre aux extrémités des mondes, une langue universelle que comprennent tous les hommes, parce que c'est la langue de Dieu* [1]. »

En effet, le poëme du ciel, de la terre et de la mer, écrit en effets de nuages, en levers et en couchers de soleil, en nuits sombres ou étoilées, en flots paisibles ou en vagues mugissantes, en arbres, en oiseaux, en fleurs, en aubes, en rayons, en parfums : voilà le poëme des poëmes !

Voilà ce que l'on savait alors et que nous avons malheureusement oublié. Notre siècle sceptique et railleur, prodigue de sarcasmes, flétrit toute poésie; comme il flétrit toute invention surnaturelle.

Aujourd'hui la terre s'est faite déserte et nue ; elle est bien loin du ciel ; quand on veut bien lui faire l'honneur de ne pas le nier, on prétend reléguer Dieu dans les dernières demeures de l'éternité et le rendre indifférent et étranger à ce qui se passe sur la scène du monde.

Aujourd'hui être poète, être ardent admira-

---

[1]. *Saint Chrysostôme.*

teur des œuvres de Dieu, c'est une folie, c'est presque un crime. Le positivisme a tout envahi. L'or est roi. La matière est Dieu. On escompte tout, même les sentiments les plus nobles de l'âme, même l'amitié. Les exceptions à ce tableau sont de plus en plus rares, parce que la foi s'en va ou du moins baisse considérablement dans les masses, affamées de jouissances et de bien-être matériel. Eh bien! il nous faut résister de toutes nos forces à ces tendances matérialistes de notre époque en rappelant les peuples aux croyances pieuses et consolatrices qui ont fait la joie de nos aïeux. Au courant du mal, il faut opposer le courant du bien.

Que la critique moderne méprise et raille les innocentes croyances qui ont charmé nos pères, elle est dans son rôle et nous sommes dans le nôtre en les adoptant, non pas comme articles de foi, mais comme croyances pieuses et salutaires. Que si elles n'ont pas une certitude mathématique, elles ont exercé sur les générations croyantes une influence bien autrement grande et bienfaisante que tous les faits les plus incontestables de la raison et que les solutions, les découvertes les plus fameuses de la science moderne. Comme l'a dit Montalembert : « La moindre petite légende catholique a gagné plus de cœurs à ces immortelles vérités que toutes les dissertations des philosophes. »

Un écrivain, non suspect de partialité pour les temps anciens, laisse échapper un aveu qui confirme la même vérité : « Le cœur se serre quand on voit que, dans ce progrès de toutes choses, la force morale n'a point augmenté [1]. » Or, comment pourra-t-on accroître cette force morale qui s'éteint de plus en plus? En revenant à la foi naïve des anciens jours, en élevant nos regards et nos cœurs vers les bienheureux habitants de la céleste patrie, en rappelant Dieu dans les arts, dans les sciences et dans les mœurs, dans les lois et les institutions, dans la société et dans la famille ; en ramenant le Christ au foyer domestique d'où il a été banni.

Et comment s'opérera cette rénovation? par le ministère des femmes. C'est par les femmes que les sociétés se corrompent ou s'améliorent. Une nation, dont les femmes sont religieuses, peut tout espérer de l'avenir; celle où les femmes n'ont plus de croyances, est irrévocablement perdue : Dieu détourne ses regards, et cette terre, livrée au mal, ne produit que des fruits de malédiction et des œuvres de désordre. Mais il faut qu'une nation soit bien malade, bien abandonnée de Dieu, pour que les femmes y perdent leurs croyances. Et, grâce au ciel, nous n'en sommes pas encore là. C'est

---

1. MICHELET, *Hist. de France*, t. II.

la femme qui garde parmi nous, au milieu de nos troubles religieux et politiques, le précieux dépôt, l'inestimable trésor des vertus et des vérités chrétiennes.

Ils ne le savent que trop ceux qui de nos jours veulent lui donner l'enseignement matérialiste et athée que reçoivent nos jeunes adolescents dans les écoles et les facultés. C'est sur les genoux de la mère que se forme l'homme, et c'est pourquoi on a composé des ouvrages tout exprès pour *déchristianiser* la femme. Heureusement, la femme chrétienne n'a pas imité celle de l'Eden : elle n'a pas écouté la voix du serpent séducteur ; elle continue le brisement de sa tête infernale et elle poursuit noblement, courageusement, la mission deux fois apostolique que lui a donnée l'Eglise.

Dans cette société qui s'agite et craque de toutes parts, dans ce déchaînement des passions démagogiques et malsaines de notre vieux monde, elle restera debout pour le relever au milieu de nos ruines. L'Eglise paraît compter sur la fidélité et l'efficacité de son concours. Elle y a droit. C'est elle qui a donné à la femme sa liberté, sa dignité, sa vraie beauté, son influence et son pouvoir ; c'est elle qui fait sa consolation et sa force ; elle est fondée à réclamer sa sympathie et ses services, dans les épreuves qu'elle subit et dans les combats qu'elle soutient. Car les femmes, — il y a longtemps que saint Chrysostôme l'affirmait, — peuvent « *être les soldats de Jésus-Christ,* » et, aujourd'hui plus que jamais, elles doivent guerroyer pour sa cause.

Nous penchons au sensualisme des temps païens ; la virginité perd son prestige et ses charmes. C'est ce qui nous fait désirer de voir refleurir, de nos jours, le culte des bienheureuses. Il faut remettre sous les yeux des femmes qui les oublient ces rayonnantes figures, éternel honneur de leur sexe.

Et puisque l'heure est sombre et menaçante, il n'est pas hors de propos, pour leur rappeler le devoir de la simplicité et de la modestie, de leur répéter ce que disait Tertulien aux chrétiennes élégantes de son siècle, qui pouvaient d'un moment à l'autre être réclamées par le martyre : « Hâtez-vous de renoncer à ces délica-
« tesses amollissantes qui ne peuvent qu'éner-
« ver la mâle vigueur de la foi. Franchement,
« je ne sais si des poignets, accoutumés à de si
« riches bracelets, ne seront pas un peu éton-
« nés du poids et de la rudesse des chaînes.....
« J'en viens à craindre que cette tête autour de
« laquelle s'entrelacent tant de cercles de perles
« et d'émeraudes, n'ait quelque peine à livrer
« passage au tranchant du glaive. En tout
« temps, mais en celui-ci surtout, c'est sur le

« fer et non sur l'or que doivent compter les
« chrétiens. Voici qu'on prépare déjà les robes
« pour les martyres ; déjà les anges les tien-
« nent dans leurs mains.

« Oui, montrez-vous parées, mais avec les
« ornements que vous préteront les prophètes
« et les apôtres. Le blanc, demandez-le à la
« simplicité, l'incarnat à la pudeur, la beauté
« du regard à la modestie, l'agrément de la
« bouche à la retenue du discours. Suspen-
« dez à vos oreilles la parole de Dieu, et sur
« votre cou placez le joug du Christ. Vivez
« chrétiennement et rien ne manquera à votre
« parure ! »

CHAPITRE II

LE PAYS DE SAINTE SOLANGE

Sa famille répand autour d'elle la bonne odeur de Jésus-Christ. — Sa première enfance.

Generatio rectorum benedicetur.
Psalm. CXI, v. 2.

Le Berry est au cœur de la patrie française ; c'est une douce contrée arrosée par le Cher, l'Yèvre, l'Auron, l'Indre et la Marmande.

On y retrouve des monuments gallo-romains, des castels féodaux, des tours sarrasines et tous les vieux débris du moyen âge. Les forêts y sont nombreuses ; elles couronnent la croupe et le flancs des collines, et les *brandes* (sorte de landes) succèdent aux vallées pleines de fraîcheur. C'est le pays des antiques souvenirs ; c'est la vieille terre de la royauté ; c'est, avant tout, le pays de sainte Solange, l'illustre vierge martyre.

Les monuments qui couvrent le sol du Berry sont un des traits les plus expressifs de sa physionomie, une de ses gloires ; ils aident à en recomposer l'histoire. Mais de toutes ses gloires la plus belle, sans contredit, est d'avoir donné le jour à l'humble bergère devenue sa patronne et son ange protecteur; car, de tous temps, les saints ont fait l'illustration et la célébrité des pays qui les ont vu naître ou qui ont servi de théâtre à leur vie exemplaire.

Il y a du reste, comme l'a fait remarquer un illustre enfant du Berry [1], il y a, entre les grands traits du caractère berrichon et les grands traits de sainte Solange, d'admirables harmonies. Aujourd'hui encore, malgré une civilisation uniforme qui tend à effacer de plus en plus les traits distinctifs de nos provinces, ainsi que les vieux costumes, il est difficile de ne pas reconnaître dans une même patrie, avec un fond d'esprit commun, une grande diversité de tempéraments, de races et de climats.

Au nord, c'est la vieille Armorique avec ses landes et ses falaises, « avec ses Bretons à la tête et au cœur forts comme ses rochers. Au midi, avec son beau golfe, la brillante Aqui-

---

1. L'abbé LAGRANGE, *Panégyrique de sainte Solange.*

taine, colorée d'une teinte du soleil espagnol.

A l'autre extrémité méridionale, baignée des eaux méditerranéennes, la Provence, à la langue sonore, qui rappelle l'Italie et la Grèce.

Vers l'est et le nord, des races au parler moins doux, aux blonds reflets, comme les races germaines et belges : ces belles et guerrières provinces que l'Allemagne nous a ravies, mais que nous saurons lui reprendre. Au centre, c'est le Berry, moins énergiquement dessiné peut-être, avec sa physionomie pourtant. A d'autres les grands aspects, la mer et les montagnes, les brouillards ou le chaud soleil, les côtés brillants ou saillants du génie et du caractère ; aux Berrichons, un ciel plus tempéré, un sol peu accidenté, la sérénité et la fertilité des plaines fécondes ; un tempérament en harmonie avec cette nature ; la fixité, l'humeur paisible et tranquille, le cœur bon et sûr, des mœurs douces, simples, honnêtes ; la netteté et la fermeté de l'esprit ; le génie aussi à leurs heures, mais sobre et contenu par le bon sens ; et l'intrépidité enfin, quand il le faut, jusqu'à l'héroïsme. Toutes les qualités en un mot qui conviennent à une population placée au centre d'un grand pays, destinée à être, dans ses oscillations, son point d'équilibre, et quand son territoire est violé, son refuge. Aussi, plus d'une fois, dans les secousses intérieures ou les périls des invasions, a-t-on tourné les yeux vers Bourges, pour y transporter la patrie et ses dernières espérances; certain qu'il y aurait toujours une France, tant qu'il y aurait un Berry; comme à cette époque fatale de notre histoire, où il n'y avait plus qu'un *roi de Bourges;* mais avec ce roi de Bourges, Jeanne d'Arc refit une France. Voilà ce qu'est le Berry. Eh bien! cela, dans l'ordre de la sainteté, c'est sainte Solange, vrai et gracieux type de ce pays : attachée à son village qu'elle n'a jamais quitté; douce, modeste, cachée; avec des vues supérieures dans l'esprit et des illuminations tranquilles; et, au cœur, quand vint l'épreuve, une invincible énergie. » [1]

Le Berry, qui correspond à peu près exactement aux deux départements du *Cher* et de l'*Indre* et qui autrefois s'étendait vers la Touraine, est limité et comme défendu par le cours de la Loire et celui de l'Allier. Si vous voulez jouir d'une vue splendide, embrasser le pays d'un coup d'œil, montez sur la petite montagne du *Belvédère*, au haut de la tour Malakoff, élevée par le général duc de Mortemart à la gloire de l'armée d'Orient. Du haut de ce monument, qui

---

1. L'abbé Lagrange, *passim*.

renferme pour trophées des canons et des armes, vous verrez au midi le Puy-de-Dôme, plus loin, le pic de Sancy avec les crevasses neigeuses du Mont-Dore ; à droite, les montagnes de la Marche se fondant, à leur gauche, dans la mer de verdure formée par les chênes séculaires de la forêt de Troncay, pleine d'histoires merveilleuses qui se disent aux veillées. Dans la vallée, Saint-Amand, jolie petite ville, coquettement assise sur les bords de la Marmande, au milieu des peupliers et des saules, et dominée par les ruines du vieux château de Montrond.

Ce château-fort, appartenant aux princes de Condé, où la duchesse de Longueville soutint un siége, qui fut rasé sous Louis XIV et démoli pendant la Révolution, n'a gardé qu'une tour, ses souterrains et des herses; mais la montagne toute ronde qui le porte, s'est couronnée de verdure et d'arbres splendides et l'on retrouve, dans ses roches, cette plante si rare, la *Farsetia clypeata,* rapportée de l'Orient par les Croisés comme un poétique souvenir. Elle n'a pu s'acclimater ailleurs : c'est le seul lieu de France où l'on puisse la cueillir. Non loin de là, dominant la vallée, c'est l'éminence où César vint établir son camp.

Plus près encore et se perdant dans l'est, le riche *Val d'Or* qu'arrose la Marmande ; il donne son nom au bourg d'Orval (*Or-du-val*) placé sur l'éminence voisine, qui était la vraie ville autrefois ; ses foires, fort importantes dans le passé, ont été transportées à Saint-Amand, tout en gardant leur nom.

Dans l'ouest, le Cher serpente au milieu des forêts et, admirablement placée sur ses bords, protégée par les collines environnantes, la vieille abbaye de Noirlac, où étaient des religieux de l'ordre de Citeaux, semble sommeiller dans l'oubli, malgré la manufacture de porcelaines établie dans ses murs.

A l'horizon, le lac d'Ygneuil, entouré de bois, comme un miroir d'argent dans un écrin de verdure ; partout des arbres, des collines, et, se perdant dans le lointain, les montagnes du Sancerrois, avec Sancerre entourant son pic couronné par le château-fort.

Au nord-est, les bassins boisés de l'Allier et de la Loire se confondent avec les premières forêts des pentes du Morvan. Tout près de Saint-Amand encore, le château du Vernay, le plus ancien qui existe en France, ainsi que le vieux pont qui est sur sa route, et sur cette même route, qui était celle de Bourges, la chapelle de *La Bonne-Dame-de-Pitié,* avec sa statue de l'époque. Elle était si bien placée la Bonne Dame sur le chemin des voyageurs !

Plus loin, dans la forêt immense, Meillant avec ses flèches à girouettes bizarres, sa tour du

Lion [1] splendide, son fouillis de sculptures fines comme des dentelles, ses gargouilles aux figures fantastiques, sa chapelle aux lames dorées couvrant les toits et étincelant aux rayons du soleil. Ce château-fort, un des plus beaux de France, fut bâti par Charles d'Amboise pour son neveu, Louis d'Ars, l'émule et le compagnon de Bayard. Il est connu dans l'histoire par ce proverbe : *Milan a fait Meillant, Château-Meillant défera Milan.*

Dans la forêt de Meillant, on montre un lieu fameux appelé la *Pierre de la paix,* ou les Trois Tables, ou la Table des trois seigneurs ; car le nom a varié avec les générations. On y trouve encore les débris bien visibles de cette table aux trois fauteuils de pierre où les seigneurs de Montrond, de Meillant et le prieur de Noirlac venaient régler leurs différends, chacun sur ses limites, assistés de leurs clercs, rédigeant les actes sous leur dictée. [2]

Plus loin, en suivant la même route, Dun-le-Roy *(Dunum-regis)*, la ville libre, où il faut s'arrêter particulièrement, parce que là est le cœur de la plus grande dévotion à sainte Solange, que là un des grands miracles de la Sainte s'est

---

1. Ainsi nommée à cause d'un lion en bronze doré tenant entre ses pattes l'écusson des Chaumont, qui couronnait l'édifice à plus de cent pieds d'élévation

2. *V.* MEILLANT SOUS LOUIS XII, *par le D. de Mortemart.*

opéré et que cette petite ville, dont la devise était : *Francorum annexa coronæ,* a gardé un cachet antique et féodal qui lui donne un charme tout particulier. En 1852, ses fortifications existaient encore intactes, et cette ville sur la hauteur, entourée de ses tours crénelées, avec ses portes massives, saisissait l'esprit en le transportant dans le passé. Elle n'a plus aujourd'hui qu'une ou deux portes et ses remparts du côté de l'Auron, sa vieille tour de l'horloge si belle, avec cette inscription mystérieuse, ajoutée plus tard, qui fait le désespoir des archéologues : *Icy se donne le gris — Jehan Marcillat m'a faict* 1616. Cette horloge sert d'entrée au Châtelet, ce château de Charles VII qui existe encore, en partie, avec son immense citerne, son pavillon aux vieilles gargouilles, aux voûtes boisées, ses souterrains qui y aboutissent et sillonnent toute la ville.

De la plate-forme du château, la vue est admirable et l'Auron coule au pied. L'église est grande comme une cathédrale ; elle a de belles sculptures, mais elle est de plusieurs styles. De vieilles maisons en bois l'entourent ; les habitants ont une originalité à part ; on y retrouve les vieux mots gaulois, toutes les femmes y portent généralement le nom de Solange.

Tout près de Dun-le-Roi et sur la route de

CHAP. II. — LE PAYS DE SAINTE SOLANGE

Sainte-Solange, c'est *Bois-sire-Amé*, dont on a fait Boisiramé, où l'on se souvient encore des bienfaits d'Agnès Sorel. Une tour existe où l'on allait sur la plate-forme correspondre par signaux avec Bourges. Sur la plus haute tour de la cathédrale, des feux s'allumaient par l'ordre du roi et ils étaient aperçus de Boisiramé.

Enfin, par-dessus les pointes des flèches dorées de Meillant, on découvre Bourges, la vieille capitale, où siégeait le Primat des Aquitaines. Sa superbe cathédrale porte si bien l'empreinte des temps de foi que sa grandeur impose; l'âme est saisie et l'on ne sent plus sous ses voûtes que l'immensité de Dieu; on s'incline et l'on prie. L'hôtel Jacques-Cœur, ce superbe monument où est le palais de justice, l'hôtel Lallemand avec ses admirables sculptures, l'hôtel Cujas, la maison des sœurs de charité, les couvents sans nombre avec tous les ordres religieux, les nouvelles créations militaires qui y ont amené un surcroît de population, et, malgré toute cette foule, le calme qui règne autour de ces vieux hôtels où le vieux Bourges réside, les maisons de bois conservées en grand nombre, tout cela donne à cette capitale, environnée presque de tous côtés de marais transformés en jardins, l'aspect d'une ville de Bretagne.

Le Cher qui traverse la province en écharpe et la sépare en deux parties presque égales, forme la limite du Haut-Berry et du Bas-Berry. Le Haut-Berry, c'est à peu près le département du Cher ; ses points les plus anciennement habités sont : Bourges, Mehun avec sa vieille tour, Dun-le-Roi, Concressant, Saint-Martin-du-Cros. Le Bas-Berry comprend tout le département de l'Indre. Un grand écrivain [1], le meilleur historien du Berry, a si bien décrit les beautés de son pays, que nous avons cru devoir lui emprunter les plus beaux fragments de sa description. « Au midi de Saulzais-le-Potier jusqu'aux bords de la Creuse, on trouve cette région où presque partout, à la surface du sol, percent les roches primitives, toutes rongées par le lichen. Là, se déroulent à l'œil, tantôt de vastes *brandes* couvertes de bruyères et genêts ; ailleurs des forêts de hêtres, de châtaigniers ou de bouleaux ; cà et là des champs d'orge, d'avoine, ou de seigle. Sur quelques points, cette lande entrecoupée de rochers, de ravins, de bois, de maigres cultures, se nomme la *Varenne,* et la région inférieure, plus fertile, qui lui succède, porte le nom expressif de *Fromental,* aux environs de La Châtre.

1. RAYNAL, *Histoire du Berry, passim.*

« C'est là, dans les limites de l'ancien diocèse de Bourges, qu'on admire les sites pittoresques, les paysages accidentés qui font contraste avec les grandes plaines du reste de la contrée. C'est là que la féodalité avait construit ses plus redoutables forteresses et la religion ses retraites les plus solitaires, et qu'on rencontre au milieu des bois, sur les rochers, dans les ravins des torrents, tant de ruines pleines de caractère et fécondes en souvenirs : la *Roche-Guillebault, Culan, Sainte-Sévère, Gargilesse*, les donjons des sires de Crevant et de Gaucourt, les constructions massives et à demi-rongées par le temps de Crosant et de Chateaubrun, les abbayes d'Orsan, de Fontgombaud, pittoresques jalons, débris imposants qui s'harmonisent si heureusement avec la sévérité du paysage, et concourent à l'embellir. Immédiatement au-dessous des terrains primitifs, les vallées s'élargissent et deviennent plus riches, tout en gardant quelque temps encore l'aspect particulier que leur donne le voisinage de la montagne..... »

Bien que dépourvu de ces grandes beautés qui étonnent et remuent l'âme, le Berry a des aspects vraiment champêtres et plus d'un site agréable à l'œil et riant au souvenir.

« Parcourez au printemps ou dans les beaux jours de l'automne les riches cantons du Haut-

Berry, le *Val,* le *Pays Fort,* autour de Vailly et de Jars, la *Forêt* autour de Saint-Martin d'Auxcigny, les environs de Nérondes, de Sancoins, de Saint-Amand, de Linières ; parcourez dans le Bas-Berry, tout ce qui n'est pas *Brenne* ou *Champagne,* c'est-à-dire ce *Bocage* berrichon qu'on appelle le *Boichau* [1], et qui forme à lui seul une grande partie du département de l'Indre, partout vous rencontrerez un riche paysage entrecoupé de champs, de rivières, de verts pâturages et de forêts ; partout une forte végétation, des arbres variés à l'infini de forme et de verdure, surtout *l'orme et le chêne :* ici les *traînes,* ces chemins mystérieusement ensevelis dans l'aubépine, la vigne sauvage, le chèvrefeuille et la clématite ; là des villages aux toits de chaume, cachés au milieu des arbres fruitiers de leurs *ouches,* et qu'on ne reconnaît de loin qu'à la flèche de leurs clochers ; ailleurs des ruisseaux perdus dans l'herbe et les saules, et qui ne doivent leurs cascades qu'aux écluses de leurs moulins ; puis, tout à coup au milieu des bois sombres, les ruines blanches ou grisâtres de quelque vieille abbaye ou les tourelles démantelées

---

1. On trouve le nom de *Boichau* dans un acte de 1321, entre *Louis* et *Pierre de Brosse : Tota terra dou Boychaut.* V. LA THAUMASSIÈRE, *Coutumes locales.*

ou les pans de murailles, envahis par le lierre, les buissons et la mousse, d'une forteresse féodale. »

Voilà le Berry de notre Sainte, qu'il a bien fallu vous décrire puisque partout son souvenir y est imprimé et que là on la prie et on l'aime. Ce pays lui appartient tout entier ; ne l'a-t-elle pas payé de son sang, n'étend-elle pas sur lui, depuis dix siècles, sa protection douce et puissante ?

A trois lieues environ de Bourges, vers l'Orient, entre les paroisses de Rians et de Moulins-sur-Yèvre, s'étend une fraîche et tranquille vallée, qu'arrose l'Ouatier [1], petite rivière aux eaux pures et rapides, aux bords légèrement ondulés, couvert de plantes aquatiques, et qui se révèle au loin par une ligne presque continue de grands arbres. Là, à quelque distance du bourg de Sainte-Solange, nommé autrefois Saint-Martin-du-Cros, s'élève un petit village qui a changé son nom antique de *Val-Ville-Mont* en celui de Villemont.

C'est-là que vers le milieu du neuvième siècle, au temps du roi Charles le Chauve, naquit de parents pauvres et profondément

---

1. L'*Ouatier* ou *Aoutier* est un petit cours d'eau qui prend sa source à Valentigny près de Rians, traverse cette paroisse, celle de Sainte-Solange, où il se partage en plusieurs branches, et va se jeter dans l'Yèvre, vers Moulins-sur-Yèvre.

chrétiens celle qui devait être la Geneviève du Berry.

Il est dans un site riant, d'une tranquillité et d'une fraîcheur rassérénantes, cet humble hameau, ce joli coin de terre que les vieilles chroniques appellent le *Val de Villemont.* Il se montre à demi, enfoui sous la verdure, avec ses maisons blanches, éparses et cachées au milieu des arbres fruitiers de leurs *ouches,* avec sa fraîche et poétique fontaine, son moulin rustique et délabré et son ruisseau qui fuit sous les peupliers et les saules.

La chaumière où notre Sainte vit le jour n'existe plus et l'on n'est pas d'accord sur l'emplacement qu'elle occupa. La plupart des biographes disent, on ne sait trop pourquoi, qu'elle était située à une certaine distance du village, au *Pré Verdier,* prairie où l'on trouve encore des débris de constructions, et qui s'allonge entre deux collines parallèles, sur la rive droite de l'Ouatier ; mais une tradition ancienne, et aujourd'hui plus accréditée, la place sur le bord opposé du ruisseau ; et là, à Villemond même, on conserve précieusement une vieille clef que la tradition populaire dit être celle qui ouvrait la porte de cette demeure bénie. Le temps a pu en détruire les murailles, en disperser les débris, mais rien n'en effacera le souvenir, pas plus que celui de Villemond, devenu immortel comme Nanterre et Domrémy [1]. Le nom de ce village et le souvenir de cette sainte maison, aujourd'hui détruite, vivront à jamais dans le cœur des populations du Berry, comme le souvenir et le nom de la vierge qui y reçut le jour. Ainsi en est-il de tous les justes et de tous les saints : « *leur mémoire bénie demeure éternellement.* »

Une nébuleuse auréole entoure le berceau de la Sainte. Le nom de ses parents est inconnu, inconnue aussi la date de sa naissance, sans qu'il soit possible d'arriver à la déterminer avec certitude et précision. Mais au fond, qu'importe le nom de sa famille, qu'importe même la date précise de sa naissance ? — Le temps n'existe pas devant Dieu : elle fut sainte et la sainteté seule reste en survivant au temps ; rien de sa vie n'a été oublié et la tradition de cette admirable vertu qui lui fit trouver la mort avec joie, est venue jusqu'à nous.

Ses parents étaient de simples vignerons [2], et, selon toute apparence, les *serfs* du comte de Bourges dont Maubranche, d'autres disent Ville-Comte (*Villa-Comitis* ou la *Villa du Comte*), devait être le rendez-vous de chasse

---

[1]. C'est à tort que le Père Alet affirme que Val de Villemont n'existe plus Il existe sinon en entier, du moins en grande partie.

[2]. *Patre vinitore.* — Vita apud Bolland.

pendant la belle saison. Ce qui nous fait croire qu'ils étaient de condition servile, c'est qu'à cette époque le servage était la condition commune de tous les pauvres, de tous les faibles, de tous ceux qui étaient attachés à la glèbe ou à la culture des champs. Malgré les franchises dont, par un privilége spécial, jouissaient toutes les villes du Berry, principalement les royales, il est bien difficile, pour ne pas dire impossible, d'admettre, avec la Thaumassière, « que les habitants du pays de Berry se sont de tout temps conservés en la liberté naturelle à tous les hommes [1]. » Au moyen âge, il était bien difficile de garder la liberté sans la force ou sans la propriété. « Alors les hommes *libres,* sans fortune ni crédit, étaient vexés, opprimés, dépouillés par les autres, abbés, comtes ou centeniers; et, pressés par la misère, ils se mettaient en servitude, en vendant leur liberté pour une somme d'argent [2]. »

Quoique pauvres et serfs, les parents de notre Sainte s'estimaient plus heureux que les plus riches seigneurs de la contrée. Un toit de chaume à l'ombre d'un vieux noyer, un champ étaient toute leur richesse. « *Comme la rosée d'Hermon descendait sur la montagne de Sion* », la bé-

---

[1]. Thaumas de la Thaumassière, *Coutumes locales*, chap. vi. *Traité du franc-aleu.*

[2]. Guérard, *De la condition des personnes et des terres au moyen âge.*

nédiction du ciel descendait sur ce foyer pur, simple et paisible. « *Heureux ceux qui craignent le Seigneur et qui marchent dans ses sentiers ! Manquant de tout, ils possèdent toutes choses.* »

L'Evangile ne dit pas : « Bienheureux les pauvres parce qu'ils auront le royaume des cieux »; mais parce qu'ils l'ont déjà sur la terre. Le vrai pauvre vit d'espérance encore plus que de pain, l'espérance, ce suprême trésor qui brille au cœur et l'enlève sans le tromper, quand on espère en Dieu. Le pauvre a son cœur là où est son trésor et son trésor est ailleurs qu'ici. Le chemin de cette vie âpre et rude l'emmène vers le ciel. Dieu lui-même est son refuge ; il est sa force et sa richesse, « sa force dans la tribulation, son espérance dans les tempêtes et l'ombrage qui tempère pour lui les ardeurs de l'été. »

Les pauvres sont les préférés du cœur de Dieu. Voilà pourquoi le foyer de ces humbles vignerons attachés à la culture d'un fonds étranger était un foyer béni. Ils étaient cités comme des modèles de vertu, de probité et d'honneur ; leur piété répandait autour d'eux, dans les autres familles, la bonne odeur de Jésus-Christ. Aussi Dieu bénit leur union, en leur envoyant une fille qui devait combler leur cœur de joie en donnant de bonne heure des signes manifestes de son admirable sainteté.

Le ciel semble avoir voulu lui donner un nom prédestiné comme elle, beau comme son visage, angélique comme sa vertu. Elle reçut au baptême le nom de *Solange*[1], nom si doux qu'on le dirait tombé du paradis.

On disait de saint Jean-Baptiste, à l'heure de sa naissance : « *Qui pensez-vous que sera cet enfant ?* » C'était une interrogation, mais qui impliquait une espérance et le soupçon, pour ce nouveau-né, de quelque destin merveilleux. On peut dire la même chose près de tous les berceaux ; à plus forte raison peut-on le dire près de celui de Solange : « Qui pensez-vous que sera cette enfant ? » Elle sera ce qu'indique son nom, *ange* de beauté, de chasteté, de sacrifice. Il tarde au Seigneur de s'emparer tout entier de cette âme ; pour elle et pour lui, il est pressé : tel est l'amour. Ce n'est point assez qu'il ait la fin, il lui faut les prémices ; il sera pour elle le commencement, le milieu et la fin.

Par le baptême, il a déjà pris possession de l'âme entière de la vierge ; il vient de la mar-

---

1. Dans les cartulaires de l'archevêché, nous avons trouvé les formes : *Sancta Solengia* en 1198 et en 1312, *Sollangia* en 1249, *Soulange* dans la prononciation vulgaire. Il est intéressant de remarquer l'analogie de ce nom propre avec le nom d'une localité voisine, *Soulangis*. Faut-il voir dans l'un et l'autre des dérivés du nom propre antique Solumnius ou Solonius ? — V. *Statistique monumentale du dép. du Cher*, par Buhot de Kersers.

CHAP. II. — LE PAYS DE SAINTE SOLANGE

quer d'un sceau intérieur, spirituel, sacré, ineffaçable. Dieu a commencé son œuvre ; la Sainte l'achèvera par son empressement à correspondre à la grâce.

Son père et sa mère rivalisèrent de zèle pour jeter dans son âme les semences de la vertu ; elle, l'angélique enfant, se montra avide de les recevoir et de faire grandir Dieu dans son cœur. Le premier nom murmuré par ses lèvres fut celui de Jésus, et ce fut aussi le dernier. Toute sa vie est là : elle naît par Jésus, elle vit en Jésus, elle meurt pour Jésus!

Dès l'âge le plus tendre, dit un biographe de la Sainte, elle avait pour habitude de faire toutes ses actions pour Dieu et de prononcer constamment le beau nom du Sauveur, ce nom « plus doux que l'huile répandue, plus parfumé que le cinname et le baume ». « De bonne heure, comme le jeune Tobie, elle sut porter le joug du Seigneur »[1], qu'elle trouva suave et léger. A une distance si grande, nous n'avons pas des détails particuliers et intimes sur les premières années de la Sainte ; et cela se comprend, puisqu'elle est restée plusieurs siècles avant d'avoir un historien. Son enfance, du reste, dut ressembler à celle de toutes les saintes jeunes filles, élevées, avec un soin tendre et vigilant,

---

1. *Apud lect. Breviar. Bit.*

dans l'amour et la crainte de Dieu, sous les caresses et le regard maternels. Elle fut du nombre de ces heureux enfants « qui naissent à la vie du ciel en même temps qu'à la vie de la terre, et qui, s'éveillant en ce monde, lisent la foi, la pureté, l'honneur, la vertu dans les yeux de leur mère. »

Les exemples d'édification domestique n'étaient pas rares au moyen âge, au temps de notre Sainte, dans les foyers chrétiens.

Autrefois dans les familles, comme aujourd'hui encore en Bretagne et en Savoie, on lisait, le soir, à la veillée, la vie du saint de chaque jour. La *Vie des saints*, n'est-ce pas le livre du peuple par excellence, la « Bible des simples et des pauvres ? » C'est pour tous la grande école des vertus, c'est l'Evangile vivant, le christianisme en action : c'est le poëme du Christ et la gloire de l'Eglise. On l'a trop oublié de nos jours où le roman frivole et souvent immoral a envahi la cabane du pauvre comme le salon du riche. La lecture des romans dessèche le cœur, la vie des saints le dilate ; c'est tout un monde de clartés sereines, de refuges protecteurs, de poésie ravissante, de joies saintes et exquises et de consolations ineffables. C'est l'exemple et c'est aussi l'amour divin ; car du cœur des saints, l'amour de Dieu déborde. « Aborder les saints, c'est mettre le pied sur le

CHAP. II. — LE PAYS DE SAINTE SOLANGE

seuil d'un sanctuaire; les regarder, c'est faire oraison; les écouter, c'est ouvrir toute son âme aux rosées de la grâce! »

Au temps de Sainte Solange, on ne lisait pas, mais on racontait la vie des saints; et dans sa chaumière, le pauvre écoutait, l'âme ravie en Dieu, ces grandes merveilles des habitants du ciel qui furent des hommes comme nous, errant et combattant sur cette terre d'exil.

« Le moyen âge, si sensible à tout ce qui relève la femme par la chasteté, s'éprit pour sainte Agnès d'une passion ardente. Il la chanta de contrées en contrées, de couvents en couvents dans de naïfs poëmes où l'inspiration ne faisait pas toujours défaut. »[1] Tout le monde alors connaissait la vie de cette jeune martyre de treize ans, appelée la *Bien-aimée des Romains*. Solange en entendit plus d'une fois le récit sous le toit paternel. Dès qu'elle connut l'histoire merveilleuse de sainte Agnès, elle l'aima d'un amour particulier et la prit pour modèle. On eût dit qu'elle avait le pressentiment de la ressemblance qu'elle devait avoir un jour avec elle.

La vierge romaine en retour dut aimer au ciel la vierge du Berry, qui puisa dans cet amour son premier amour pour la sainte vertu. Nul ne

---

1. L'abbé MARTIN, *Les Vierges martyres*, t. I.

peut calculer ce que l'amour spécial d'un bienheureux peut valoir de grâce à une âme travaillant encore sur la terre.

Après mille ans, en relisant les pages où je puise pour la vie de la sainte bergère, il semble que son souvenir plane encore sur nous, que Dieu nous tend sa main par elle en nous disant : imite ! Et c'est avec une confiance de frère, de sœur ou d'enfant que nous disons, tout en priant, tout en contemplant Dieu : Sainte Solange, priez pour nous !

CHAPITRE III

LES FIANÇAILLES AVEC NOTRE-SEIGNEUR JÉSUS-CHRIST

> « *Primitiæ Dei sunt* »
> Les prémices de la vie appartiennent au Seigneur.
> DEUTER. XVII, 28.
>
> « *Sponsabo te mihi in æternum !* »
> Je t'épouserai éternellement.

La première enfance de Solange s'était écoulée simple, pure, sereine comme tout ce qui l'entourait, premier germe béni de ce lis à peine éclos qui bientôt ira fleurir éternellement dans les jardins de Dieu. Avec le lait de sa mère, elle avait bu le nom et l'amour de Jésus. Elle avait ce nom du Sauveur si profondément gravé en elle, dit un de ses biographes, qu'il la ceignait comme d'un vêtement inséparable.

Déjà l'amour du Christ envahissait son

âme et l'Esprit « qui souffle où il veut », lui parlait le langage du sacrifice en montrant à ses yeux les splendeurs et les attraits de la virginité.

Elle comprit dès lors que le Seigneur demande les prémices de notre cœur, et elle voulut les lui donner sans réserve.

A peine âgée de sept ans, disent les vieilles chroniques, ornée de tous les charmes du premier âge et de toutes les grâces de l'innocence, elle crut entendre la voix de Dieu lui disant : « Viens, je t'épouserai éternellement! »

— Je suis à vous, prenez-moi! Seigneur, répondit l'enfant, prise d'une simple mais sublime inspiration. Ah! qu'il est beau, le Seigneur Jésus! s'écria-t-elle, et, s'agenouillant ravie, l'âme attirée en haut, elle fit le vœu de chasteté perpétuelle et ne se releva que l'épouse du Christ.

« L'*Epouse*, dit saint Bernard, *c'est toute âme qui aime; à elle de suivre l'Agneau partout et de lui chanter un cantique dont elle seule sait la mélodie.* » Du jour où elle reçut ce titre glorieux, la nouvelle épouse, afin de plaire uniquement à son divin Epoux, s'appliqua à ne jamais laisser pénétrer en son cœur rien qui pût l'attrister, ne voulant connaître sur la terre d'autre amour que son amour.

L'âme qui aime ne peut offenser Jésus. Aimer et faire de la peine à celui-là seul qu'on aime et que l'on peut aimer sûrement, comment cela se pourrait-il faire? Voilà pourquoi Solange, voyant passer le mal près d'elle, ne le comprenait pas. Elle ne comprenait, elle ne voyait que la beauté immatérielle de Dieu, sa grandeur, son amour pour nous. Pleine d'une pitié profonde pour les souffrances de Notre-Seigneur sur la croix, elle avait compris par ces souffrances mêmes tout cet amour divin. Cette tendresse pieuse lui mérita la grâce d'être éclairée extraordinairement, par une sorte de vision, sur les sentiments qui déjà existaient dans le fond de son cœur; et, sans attendre un second appel, sans résister à la voix de son Maître bien-aimé, sans demander pourquoi : « Je suis à vous, dit-elle, et prenez-moi bien toute! » Alors le Seigneur souriant descendit jusqu'à elle ; les anges chantèrent autour de la jeune vierge : ce jour-là fut radieux dans la nature entière et les bénédictions célestes tombèrent abondantes sur ce pays, pour lui être accordées jusqu'à la fin des siècles à la prière de la sainte martyre.

Depuis ce temps-là, sa vie ne fut qu'un saint désir, plein de pureté céleste, une aspiration constante vers Jésus qu'elle aimait, le ciel où il régnait, l'infini que devinait son esprit et plus encore son cœur. Chaque minute d'oraison la faisait pénétrer davantage dans le cœur de Jésus.

Comment ai-je mérité de vous être unie, ô mon Dieu? pensait-elle ; et, pour s'en rendre moins indigne, elle se donnait de plus en plus à la prière et à l'amour de Dieu.

Je vous aime, Seigneur, répétait-elle sans cesse ; faites de moi tout ce qui vous plaira, pourvu que je vous aime et que vous m'aimiez toujours ; car bien plus que moi-même, je vous aime, ô Jésus !

Savez-vous ce que c'est qu'un cœur de jeune fille sous les rayons de la grâce? Un abîme d'innocence et de pureté! Savez-vous aussi ce qu'est un cœur de Sainte?

Au fond de l'âme de la jeune fille, il existe toujours un léger égoïsme, revêtu, il est vrai, d'une forme gracieuse, mais qui n'en est pas moins désagréable au contact. Pour que le cœur de la femme atteigne sa maturité, il lui faut la consécration de l'amour d'en haut. L'amour d'un mari, d'un enfant, bien que tout légitime, n'en ramène pas moins l'âme en partie vers la terre. L'amour de Dieu élève jusqu'à lui, il emplit l'être entier d'une immense tendresse pour toutes les créatures du monde, pour toutes les âmes rachetées par Lui, portant son empreinte divine ; et l'on voudrait les enlever toutes dans un même élan, pour les ramener à Dieu, dans son sein où il fera si bon de vivre.

Et quand une âme est inondée d'amour,

CHAP. III. — LES FIANÇAILLES

comme celle de notre Sainte, elle devient forte, grande; elle marche vers son but en soulageant les misères du chemin et s'y repose en aimant : pour toutes les souffrances du monde, elle prie; pour que son divin Sauveur soit honoré, elle prie; pour que le blasphème qui l'outrage cesse autour d'elle, elle a encore une prière, et c'est pourquoi les saints sont une bénédiction pour un pays; c'est pourquoi Dieu, qui aime tous les hommes, met au cœur de ses saints un si grand amour de l'humanité, qui déborde, afin qu'ils sauvent les âmes et les conduisent à lui.

Telle était Solange, devenue la fiancée de Jésus-Christ.

L'ineffable vision de la virginité s'était montrée à elle, les mains pleines d'encourageants exemples, et, comme Cécile et comme Agnès, comme Agathe et comme Lucie, comme Geneviève et comme Catherine de Sienne, comme Rose de Viterbe et comme Rose de Lima, comme Angèle de Mérici et comme Germaine Cousin, elle avait été séduite. Et si vous me demandez d'où lui venait, comme à tant d'autres vierges, cet invincible attrait pour l'angélique vertu, je vous répondrai : de cette vertu elle-même. Quelle est donc cette vertu pleine de charmes qui parle au cœur d'un enfant de cet âge, qui ignore même ce qu'exprime ce nom de *virginité ?* Ecoutez saint Ambroise :

« La virginité, dit ce grand docteur, a pour patrie le ciel, et pour auteur le Fils de Dieu. La nature humaine ne possédait pas le trésor de la sainte virginité : alors elle se souleva, elle monta bien haut, par delà les nuées, les étoiles et les phalanges angéliques, et elle le trouva dans le sein de Dieu le Père, dans le Verbe, et elle l'embrassa avec toute l'avidité de son cœur, et elle l'emporta avec elle sur la terre. Alors la Vierge devint Mère et le Verbe se fit homme pour faire l'homme Dieu.....

« N'est-il pas dit que les élus dans le ciel ne sont ni époux ni épouses ? Eh bien ! voilà aussi des anges sur la terre qui se font les émules de ceux du ciel. Et ne vous étonnez pas si fort que l'on compare les vierges aux anges du ciel, puisqu'elles sont unies au Seigneur même et au Roi des anges.....

« Vraiment, quand le Seigneur ayant pris notre chair eut associé la divinité à son corps, sans confusion, sans souillure aucune, une vie céleste se mit à germer dans tout l'univers et à refleurir dans tout le corps humain. Dès lors, des chœurs d'anges sur la terre, comme autrefois sur la chaumière de Bethléem, offrirent à Dieu des cantiques et des adorations.....

« Ce n'était pas encore assez... ces anges terrestes lui offrirent le témoignage sanglant de l'amour et de la foi. Voyez ces valeureuses vierges vaincre le monde, triompher du démon et des plus cruelles tortures !

« Sainte Agnès, la vierge romaine, n'avait que treize ans, et pourtant elle sut endurer le martyre et la mort. Ellle va au supplice d'un pas ferme et agile, la joie au front, comme si elle courait à sa fête nuptiale. Tous ceux qui la connaissent, pleurent sur cette tendre enfant ; elle ne pleure pas. Sous la main de ses bourreaux sanguinaires, au milieu des chaînes retentissantes, elle demeure intrépide et sereine ; au pied des autels fumants où on la traîne, devant les foyers sacriléges, elle tend à Jésus-Christ ses bras en forme de croix triomphale, et elle prie !..... Comme on l'entoure de séductions et de flatteries! Comme on l'invite à se réserver pour de brillantes noces ! Et comme elle répond : « Ce serait faire injure à mon Epoux, que d'accepter un autre amour. C'est lui qui, le premier, m'a choisie et c'est à lui que je veux être. Que tardes-tu, ô bourreau ? »

« Puis elle s'arrête, se lève, prie encore et présente sa tête au glaive, et dans une seule victime, vous avez le double mmartye de la virginité et de la foi. »

Voilà ce que peut, dans une enfant, cette sublime vertu que dans tous les siècles le Christ rendit chère aux âmes d'élite. Il vient de la rendre à jamais chère au cœur de Solange, et, quand la mort viendra, l'épouse appellera souriante son divin Epoux et, le cœur plein de joie, elle s'en ira le joindre, bénissant la mort et Lui.

Mais, en attendant, que va-t-elle devenir ?

L'Epouse des Cantiques « *monte du désert* » : elle quitte la terre et ses plaisirs ; elle s'appuie sur son Bien-Aimé qui lui est devenu toutes choses. Ainsi fera Solange. Sur les ailes de la simplicité et de la pureté, elle montera toujours plus haut dans la lumière et le saint amour de Jésus-Christ. N'estimant pas digne d'une âme raisonnable, disent les chroniques, de préférer les choses d'un jour, vaines, caduques, passagères, aux biens vrais et permanents, aux joies éternelles, elle les dédaigne à jamais, fermement résolue à ne rien mettre entre son cœur et Dieu. Et, de même que l'Epouse des Cantiques s'écrie dans les délices dont elle est inondée : « *Venez, mon Bien-Aimé, et partons vers les champs !* » de même, c'est aux champs que Solange s'en ira avec joie, suivie de son troupeau ; c'est aux champs que le Seigneur ira la visiter et qu'ils auront leurs entretiens les plus familiers et leurs plus doux épanchements. Car dès son enfance, selon l'usage des campagnes, Solange fut préposée par ses parents à la garde des moutons.

La sainte bergère aimait son modeste emploi ; elle y trouvait l'humilité, cette seconde parure de son âme après la virginité ; elle y trouvait Dieu dans la splendeur de ses œuvres, elle le contemplait, calme et sereine et, tandis que ses brebis paissaient tranquillement autour d'elle, elle écoutait l'esprit de Dieu qui ne se communique jamais plus volontiers à une âme fidèle que dans la solitude et le secret des déserts.

Comme sainte Geneviève et comme sainte Germaine de Pibrac, Solange n'était qu'une simple bergère, et dans cette condition si humble aux yeux des hommes, elle devint l'objet de l'amour et des complaisances de son Dieu. La sainteté ne dépend donc ni des occupations ni de l'état ; elle dépend de la grâce demandée, suivie, écoutée, et de l'amour vers Dieu. « Aimez !... et tout vous sera possible. »

Jeunes filles des champs, si vous lisez ce livre, ne cherchez plus les joies de la ville et les parures frivoles, que votre cœur se laisse charmer par cette beauté de la grande bergère dont je vous dis l'histoire ; priez dans votre solitude, au milieu de ces champs si pleins de paix, où l'âme s'élève à Dieu sans peine. Travaillez avec joie à votre tâche du jour ; ornez de fleurs l'autel du village et demandez à Dieu avec instances de ressembler un peu à sainte Solange qui règne auprès de lui et que nous allons voir pleine d'inquiétude pour sa figure angélique, fuir le monde et ses attraits perfides, se tenir, comme saint Bernard nous dépeint les véritables vierges, « toujours en alarme, jamais en sécurité; toujours soigneuse à fuir le danger, jamais confiante au sein même du calme; sachant qu'elle porte en un vase fragile un trésor précieux et que rien n'est plus difficile que de vivre comme un ange au milieu des hommes, de mener une vie pure avec une chair de péché et d'entretenir sur la terre le langage du ciel. »

Béni soit le siècle qui a mérité d'avoir une telle vierge! Et béni soit le Seigneur qui, au milieu des bourbiers humains du siècle, a daigné se choisir et se consacrer une famille sans tache dans la virginité chrétienne!

Vous savez ce qu'elles font ces vierges? Ce qu'elles font? Elles consolent, elles instruisent, elles pansent les blessés sur les champs de bataille, elles soignent les membres souffrants de Jésus-Christ dans les hôpitaux et les mansardes. Elles s'appellent les sœurs des pauvres, les servantes des malades, les filles de la miséricorde et de la charité. Elles exhalent des parfums que la nature ne connaît pas. Elles répandent autour d'elles une moisson de fruits célestes et ne se font connaître que par la pratique du dévouement et de la vertu. Vous ne voyez à côté d'elles ni lance, ni épée. Et cependant leur influence victorieuse a conquis le monde. Elles lèvent au ciel leurs innocentes mains, et le ciel, à leur prière, verse à flots ses bénédictions sur l'univers. Elles obligent Dieu à sourire encore à la terre et à bénir les fils d'Adam.

CHAPITRE IV

LE CHAMP DES ORAISONS

Une journée de sainte Solange.

> *Ego flos campi et lilium convallium.*
> Je suis la fleur des champs et le lys des vallées.
> CANT. CANT.

Non loin de la voie romaine qui traverse la vallée de Sainte-Solange, en quittant le bois de Turly, on arrive dans un champ bien connu en Berry. Une blanche chapelle s'y élève, de création récente, aux magnifiques peintures ; un peu plus loin est une croix et l'Ouatier fuit sous les plantes aquatiques, derrière un rideau de peupliers. C'est le *champ de sainte Solange* [1].

---

[1]. Il se trouve à un quart de lieue environ du bourg principal, sur la rive gauche de l'Ouatier. Quand on vient de Bourges, par la route actuelle, on le rencontre sur la droite.

Il est situé sur le côté opposé du bourg de ce nom, quand on s'y rend de Villemond, et la jeune bergère, pour aller de son hameau au pâturage, devait traverser, à l'aller et au retour, le bourg de Saint-Martin-du-Cros, appelé aujourd'hui Sainte-Solange. Ce gros village, entouré de champs et de vignes, arrosé par le ruisseau aux gracieux méandres, tient le milieu entre Villemond et le champ de la Sainte.

Il y avait, dit la vieille liturgie berrichonne d'accord avec la tradition, à l'extrémité de ce champ que le souvenir de ses oraisons a consacré, dans un lieu agreste et inculte, un petit bouquet de buissons et d'arbres où la pieuse bergère s'était fait une sorte d'oratoire rustique, ombragé par un vieil orme et quelques chênes et caché aux regards par une haie d'églantiers et de vigne sauvage. C'est là qu'elle venait souvent, loin de tout témoin, s'entretenir seule à seul avec Dieu dans de continuelles prières et des colloques familiers [1].

La dévotion des fidèles a marqué ce lieu champêtre d'une croix de bois qu'il faut par-

---

1. *Ibat sæpe ..... in locum, non longe quidem, sed satis tamen ab arbitris remotum, sylvestrem et incultum ... et quidquid ipsi temporis supererat, id totum assiduis precibus et familiaribus cum Deo colloquiis consumebat.* — Ex lectionibus Brev. Bit.

fois renouveler ; car les pèlerins en coupent de petits morceaux et les emportent, comme de précieuses reliques, dans leur demeures. Cette pieuse pratique date de loin. Dès le milieu du dix-septième siècle, disent les Bollandistes, « le peuple depuis longtemps était dans l'habitude d'en couper de petits fragments comme remède aux maladies. » Aujourd'hui encore des guérisons sont obtenues à l'aide de ces fragments vénérés.

De plus, les habitants du pays sont persuadés que le bienfaisant pouvoir de la Vierge-martyre se manifeste habituellement dans ce sol béni par une vigueur de végétation toute particulière, et que les épis se relèvent d'eux-mêmes, quand le flot des pèlerins, suivant la grande procession, a passé.

On montre encore, près du champ de la Sainte, la trace du chemin qu'elle suivait pour s'y rendre. Il y a deux siècles, un témoin oculaire des plus graves écrivait : « Ce sentier que foulèrent si souvent les pieds de l'épouse de Jésus-Christ, présente à peu près la largeur d'un char. Il se distingue, dans ce champ, comme la voie lactée dans l'azur du firmament. La moisson y est plus épaisse que partout ailleurs, plus haute et plus vigoureuse. » Tout récemment encore, au mois de juin dernier, nous suivions nous-même d'un regard émerveillé et ravi cette trace miraculeuse des blés dépassant en hauteur tous ceux des champs d'alentour qu'elle traverse et conservant une régularité parfaite en largeur, durant un long parcours.

Les années se sont écoulées, les mœurs ont étrangement changé ; mais Solange, toujours constante dans sa protection, a voulu retenir toujours le même phénomène qui est comme une aimable expression de son pouvoir bienfaisant. Que les géologues nous expliquent, s'ils le peuvent, ce grand prodige, aujourd'hui comme il y a mille ans, visible à tous les yeux.

Pour la vierge de Villemond, comme pour la vierge de Nanterre, la vie pastorale fut le chemin par où le divin Pasteur des âmes la fit avancer jusqu'à lui pour la combler de la familiarité la plus ineffable. « Comme Geneviève, villageoise, bergère et vierge, Solange fit des champs son oratoire ordinaire »[1]. D'anciens tableaux la représentent en prière, à genoux au pied de la croix. Elle a le costume berrichon qui est encore celui des bergères du pays. Un long manteau qui ressemble à celui de la Vierge, drape chastement la robe de la bergère retroussée légèrement afin d'être plus libre de courir après ses moutons ; le tablier noué autour de la

---

1. *Apud Bolland.*

taille contient le pain, et la quenouille est passée dans le lien qui le noue. Une cape de laine, rappelant le voile de la Vierge, encadre son charmant visage en retombant sur ses épaules comme deux ailes au repos.

Vraiment, Dieu sait mettre entre les lieux et les âmes de suaves harmonies. Une croix, des prairies, le ruisseau qui coule entre les herbes, les grands arbres dont les branches se penchent sur ses eaux limpides, des cimes lumineuses et des coteaux boisés, les blés, les bruyères, les fleurs et la haie d'églantine, le murmure des abeilles dans le calme des champs et, au milieu de ce calme, dans ce frais paysage, une âme simple, paisible, sereine et pure comme la lumière du plus beau jour, une vie toute une et toute en Dieu, et dans ce cœur qui aime, une force indomptable comme celle de la nature entière : cette vie toute de tendresse, si calme et si forte, pouvait-elle être placée ailleurs, dans un cadre plus gracieux?... Et cette scène champêtre n'éveille-t-elle pas des souvenirs bibliques?

En voyant Solange conduisant devant elle ses blanches brebis le long des verts sentiers ou à travers les brandes incultes, on se rappelle Lia et Rachel allant avec Jacob paître les troupeaux de Laban ou bien encore Ruth, la Moabite, glanant pour Noémi dans le champ de Booz.

Pour le travail et la prière, toutes les journées de la sainte bergère se ressemblaient. L'emploi en était parfaitement réglé. Avant que l'aube eût blanchi la cime des bois de la vallée, Solange abandonnait sa chaumière de Villemond, conduisant devant elle son petit troupeau. Elle traversait ou tournait le bourg de Saint-Martin, en longeant les rives de l'Ouatier, et, après une marche de trois quarts de lieue, elle arrivait au champ du pâturage. Là, tandis que ses moutons broutaient en silence l'herbe menue, elle se retirait dans sa solitude au pied de la croix, et, se jetant à genoux : Jésus ! disait-elle, et ses bras entouraient le bois sacré qu'elle pressait de son cœur, et ses lèvres s'y collaient en répétant : Jésus !

Et l'aurore répandue sur la terre ne faisait pas tressaillir Solange, et le soleil montait et descendait à l'horizon qu'elle n'avait pas interrompu sa prière. Jésus ! disait la sainte enfant, et cette voix appelait Notre-Seigneur à elle. Ne me laissez pas, mon Dieu, oublier le soin de mes pauvres moutons, demandait-elle parfois tout naïvement avant l'extase.

Sans doute les anges la prévenaient en lui disant : voici l'heure. Solange alors se relevait emmenant son troupeau. Alors seulement elle se rappelait que son tablier enroulé autour d'elle contenait le pain du jour ; et quand un pauvre passait : Tenez, lui disait-elle, acceptez-le pour l'amour de mon Seigneur Jésus-Christ. Elle vivait d'amour, elle se privait par amour : ni sa santé ni sa beauté n'en ressentaient aucune atteinte.

Qui pourra redire les mystères divins de ce lieu de retraite, derrière l'aubépine aux fleurs blanches comme l'âme de la sainte enfant, où la clématite se marie au chèvre-feuille rose et aux buissons d'églantiers! Dans ce frais réduit où elle se complaisait seule avec Dieu, vivant de son regard, de son amour sur elle, qui pourra dire les naïves prières de Solange et les grâces sans nombre dont elle fut inondée! Les anges seuls en furent témoins : c'est un secret entre le Seigneur et elle; mais les bénédictions répandues sur ce sol et l'influence bénie qu'on y ressent, attestent assez que les splendeurs du ciel ont dû s'y abaisser.

Quand le soleil de midi embrasait jusqu'à la tige l'herbe profonde et serrée des prairies, que les moutons dormaient la plupart à ses pieds, elle ne s'éloignait guère du pied de la croix où l'ombre d'un bouquet d'arbres ramenait son troupeau, tout auprès de l'Ouatier. Elle filait alors la laine ou le lin pour les besoins de la famille et des pauvres aussi. Sa voix pure et sonore, disent les traditions, s'élevait au loin, chantant des cantiques à Dieu et remplissant de sa mélodie la campagne solitaire et les bois d'alentour.

Parfois cependant, quand la chaleur était trop ardente, elle conduisait ses brebis dans la forêt voisine ou bien encore le long de ces petits chemins verts que dans le pays on appelle *traînes* et qu'un grand écrivain, qui n'eut que trop de talent, ne l'ayant pas employé pour Dieu, a si admirablement décrits. « Rien de frais et de gracieux comme ces allées sinueuses qui s'en vont serpentant sous les perpétuels berceaux de feuillages, découvrant à chaque détour une nouvelle profondeur toujours plus mystérieuse et plus verte. C'est là que semblent se réfugier le silence et la fraîcheur. Vous pouvez y marcher une heure sans entendre d'autre bruit que le vol d'un merle effarouché à votre approche ou le saut d'une grenouille qui dormait dans son hamac de joncs entrelacés. » Le fossé qui longe le sentier, est couvert de cresson, de longues herbes, de mousses aquatiques ; la clématite et le chèvre-feuille l'ombragent de berceaux où le rossignol cache son nid ; il a pour bordures les aubépines et les ronces toutes chargées de flocons de laine qu'y ont laissés les brebis en passant.

Solange, encore enfant, aimait ces promenades solitaires à travers les bruissements, les rayons et les parfums de la campagne. C'est là qu'elle sentait frémir dans son âme, toute pleine de poésie et de foi, ces émotions mystérieuses que provoquent les grandes voix de la nature et plus encore son silence. Or ce qui fait le charme, ce qui est le cachet des campagnes du Berry, c'est le silence et le calme. On s'y sent bien seul avec Dieu ; rien ne porte plus au recueillement. C'est dans ces plaines silencieuses que l'on voit ces grands bœufs blancs si paisibles, qui vous regardent sans s'émouvoir.

En gardant ses brebis dans les champs de Saint-Martin, la bergère de Villemond s'était prise plus d'une fois à rêver devant les splendeurs de la création.

Le verger secouant à la brise d'avril sa neige printanière, les moissons que l'été dorait à sa vue avec leur forêt d'épis ondoyant au moindre souffle, les pampres jaunissants de l'automne, où pendait la grappe vermeille ; la fleur épanouie au lever de l'aurore, la goutte de rosée à la pointe des herbes ; les splendeurs du matin, les mélancolies du soir : tout avait contribué à rendre puissante dans cette âme neuve et exempte de préoccupations mondaines, l'idée des magnificences de Dieu, dispensateur des merveilles écloses de sa volonté. Il lui semblait que la vie toute entière de l'être à qui le ciel a donné la faculté d'apprécier tant de bienfaits et d'en jouir, devait être employée sans distraction à lui en rendre grâces. Aussi se servait-elle de tout ce qu'elle voyait pour s'élever en esprit jusqu'au créateur. Tout dans la nature la portait à aimer Dieu ; elle aurait voulu, par tout ce qui frappait ses regards, le louer et prendre une nouvelle forme pour l'aimer et le lui dire.

Dans le ruisseau limpide, elle voyait l'innocence ou la pureté du cœur. L'ombre de la forêt lui rappelait la protection divine qui l'entourait sans cesse, qui la couvrait toute entière et l'humilité qui devait environner sa vie. Les blancs moutons lui disaient l'innocence et la douceur qu'aime le divin Maître, et l'image de Jésus dans l'agneau préféré qui venait se coucher à ses pieds, lui arrachait des larmes.

Pour Solange, l'univers entier était un livre, un poëme où elle lisait Dieu, où à chaque page elle trouvait écrit le nom de Jésus.

La brise sur son aile lui apportait Jésus; les fleurs des champs inclinant leurs calices, exhalaient leurs parfums pour Jésus ; le ruisseau en fuyant semblait lui murmurer Jésus ; les oiseaux dans leurs gazouillements chantaient Jésus, et les échos de la forêt lui redisaient : Jésus !..... Et son cœur et sa voix répétaient sans cesse ce nom si doux qui est « un miel aux lèvres, une musique à l'oreille, une symphonie au cœur ». Cette ivresse des champs emportait son âme vers le ciel. « Tout a été créé par vous, mon

Dieu, » murmurait-elle. La solitude redoublait ses ardeurs, un nouveau feu la consumait ; elle se mourait d'amour pour son divin Epoux.

N'allez pas croire que ce fût là une de ces rêveries vagues, stériles et souvent dangereuses ; elle étudiait la beauté de Dieu dans ses œuvres. Pour cette âme plongée dans la grâce, cette contemplation n'avait rien de rêveur ; la nature lui était, comme pour les Pères de l'Eglise, « un transparent à travers lequel la majesté du Verbe nous envoie des rayons tempérés de gloire et d'amour. » Puis elle cherchait, avec une passion à la fois naïve et savante, par quels nouveaux attraits elle pourrait bien embellir sa vertu, sa prière, pour fixer irrévocablement sur elle le regard du Bien-Aimé.

Comme l'a dit un éminent écrivain spirituel, « l'étude sérieuse et pieuse de la beauté de Dieu, soit dans ses œuvres, soit en lui-même, soit dans son Verbe fait chair, Jésus, est l'un des grands secrets de la vie spirituelle, parce qu'étant un des foyers les plus ardents de l'amour, elle est par suite un principe puissant et infaillible de chasteté. [1] »

Solange ne craignait pas d'être distraite ou égarée par le spectacle des choses sensibles ; car sincèrement et purement elle y cherchait

---

1. L'abbé Gay, *De la vie et des vertus chrétiennes.*

Dieu et elle l'y trouvait. « La nature était pour elle ce qu'elle est en elle-même, c'est-à-dire sainte et sanctifiante. » C'était Dieu cherché, regardé, vu, touché, embrassé à travers des voiles transparents ». Mais elle ne s'arrêtait pas seulement à ce monde élémentaire qui n'est que l'esquisse de Dieu et les pâles vestiges de son inénarrable beauté. Elle n'est qu'au premier degré de ses ascensions successives qui l'emporteront jusqu'à des hauteurs où l'esprit humain ne peut atteindre, à moins qu'il n'y soit porté par l'esprit de Dieu.

CHAPITRE V

LES VISITES A L'ÉGLISE

L'Eucharistie.

> *Beati immaculati qui ambulant in via!* (Psal.)
> Heureux ceux qui marchent immaculés dans leur voie !
> *Frumentum electorum et vinum germinans virgines.*
> ZACHAR. IX, 17.

Une âme pour qui la campagne avait de si puissants attraits, devait trouver des charmes bien plus grands encore et incomparablement plus doux à l'ombre du sanctuaire, au pied des tabernacles du Seigneur. « Solange, nous disent d'anciens récits, aimait à visiter chaque jour l'église de sa paroisse », alors *Saint-Martin du Cros*. Les habitants de Villemond n'avaient pas d'autre église ; ce village du reste n'est qu'à une demi-lieue du bourg de Saint-Martin.

Le vieux sanctuaire se faisait remarquer par une haute tour carrée qui le précédait et dont la flèche très-hardie s'élançait dans les airs. Dans les jours de fête, les cinq cloches de la tour, ébranlées à la fois, jetaient aux vents du ciel leurs joyeuses volées. Solange les entendait facilement de Villemond et elle partait heureuse et souriante. Pour un cœur aimant Dieu, la distance n'existe pas, et la pieuse bergère était toujours arrivée la première dans le saint lieu. Elle parait l'autel de fleurs sauvages qu'elle avait cueillies dans les champs; elle édifiait tout le peuple par sa piété, sa modestie et son recueillement.

Dès qu'elle entrait dans l'église, son premier regard était pour le crucifix, et, en voyant l'image de son Sauveur dépouillé de ses vêtements, couronné d'épines, les mains et les pieds percés de clous, elle se sentait pénétrée d'une indicible componction; et, au même moment, vaincue, anéantie par sa compassion profonde, elle tombait à genoux et fondait en larmes.

Pendant que durait l'auguste Sacrifice, elle demeurait absorbée dans sa pieuse méditation, ou, si parfois elle relevait la tête, c'était pour contempler son Dieu caché sous la sainte hostie. Mais plus elle voulait se cacher, plus elle attirait, par sa grande piété, les regards de la foule, ravie de voir alliée à une si grande beauté une telle candeur et une aussi éminente vertu. Pouvait-il en être autrement? A certains moments, comme à la consécration et à la communion, ce visage déjà si beau de la jeune fille s'illuminait d'une splendeur inaccoutumée. Une lumière céleste environnait son front comme d'un nimbe; ses traits prenaient une expression plus angélique encore : elle se transfigurait!...

Comment ne pas être ébloui des rayons qui devaient jaillir autour d'elle à ces heures solennelles et saintes?

Non-seulement les jours de dimanche et de fêtes, mais le plus souvent possible aussi, dans la semaine, elle s'arrangeait pour entendre la messe. Chaque matin, dès l'aube, elle suivait, humble et recueillie, le sentier encore humide de rosée, pour aller offrir à Dieu les prémices de son cœur et de sa journée. Puis elle s'en allait aux champs plus joyeuse et plus forte, emportant dans son cœur le Dieu de l'Eucharistie qu'elle recevait avec transports. Toutes les légendes de sa vie s'accordent à dire qu'elle communiait très-fréquemment; mais aucune ne parle du jour de sa première communion.

C'est là encore un des traits de son histoire, que Dieu a voulu laisser dans l'oubli; mais auquel il est facile de suppléer. D'une bonne première communion dépend, en général, une bonne vie : combien dut être bonne, fervente et préparée avec soin celle de la Sainte! Qu'elle dut s'unir de tout son cœur, de tout son être à Celui qu'elle avait pris déjà pour époux en ce monde et dans l'éternité! En ce grand jour, le plus beau de la vie, qui dira ses transports, l'immensité de son amour pour Jésus et de Jésus pour elle, dans ce sacrement où Dieu s'unit à tous et à chacun dans une mesure que n'atteint aucune des autres unions de la terre?...

Du cœur de Solange alors durent sortir ces incendies sacrés dont Jésus-Christ disait : « Je suis venu apporter le feu sur la terre et que désiré-je autre chose, sinon qu'il s'allume? » Et du cœur de Jésus quels flots de tendresse sur elle!

« *Si tu savais le don de Dieu* », disait Jésus à la Samaritaine : ce don inestimable du Sauveur, Solange le connaissait et, maintenant plus que jamais, elle le goûtait dans toute sa suavité. Dans ce mystère de grâce et d'amour, elle devint le bien du Seigneur et, selon l'énergique expression de saint Paul, « le corps du Christ ». C'est par l'Eucharistie que « nous vivons en Dieu, nous nous mouvons en Dieu et nous sommes en Dieu ».

Nous sommes tous de vrais temples; mais ces temples, nous les gardons plus ou moins purs, nous ne les donnons pas tous au Seigneur. Chez Solange, tout appartenait à Dieu : les pensées, les actions, les paroles et la vie tout entière. Aussi une paix immense ne la quittait jamais, et l'on ne pouvait se défendre, en la voyant, de redire les paroles du Psalmiste : « Heureux ceux qui marchent immaculés dans leurs sentiers ! »

« Comme la biche soupire après l'eau des fontaines », de même aussi son âme soupirait après vous, ô mon Dieu ! Elle eût voulu communier chaque jour, et quand la froide saison retenait ses brebis à l'étable, lorsque l'herbe gelée ou la neige répandue sur la terre ne lui permettait pas de les sortir, c'étaient alors les jours de ravissements pour Solange : le froid ni les glaçons ne pouvaient l'arrêter, et des journées entières se passaient ainsi à prier devant le divin tabernacle. Les obscurités sacramentelles ne faisaient que raviver sa foi, son amour et ses désirs de voir, de contempler, de posséder Jésus. Bientôt elle apprit de lui à suppléer par le recueillement, par la communion de désir à cette possession suprême.

Plus d'une fois, le Sauveur, par un amour de bienveillance, daigna condescendre à l'ardente impatience de ce cœur tout à lui. Et alors, entre la vierge et le Bien-Aimé de son âme, il y eut de ces heures d'extases, de ces colloques mystiques qu'il n'appartient qu'aux anges de décrire. Et si nous allons essayer d'en balbutier quelques mots, dans le but de faire mieux connaître ce qui caractérise notre Sainte, ce ne sera qu'en nous étayant des lumières des saints qui ont le mieux parlé des rapports de Dieu avec l'âme, comme saint Augustin et sainte Thérèse de Jésus. Pour bien exprimer une chose, il faut la dominer, or la sainteté nous domine de si haut que l'âme, en la contemplant, voudrait s'écraser jusqu'à terre et mourir sous les pieds de Dieu.

Peindre dignement cette jeune vierge, belle d'une beauté simple, noble, suave, revêtue de l'auréole des prédestinés, la peindre contemplant Dieu, l'aimant, vivant de cet amour toute en lui et toute à lui, montant par des ascensions successives jusqu'aux plus hauts sommets de la contemplation : voilà où une plume humaine n'atteindra jamais.

Solange ne quittait son doux Sauveur présent au saint autel que pour le retrouver au pied de la croix solitaire, dans son oratoire des champs. Que dis-je? Elle ne le quittait pas, le divin Epoux, elle le portait sans cesse dans le tabernacle de son cœur; elle priait toujours en marchant, rien n'était capable d'interrompre ses conversations intimes avec Jésus. Le soir, quand elle avait ramené à l'étable son petit troupeau, on la voyait, humble, modeste, pleine des célestes entretiens de la journée, s'acheminer de nouveau vers le vieux sanctuaire où elle s'approchait le plus possible de l'autel où résidait le Saint-Sacrement. A la chute du jour, cette heure de calme où tous les bruits s'apaisent, quand la nature entière semble se recueillir, à la seule clarté de la lampe d'amour, elle priait jusqu'au dernier tintement de la cloche, donnant le signal de la retraite et du silence [1].

Elle eût voulu passer la nuit et tous les jours aux pieds de Notre-Seigneur ; mais, quand les ombres descendaient sur la vallée, elle se hâtait de regagner la demeure paternelle ; car, à cette époque, les chemins n'étaient pas toujours sûrs ; et elle s'en revenait priant la Sainte Vierge, sa bonne mère, sainte Agnès en qui elle avait une grande dévotion et les anges de la préserver de toute mauvaise rencontre. Arrivée au logis, elle aidait sa mère dans les soins du ménage ; après quoi, l'heure venue, elle s'endormait en Dieu. « O mon Jésus ! » disait

---

[1]. Depuis fort longtemps, il était d'usage de sonner trois fois le jour les cloches des églises ; c'était un souvenir de la tradition apostolique suivant laquelle le chrétien doit prier à trois moments de la journée, en souvenir de la mort, de la résurrection et de l'ascension du Sauveur. Lors de la première croisade, en 1096, ces sonneries devinrent, par ordre du Pape Urbain, le signal d'une prière commune et universelle. L'usage général aujourd'hui de la récitation de l'*Angelus* ne remonte guère qu'au quinzième siècle. Mais dès le onzième siècle, le *couvre-feu* fut établi comme signal de retraite et de prière donné au son de la cloche à huit heures du soir.

encore sa voix entremêlant ses songes. Et son père et sa mère, ravis d'avoir à eux une fille aussi sage, joignant pieusement les mains, rendaient grâces au Seigneur.

Nulle ombre ne plane sur cette chaste vie où tout s'enchaîne, tout se suit, tout se répond, tout est d'une suavité à nulle autre pareille. Ces premiers récits de son enfance, on pourrait dire de sa vie entière (elle fut si courte!), éveillent comme une idée de printemps divin. On y respire l'allégresse d'une aurore. Il semble que la nature, enrichie de sa part des grâces répandues en ce coin du Berry, dut apparaître alors et plus belle et plus riche, souriante et parée des reflets de l'Eden.

Il y avait sans doute quelque chose de plus parfait dans la sérénité de ces jours qui voyaient la Sainte prier, de plus transparent dans la limpidité de ces eaux où s'abreuvaient ses blanches brebis, de plus sonore dans l'air qui recevait sa voix mélodieuse chantant des cantiques, quelque chose enfin de plus doux dans l'arôme des fleurs, le murmure de la brise et le chant des oiseaux. Il semble que, là surtout où elle a vécu, les arbres doivent s'élever plus touffus et plus verts, le soleil être plus brillant et le zéphir plus pur.

En effet, on retrouve là cette sérénité parfaite qui ne vous étonne pas quand on y va en pèlerinage. Une grâce toute céleste est vraiment en ces lieux : tout y est riant, paisible et gracieux et il n'est pas jusqu'aux jeunes filles de ce pays qui, sous leur costume de paysannes, n'aient gardé comme un reflet de la chaste beauté de Solange.

Depuis Cécile et Agnès, jamais plus suave figure de vierge n'avait souri à la terre.

CHAPITRE VI

CE QUI CARACTÉRISE LA SAINTETÉ DE SOLANGE

Union à la Croix de Jésus-Christ.

Les saints, nos ancêtres dans la foi, forment à travers les âges une noble lignée, une magnifique descendance de héros et de grands hommes dont la gloire fait pâlir toutes les gloires terrestres. Il y en a de tout rang, de tout âge, de tout sexe et de toute condition.

Le pâtre, le laboureur, l'artisan y figurent dignement à côté des rois et des grands de la terre. Et la fille des champs, dont ce livre dit la vie, brille d'un éclat aussi radieux que cette reine, honorée aussi en Berry, sainte Radegonde, dont le village n'est pas éloigné de celui de sainte Solange.

Dans cette illustre galerie de la sainteté où les portraits abondent, tous sont nobles de la noblesse de la vertu, de la noblesse de Dieu, près de laquelle les autres ne sont rien ; tous sont saints, mais pas un n'a la même sainteté : ils ne se ressemblent que par le soin qu'ils ont eu de tendre à la même fin. Chacun brille d'un éclat à part, d'une auréole qui lui est propre et le distingue entre tous. Chaque saint est une note d'une symphonie immense, un mot d'un discours infini. Chacun a son sens propre, sa place, sa fonction, sa portée, son rayonnement. Et c'est cette note spéciale, ce cachet particulier que l'on doit étudier quand on veut donner le portrait exact et ressemblant d'une sainte ou d'un saint.

Ce n'est pas que nous puissions jamais avoir ici-bas une parfaite connaissance des saints. Nous ignorons toujours une partie de leur beauté, et probablement le côté le plus divin de l'inénarrable histoire de Dieu dans les âmes. C'est un secret entre Dieu et eux ; ce secret ne se dira que dans l'éternité.

Après un examen attentif de la liturgie berrichonne et de toutes les légendes écrites sur la Sainte, on arrive à constater que le trait distinctif de cette belle physionomie, est *son amour pour Jésus crucifié :* les dernières paroles sorties de ses lèvres en sont la révélation éclatante. « Il fallait bien aimer Dieu, nous écrivait à ce sujet une femme du monde aussi distinguée par son esprit que par sa vertu, il fallait bien aimer Dieu pour qu'en mourant un long cri d'amour, surmontant la douleur, s'échappât seul à cette heure suprême !

« Les pécheurs et même les justes disent : « Mon Dieu! pardon! » ou, « j'ai regret », ou bien encore, « pitié! » Sainte Solange dit : « *Jésus! Jésus! Jésus!* » Je trouve ce cri l'expression de l'amour à son plus haut degré! » Oui, il fallait bien aimer Jésus, pour murmurer son nom même après le coup du glaive.

L'amour du divin Crucifié, voilà donc le secret de cette brève existence et aussi de l'incomparable pureté qui n'est que la conséquence naturelle et comme le fruit de cet amour. « Il n'y a d'âme vraiment chaste que celle qui regarde Dieu sans cesse et qui ne s'attache qu'à lui seul », a dit Adéodat. Cette parole étonnamment profonde du fils de saint Augustin sera éternellement vraie. A toutes les heures de sa vie, Solange a été ineffablement chaste, ineffablement pure, parce que, depuis le berceau jusqu'à la tombe, elle a aimé Notre-Seigneur ; et, comme chaque jour il la comblait d'une nouvelle grâce, cette âme devenait plus pure, plus lumineuse, plus profondément sainte. Avec cet amour, tout s'explique : ses jeûnes, ses mortifications, son étrange amour des souffrances et sa mort dans le martyre.

Les douleurs sont ici-bas le rayonnement suprême et la splendeur totale de Jésus-Christ qui, par amour pour nous, a voulu mourir sur un gibet. « La joie était offerte au Christ et il a choisi la croix ; » la joie et la grandeur seront offertes à Solange : elle aussi choisira la croix. Pourquoi? parce qu'elle aimait Jésus. « Celui que l'amour a consommé, dit saint Bernard, embrasse la croix avec ardeur. » Les mortifications ne sont qu'une forme de l'amour pour Notre-Seigneur et tout se réduit, pour l'âme chrétienne, à accepter les peines avec bonheur, à porter sa croix pour suivre Jésus-Christ. La sainteté est là. C'est la douleur qui enfante les saints et qui nous unit au Christ : en joignant nos douleurs aux siennes, nous complétons, comme dit saint Paul, « ce qui manque encore pour nous à sa passion bénie ».

« Dans cette union, chaque souffrance devient un baiser que le crucifix nous donne ; plus encore, c'est un trait vivant de ressemblance avec Jésus », et ce trait nous rapproche de ce divin modèle. Celui qui aime aspire à partager les douleurs de l'objet aimé, car il voudrait les ressentir toutes.

La foule ne va pas au Calvaire, à l'intime de la croix ; elle préférerait le Thabor ; mais les

CHAP. VI. — LA SAINTETÉ DE SOLANGE

grandes âmes qui ont entendu résonner en elles ce cri de Jésus mourant : « *J'ai cherché, j'ai demandé, j'ai attendu quelqu'un qui voulût partager mes souffrances et je n'ai trouvé personne* », celles-là aiment à méditer dans leur cœur les souffrances de la Passion ; elles s'en occupent sans cesse, et cette méditation imprime en elles un si profond et si complet amour au-dessus de la terre, qu'elles s'écrieraient volontiers comme sainte Thérèse : « Ou souffrir ou mourir ! »

Solange était une de ces âmes d'élite qui répondent par l'immolation d'elles-mêmes à l'appel du Sauveur agonisant ; voilà pourquoi elle aimait tant à se retirer dans son oratoire des champs où, suivant les narrateurs de sa vie, elle venait tous les jours « repasser dans son cœur les mystères de la Passion ». Comment exprimer la reconnaissance et la douleur dont elle était pénétrée à la vue de Jésus souffrant et mourant pour les péchés du monde? Elle conjurait le Père éternel de ne pas laisser inutile ce sang précieux et de ramener à son amour toutes les âmes égarées.

Depuis l'enfance, elle avait le désir de mourir pour Dieu ; ce désir devenait de jour en jour plus ardent et allait jusqu'à la consumer d'amour. « L'amour et la mort sont tellement mêlés ensemble en la passion du Sauveur, qu'on ne peut avoir au cœur l'un sans l'autre..... Le mont du Calvaire est le mont du divin amour [1]. » Pour bien comprendre cette pensée du plus grand maître de la vie spirituelle, qui nous expliquera l'immense dilection de la Sainte pour Jésus, essayons de la suivre un instant, ne fût-ce que de loin, dans ses ascensions sublimes dans la douleur et dans l'amour; car la douleur aussi a ses ascensions.

Celles de Solange furent rapides. Elle monta des plaies de Jésus à l'agonie de son cœur, à la désolation de son âme : « Quiconque suit Jésus jusque-là est initié aux plus hauts mystères des divines douleurs. La Passion consommée touche de si près à la Résurrection et à l'Ascension [2]! » La prière peut beaucoup, elle est loin de parvenir où la douleur arrive. Une fois qu'elle en est venue là, l'âme souffre d'autant plus volontiers qu'elle est plus pure; alors elle ne participe plus seulement aux fruits du divin sacrifice, elle en devient l'hostie; le cœur de Jésus est son autel, elle n'est plus avec lui qu'un seul et même holocauste!

Comme il n'y avait rien en Solange que Dieu n'aimât et ne voulût béatifier, il n'y avait rien

---

1. St FRANÇOIS DE SALES, *Tr. de l'amour de Dieu*, liv. I, chap. x.
2. L'abbé GAY, *loc. cit.*

CHAP. VI. — LA SAINTETÉ DE SOLANGE

non plus qu'il ne voulût d'abord crucifier : l'un suppose l'autre. La croix est le germe déposé en l'âme des saints, et, comme elle est acceptée par eux avec empressement, elle grandit immense; son fruit est la béatitude.

Que de fois Solange, dans sa solitude des champs, dut recevoir cette sublime caresse de la croix, le baiser du crucifix! Et l'on conçoit bien après cela qu'elle ait voulu mourir à tout autre amour pour vivre à celui de Jésus. Etre affligé ainsi avec le Sauveur est la plus douce chose du monde; souffrir pour lui, c'est ouvrir son âme à la joie : la joie est dans la grâce et la grâce découle de la Passion du Christ.

L'ardeur de souffrir dévorait le divin Maître. La douleur qui est un feu, une violence, lui devenait un rafraîchissement par le désir qu'il avait de noyer dans son sang les offenses incroyables faites à Dieu par le péché! C'est ce qui, de sa très-sainte âme, passe dans celle des saints, au grand étonnement des hommes; et et c'est ce qui éclate dans la vie de sainte Solange.

« Quand l'amour incréé se fait amour créé pour souffrir et mourir afin d'expier en sa personne nos propres outrages envers lui, il est simple que le besoin de souffrir comme lui, avec lui et pour lui, devienne une fièvre et comme un transport. C'est l'amour seul qui explique cet étrange amour des souffrances [1]. »

Beaucoup se découragent à l'idée d'aimer la souffrance. On s'imagine assez que la perfection consiste à aimer directement, sensiblement même la douleur, cela répugne à la nature. Si la croix n'était que la croix, la sainte Vierge elle-même s'y fût découragée; mais que la croix s'anime, qu'elle devienne le Crucifié, tout aussitôt l'amour a sa raison d'être, il accourt et se reconnaît. L'impossible devient possible. Voilà la science des saints. L'un s'écrie : « Qu'il fait bon avec Jésus crucifié ! Je veux y faire trois tentes, l'une en ses mains, l'autre en ses pieds et la troisième dans la plaie de son côté où je veux me reposer et veiller, lire et parler, prier et tout faire [2]. » Un autre jette ce cri du cœur : « O amour, que tu es douloureux! O douleur, que tu es amoureuse [3] ! »

« La croix est donc précieuse, m'écrierai-je avec saint Bernard, on peut donc l'aimer? La croix porte donc la joie avec elle? Oui, il en est ainsi; cueillez à cet arbre, il engendre la vie, il produit le bonheur, il distille l'huile de la joie, il répand le baume des faveurs spirituelles.

Ce n'est pas un arbre des forêts; c'est un arbre de vie pour ceux qui savent le prendre,

---

1. L'abbé Gay, *De la Vie et des vertus chrét.*, passim.
2. St Bonaventure.
3. St François de Sales.

CHAP. VI. — LA SAINTETÉ DE SOLANGE 113

arbre fécond, arbre salutaire. Autrement, comment occuperait-il la terre du Seigneur? je veux parler de ce sol précieux sur lequel il est fixé par la racine des clous. S'il n'était pas le plus précieux, le plus fécond des arbres, il n'eût jamais été planté dans ce jardin, et le Seigneur ne l'eût pas souffert dans sa vigne. »

Nous trouverions une manne cachée dans les tribulations endurées par Jésus-Christ, si nous avions plus de foi, plus d'espérance et plus d'amour. Celui qui a reçu l'initiation de la crainte du Seigneur, le commencement de la sagesse, supporte patiemment la croix du Christ; celui qui progresse dans l'espérance, la porte volontiers; mais le cœur consommé dans la charité l'embrasse avec ardeur.

Au milieu de l'épreuve, de la douleur et de la tentation, Solange embrassait la croix avec tout l'amour qui enflammait son âme. Elle soupirait ardemment après la présence de Jésus-Christ; elle se reposait doucement dans sa pensée, et, en attendant qu'il lui fût permis de contempler sans voile la gloire de Dieu, elle mettait sa propre gloire dans l'ignominie de la croix où elle voyait l'auteur de la vie, le Dieu de majesté, percé de clous, blessé d'une lance, donnant sa vie pour ses amis.

« Ainsi l'épouse et la colombe se repose et dort au milieu de son héritage ; et, dans le souvenir actuel de votre infinie douceur, elle trouve, ô Seigneur Jésus, des ailes argentées, c'est-à-dire la blancheur de l'innocence, et elle espère que votre vue la comblera de joie, quand, introduite dans les splendeurs et la félicité des saints, elle se trouvera illuminée des clartés de Dieu. »

Ainsi donc Solange vivait « joyeuse entre les épines de la couronne du Sauveur ; et, comme un rossignol dans son buisson, elle chantait : Vive Jésus »[1] ! Et à l'amour ardent de Notre-Seigneur lui présentant sa croix, le front courbé à terre, ardente et prosternée : oui, le martyre, oui, la mort, disait-elle à Dieu ; faites de moi, Seigneur, tout ce qu'il vous plaira ; car j'aime tout, mort, torture ou peine venant de votre main et, par-dessus tout, votre volonté sainte.

La douleur aussi plane sur toute vie de ce monde. Acceptons-la donc avec joie, en aimant Dieu, non pas seulement d'un amour sensible, mais d'un amour effectif et pratique.

On l'a dit, il y a trois mots qui résument tout et qu'il faut répéter souvent : La croix ici, la joie là-haut, l'amour partout !

---

1. St François de Sales, lettre 833e.

CHAPITRE VII

CONTEMPLATIONS

> *Beati mundo corde quoniam Deum videbunt!* (Psal.)
> Heureux ceux qui ont le cœur pur, parce qu'ils verront Dieu !

Après les ascensions de la douleur, il y a les ascensions plus douces de l'amour. Saint Augustin indique sept degrés que l'âme doit franchir pour arriver à Dieu. Personne mieux que le grand évêque d'Hippone n'a dit quel abîme sépare Dieu de l'âme et l'âme de Dieu ; mais personne n'a mieux montré aussi comment l'abîme se comble. « L'âme, dit-il, est faite pour Dieu..... c'est un ciel ouvert qui regarde Dieu ; un amour qui aspire à l'infini.... Dieu est la patrie de l'âme ! » Voilà bien l'état de Solange. Dieu n'était-il pas, en toute vérité, la patrie de son âme et ne vivait-elle pas en lui ? L'amour divin qui la possédait toute, lui enlevait toute autre pensée que celle d'aimer. Tout ce qu'elle voyait ou entendait en souffrant ou en agissant, la portait à aimer Dieu. Chaque respiration, chaque action étaient en elle autant d'actes d'amour ou plutôt ce n'était qu'un amour continuel, ardent, profond et pur.

Elle produisait des actes d'amour comme les arbres poussent leurs fruits ; son cœur montait à Dieu comme on descend une pente douce, ou comme on suit, dans une nacelle, le cours d'un fleuve paisible, bordé de paysages gracieux. Aussi, sur des ailes douces et rapides comme celles de la colombe, elle traversa les affres de la Passion, la croix sanglante de Jésus-Christ, afin d'arriver plus vite à contempler Celui dont la face est si belle et les accents si doux.

Sans s'arrêter aux degrés inférieurs de la contemplation, elle s'éleva par un sublime essor jusqu'aux visions de Dieu promises, dès ce monde, aux cœurs aimants et purs. Si simplement elle aima que toujours elle sut aimer et toujours cet amour grandissant, elle commença à contempler Jésus dans une extase infinie. Et Jésus, ne trouvant rien en elle qui ne fût d'une pureté parfaite, versa dans cette âme de vierge et d'enfant ses douceurs et ses tendresses. Il l'inonda de sa lumière et de sa vérité, et, dans un rayon de cette lumière, il l'enleva jusqu'à lui, sur la montagne sainte où il l'introduisit dans les tabernacles éternels.

Là il la touchait délicieusement de ces touches divines qui sont un avant-goût du ciel. Alors Solange pouvait dire en toute vérité, comme l'Epouse du Cantique : « Mon Bien-Aimé est à moi et je suis à lui : je le possède et ne le quitterai jamais ! » Alors elle entendait de « ces paroles ineffables que nulle langue humaine ne saurait exprimer ». C'était le calme, c'était la béatitude anticipée de l'éternité ; c'était cet état d'extase et de ravissement que saint Augustin lui-même renonce à décrire.

A cette heure divine, l'âme enivrée d'amour voit Dieu, le saisit, le comprend, ne se replie sur elle-même que pour s'élancer de nouveau, pour plonger plus avant dans ce foyer d'amour, afin d'être plus pure et d'aimer plus encore, et, comme un vase brisé, elle s'écoule tout entière en Dieu pour être unie à lui et se perdre en lui ! Alors elle plait à Dieu de telle sorte que, selon le prophète Osée, « il lui octroie l'union spirituelle de la majesté divine. »

Pour parvenir à cet état d'union intime avec Dieu, l'âme n'a rien de plus propre que la foi et l'amour et la blancheur dont elle est ornée. Or, qui, plus que Solange, fut orné, dès l'enfance, de foi, d'amour et de blancheur ? N'était-elle pas chaste comme les anges ? Elle était plus que chaste, elle était vierge ; elle était plus que vierge, elle était sainte ; et tout cela était l'œuvre de la beauté se livrant à elle par l'amour, car Dieu aime ceux de qui il se sait aimé.

Saint Bernard dit que l'âme ainsi sainte « *est un ciel*. Elle se dévoue, se donne à Dieu et devient vaste comme l'immensité des cieux, grande de leur grandeur, belle de leur beauté. Le Dieu Très-haut, resplendissant de gloire, se plaît à venir l'habiter. »

Ainsi Solange était aimée et elle aimait. Mais « l'amour est extatique, dit saint Denis, il ne laisse point à eux ceux qu'il possède, il les livre à celui qu'ils aiment. » Celui qui aime Dieu s'oublie, se prodigue, se laisse prendre. Se laisser prendre, immoler, consumer, c'est le dernier mot de l'amour, et Solange devint la victime de Jésus, source et océan de toute beauté.

On ne peut jamais s'approcher de la beauté divine, ni la contempler, sans en refléter quelque trait. Aussi que ne nous a-t-il été donné de voir ce visage de vierge à l'heure de ses rencontres avec le Bien-Aimé !... Ce visage, déjà si beau, devait s'illuminer, s'épanouir, se transformer sous l'affluence des rayons qui émanaient du Sauveur et l'entouraient comme d'un vêtement de lumière.

Ces célestes entretiens avec Jésus étaient fréquents ; elle venait là humblement, patiemment, amoureusement, étudier sa beauté. Elle se tenait avec piété et dans le calme aux pieds du doux Maître, l'ayant sans cesse devant elle, recueillant en silence le souffle de sa divine parole, dans ce silence où il est si facile à l'homme d'entendre Dieu. « L'Epoux l'avait précédée dans les gracieuses solitudes, au milieu des roses et des lis des vallées, dans de délicieux parterres, auprès des ruisseaux et des fontaines, à travers les aromates et les parfums, au plus secret de sa demeure » [1].

Un artiste inconnu paraît avoir voulu fixer ce moment de l'extase de sainte Solange dans un tableau provenant du mobilier des dames de Sainte-Claire, que l'on voit encore aujourd'hui au château de Villardeau, autrefois terre appartenant à cet ordre opulent qui avait un couvent à Bourges avant 93. Dans cette vieille toile assez belle d'expression, mais peu remarquable au point de vue de l'art, la Sainte en extase a laissé tomber sa quenouille ; elle s'affaisse légèrement de la pierre où elle était assise jusque sur le sol. Les anges l'environnent et la soutiennent. Deux d'entre eux tiennent suspendu devant elle le livre d'heures où

---

1. Sᵗ Bernard, *In Cant.*

elle lit?... Ses moutons sont couchés jusque sur son manteau berrichon, comme sous la protection divine; l'un d'eux relève paisiblement la tête.

Cette extase n'est pas comme celle de sainte Thérèse, dans le tableau de l'ange à la flèche d'or; c'est quelque chose de plus pur, de plus doux, de plus suave, comme un infini repos en Dieu! Evidemment il y a là une tradition qui n'est pas venue jusqu'à nous, que nous ne connaissons pas. Dieu révéla-t-il à la bergère ses desseins sur elle, ses futures destinées, ou bien jouissait-elle habituellement de la vue des anges qui lui rendaient avec joie ces secours de protection dont ils étaient chargés?... Rien ne le dit; le tableau seul est là.

Saint François de Sales assure « qu'un naturel doux aime plus aisément et plus doucement ». L'amour de notre Sainte était donc ineffablement doux. Sa grande charité et sa parfaite pureté lui donnaient des ailes, et, sans avoir besoin de passer par tous les échelons mystiques de l'ascension au divin amour, elle arrivait d'un bond aux cimes les plus hautes, à ces radieux sommets où l'âme, enlevée à la terre et à elle-même, ne garde plus que la faculté de contempler, d'aimer et d'adorer.

Il n'est pas étonnant si, en contemplant son Bien-Aimé, le plus beau des enfants des hommes, celui dont la divine beauté avait subjugué la douce Agnès et la noble Cécile, il n'est pas étonnant si elle se plongeait dans des ravissements dont nous n'avons ni l'idée ni le soupçon.

Quand Jésus, la pureté, la splendeur, la grâce infinie, la beauté lumineuse, éternelle qui faisait défaillir le Prophète, se montrait à ses regards ravis, alors le ciel semblait s'ouvrir.... une mélodie vague et lointaine en descendait qu'elle entendait à peine ; mais c'était si beau ! si beau, qu'il y avait de quoi mourir !

Cette contemplation est trop sublime ; elle s'élève trop haut pour qu'il nous soit possible d'en saisir le plus petit rayon et d'en tracer même une pâle ébauche.

Et cependant, vierges chrétiennes, jeunes filles qui avez pris Solange pour modèle et qui marchez, au moins de loin, sur ses traces, si maintenant c'est trop haut pour vous, n'en soyez ni découragées, ni tristes. Ce qui est fermé ce matin à votre regard pourra s'ouvrir ce soir ; ce qui vous échappe aujourd'hui, demain vous l'atteindrez peut-être. Mais quand, jusqu'à l'heure dernière, inconnue, où nous rentrerons en la puissance de Dieu, ce monde purement divin vous serait interdit, Dieu vous en aurait laissé, dès la vie présente, une beauté supérieure qui, en fixant votre cœur, sauvegarde votre chasteté [1].

Quand, au déclin du jour, Solange se relevait du pied de la croix solitaire, qu'elle était redescendue des célestes hauteurs, son front gardait encore l'auréole des reflets divins. Elle n'entendait plus rien des vains bruits de la terre. Son oreille résonnait encore des échos du ciel; les traces de la visite divine étaient fortement empreintes dans son cœur et, en reprenant le chemin de Villemond, elle emportait dans son âme le souvenir de la vision d'en haut.

---

1. L'abbé GAY, *De la vie et des vertus chrétiennes,* passim.

CHAPITRE VIII

LES MORTIFICATIONS DE SAINTE SOLANGE

Sa charité envers les pauvres, son grand amour pour Dieu et son éminente chasteté récompensés par le don des miracles.

> *Manum suam aperuit inopi et palmas suas extendit ad pauperem.*
> Elle a tendu la main à tous les indigents.
> Prov. XXXI, 20

Le bonheur ineffable que Solange goûtait dans toute sa plénitude, au milieu des contemplations, ne lui faisait pas oublier le zèle qui fait agir, et elle se fût reproché comme un crime de se reposer dans les douceurs spirituelles. Si elle montait souvent sur la montagne sainte, elle n'en savait pas moins vivre avec les hommes, quand la charité le demandait. « *Elle aimait en œuvre et en vérité.* [1] » La charité la faisait descendre du cœur de son divin Maître vers les misères de la foule.

Après s'être assise, comme Magdeleine, aux pieds de son Seigneur et s'être perdue dans la contemplation de ses grâces et de ses miséricordes, elle se penchait vers le pauvre, lui donnait l'aumône de sa piété et de sa tendresse. Dans chacun de ces déshérités de la terre, elle voyait l'image vivante de Jésus, l'Epoux de son âme ; les plus rebutants étaient ceux qu'elle cherchait de préférence. Elle devait dire, comme plus tard le doux François de Sales : « Laissez faire, les mauvaises odeurs des pauvres sont pour moi des roses. »

Elle aimait surtout à soigner les malades. Après avoir mis tout en ordre dans leur pauvre chaumière, elle remuait leur couche misérable et pansait leurs plaies qu'elle baisait avec amour. Si le baiser de saint Martin guérissait les lépreux, souvent le baiser de Solange, comme celui d'Elisabeth de Hongrie, comme celui de saint Louis, dut guérir les blessures qu'il touchait. Comme la plupart des saintes et des saints, elle aimait à accomplir cet acte héroïque, vainqueur de la nature, se faisant ainsi cette sainte violence à qui le Ciel est promis.

---

[1]. S. JOAN., III.

Elle aimait à l'accomplir pour plaire à son divin Epoux ; car ce n'était ni la plaie ni le pauvre qu'elle considérait alors, mais bien le membre souffrant du doux Seigneur Jésus. Elle regardait à travers ces plaies hideuses, elle regardait..... et elle voyait Jésus, son souverain amour. Cette vue faisait disparaître toute répugnance en elle et elle trouvait une douceur infinie dans ce baiser qu'elle donnait à Jésus sous le haillon de l'infirme et du pauvre. Il est heureux de pouvoir ainsi panser et baiser Notre-Seigneur, quand la foi est au cœur et quand l'âme aime ardente et crucifiée en Lui.

En marchant ainsi à la suite de l'Epoux dans la route royale de la pauvreté et de la charité, Solange se pencha vers toutes les misères, eut pour toutes un mot, une consolation, une tendresse ; et, confondant les créatures humaines dans une immense charité, à l'exemple du Christ dont elle n'était que l'ombre resplendissante, elle les aima toutes immensément, comme elle les aime aujourd'hui par ses miracles constants, ses guérisons extraordinaires et ce doux sourire de protection qu'elle accorde sans relâche à ce pays qui fut le sien. Sa grâce et sa bonté ont charmé le Berry. Par la légende il s'en souvient encore.

Elle était devenue bien vite la providence du pays. Pauvre et ne pouvant donner de l'argent pour aumône, elle faisait mieux, elle se donnait elle-même à tous les malheureux, se faisant toute à tous. Qui sait même si Dieu ne renouvela pas, en faveur de cette âme si grande et si naïve, ce miracle opéré si souvent pour tant d'autres saints?

Les roses naissaient dans le tablier de sainte Elisabeth de Hongrie, pour éviter à sa pudeur un reproche du Landgrave : l'humble monnaie de cuivre ne se pouvait-elle pas changer en monnaie d'argent ou d'or, afin d'éviter au cœur de Solange la douleur de n'avoir rien à donner pour nourrir Notre-Seigneur qu'elle aimait tant en la personne du pauvre?.... Qui sait si l'argent ne se multiplia pas indéfiniment sous sa main bénie pour suffire à tous les besoins qui l'entouraient? Dieu la prévint de tant d'autres grâces qu'il est bien permis de supposer celle-là.

Quoi qu'il en soit, sa compassion ne s'arrêtait pas seulement aux douleurs qui se voient, à la souffrance physique; son âme de femme, pleine de sainteté, se tendait toute vers le malheur humain, et celui du cœur l'attirait plus encore. Les pauvres, les délaissés, ceux qui souffraient par le vice même, les pécheurs, les méprisés avaient la plus grande part de ses prières, de ses consolations et de ses soins. Son immense charité ramenait à Dieu, jusqu'aux plus vicieux même; ils renaissaient guéris de leurs blessures morales avec autant de rapidité que les plaies du corps se fermaient sous sa main qui les pansait au nom du Seigneur Jésus. Tous éprouvaient la bonté de son cœur et avaient leur part des bienfaits sans nombre qu'elle semait sur son passage. On la trouvait partout où il y avait une larme à sécher, un cœur à convertir, une douleur à soulager. Partout les bénédictions, pareilles à la rosée du ciel, tombaient de son cœur, de ses lèvres et de ses mains.

N'allait-elle pas aux souffrants de Jésus de la part de Jésus, pour l'amour de Jésus, en leur portant le sourire de son cœur, le secours de ses mains, l'effusion de son regard! Douce, calme, patiente, généreuse envers tous, elle sentait bien qu'il est plus doux, plus saint et plus divin de donner que de recevoir, et que « le propre de la charité est bien plus d'aimer que d'être aimé [1]. »

Aux malades, avec tant de joie elle donnait la guérison ou l'espérance, aux agonisants le désir du ciel, aux pauvres, ses frères, un secours si humble qu'ils acceptaient son aide avec l'espoir de pouvoir rendre cette même aumône un jour.

C'est ainsi qu'elle honorait le Christ dans ces

---

1. Ste Thérèse.

successeurs de Lazare ; car, dans sa foi profonde, elle voyait en ces déshérités de la nature, ou de la grâce, l'image du grand Souffrant, de Jésus, l'*Homme des douleurs,* le plus délaissé de tous sur sa croix entre deux larrons ! lui qui étant sans péché, se fit péché pour nous !

En consolant ainsi les misères de l'humanité tout entière, elle pouvait dire comme Job : « Depuis les jours de mon enfance, la compassion et la bonté ont grandi avec moi. Je n'ai pas pu soutenir de manger mon pain tout seul : l'orphelin l'a partagé ; je n'ai jamais répondu au pauvre par un refus ; le regard de la veuve ne m'a jamais imploré en vain ; j'ai été le père des pauvres, l'œil de l'aveugle et le pied du boîteux [1]. »

« Elle regardait le prochain dans la poitrine du Christ Sauveur. Et quand on le regarde là, qui ne l'aimerait ? Qui ne le supporterait ? Qui ne souffrirait ses imperfections ? Lorsqu'on le voit, dans cette poitrine sacrée, si aimé et si aimable que le Dieu Sauveur meurt d'amour pour lui [2] ! »

Ce fut là le secret de son immense charité que rien jamais ne découragea.

Bientôt le bruit de ses vertus s'était répandu

---

1. Job, xxx.
2. *Esprit de saint François de Sales.*

avec celui de ses miracles et de ses bienfaits. Elle avait pour gagner les âmes à Dieu de si douces paroles et un si doux regard ! Ses lèvres respiraient une mansuétude divine. Quiconque se sentait regardé par elle, devenait meilleur au fond de lui-même, et les cœurs endurcis se rangeaient sous la grâce.

Malgré le soin qu'elle prenait de fuir les regards des hommes en s'acquittant si simplement des devoirs de son état, aux lieux où elle était née, sa charité la trahissait, son nom volait de bouche en bouche ; la renommée de ses charmes, le rayonnement de sa sainteté s'étaient répandus au loin : elle était devenue célèbre dans tout le pays.

Et cependant jamais elle ne s'était mêlée aux plaisirs de la terre ; « jamais elle n'avait pris part à aucun divertissement public : on ne l'avait aperçue ni aux chants des bardes, ni aux joyeuses réunions de la jeunesse folâtre de son village [1]. » On l'avait vue, toujours grave et recueillie, travailler ou prier, l'âme enlevée en Dieu, simple et paisible auprès de ses moutons, dans son champ désert. Plus d'une fois elle avait été surprise dans ses extases au pied de la croix, où l'on dit que les anges la servaient.

[1]. Apud Lect. Breviar. Bit.

Nous avons vu que c'était dans ce lieu solitaire qu'elle aimait à se rappeler, cette chaste amante du Jésus, le mystère de la Passion. A la seule pensée de ce qu'un Dieu avait voulu souffrir pour les hommes, son cœur, dit un historien de la Sainte, ne pouvait retenir ses soupirs, ses yeux devenaient deux sources de larmes, et le sang de l'Agneau sans tache qu'elle s'imaginait alors voir couler, l'animait tant qu'elle aurait voulu, par retour, répandre tout le sien pour lui. « La mort cruelle de son bon Maître lui inspirait un amour extrême de la mortification et des croix. »

Elle enviait le sort de ces heureux chrétiens qui, dans les premiers siècles de l'Eglise, avaient donné leur vie au milieu des plus affreux supplices, et si, dans la paix inaltérable dont jouissait son âme, elle ressentait quelque peine, c'était de ne pouvoir ressembler à son divin Epoux en expirant comme Lui d'une mort violente. Pour se dédommager en quelque sorte, elle affligeait son corps faible et délicat par toutes les pratiques de pénitence que lui suggérait sa ferveur.

Ne pouvant donner sa vie d'un seul trait, elle la donnait par des immolations successives. Comme les anciens récits, les hymnes les plus anciennes nous retracent « les jeûnes, les veilles, les macérations effrayantes qu'elle imposait à son corps innocent »[1]. Toujours suivant les mêmes récits, elle passait une partie des nuits en prières et le peu de repos qu'elle s'accordait était interrompu de temps en temps par les tendres soupirs de son cœur aimant vers le céleste Epoux qui l'occupait tout entier. Elle trouvait mille secrets de se mortifier et de s'immoler ainsi par des austérités, nouveau genre de martyre que sa continuité rend quelquefois plus difficile à souffrir que la mort même. On aurait dit que Solange n'avait point de corps, tant l'âme dominait en elle.

Cela semble étrange en notre siècle sensuel, qui fuit la douleur et où les femmes pieuses mêlent si facilement à leurs prières le soin des vaines parures et des plaisirs frivoles. Elles seraient presque tentées de sourire à ces récits, ne se souvenant plus que la vie du chrétien doit être une pénitence continuelle et qu'il est honteux d'être un membre délicat sous un Chef couronné d'épines.

Ce martyre volontaire, par lequel l'amour immolait chaque jour Solange, ne suffisait point à l'ardeur de ses désirs. Elle n'avait pas une goutte de sang dans les veines qu'elle ne souhaitât ardemment verser pour Jésus-Christ.

---

1. « *Carnem mille modis nil meritum domat* », etc. Voir Hym. Ant.

Combien de fois, dans les transports qui l'animaient, ne fit-elle pas à cet aimable Sauveur le sacrifice généreux de sa vie, de sa jeunesse et de sa beauté ! Avec quelle ferveur ne lui protesta-t-elle pas mille fois qu'elle n'aimerait jamais que lui, que son unique désir était de souffrir tous les tourments et la mort même, pour lui témoigner sa reconnaissance et son amour !...

Tels étaient les vœux ardents de la jeune fille, et, comme ils partaient d'un cœur sincère et pur, ils ne devaient pas rester sans effet. Dieu allait bientôt les exaucer, accomplissant, à l'égard de cette épouse fidèle, la promesse qu'il fait par son prophète de se conformer à la volonté de ceux qui le craignent, de seconder leurs désirs et de les sauver par les voies qu'eux-mêmes ont choisies.

Tandis que Solange s'offrait si généreusement à Jésus et se disposait, par ces actes héroïques, au glorieux martyre qui lui était réservé, Dieu la comblait sans cesse de nouvelles faveurs. Il ne voulut pas attendre, pour récompenser ses vertus, que sa belle âme fût dégagée de sa dépouille mortelle. Sa pureté lui valut du ciel le don des miracles. Et, comme il arrive d'ordinaire aux saints, plus elle se cachait, plus « *l'ami des humbles* » la signalait par de nouveaux prodiges.

Suivant l'antique légende, « son pur regard, comme autrefois l'ombre de saint Pierre, faisait des miracles et opérait des guérisons ». Elle reçut aussi de Jésus un pouvoir si absolu sur les esprits des ténèbres, « qu'à sa seule présence on les voyait sortir du corps des possédés [1]. » Ainsi une jeune fille, presque une enfant, triomphe de ce puissant Ennemi qui s'appelle Satan, qui est le « Prince de ce monde », où il manifeste sa puissance par tous les désordres et tous les maux dont il est rempli.

Voici ce que dit M. de Saint-Albin de l'empire accordé à la vierge de Villemond sur ces esprits méchants qui ont envahi la nature entière, qui sont répandus dans l'air que nous respirons et qui tournent autour de nous comme des bêtes furieuses pour nous dévorer.

« Une autre vierge, qui n'était point de grande naissance comme sainte Julienne, mais une simple bergère, la fille d'un pauvre vigneron du Berry, sainte Solange, avait le même pouvoir sur Satan. Elle le domptait comme un esclave ; un regard d'elle, sévère et terrible, le faisait trembler de crainte, et, sur un signe de la Vierge, il disparaissait. Par sa seule présence, elle délivrait les possédés. Elle n'avait qu'à vouloir, et les animaux qui ravagent les fruits de la

---

1. Apud Bolland.

terre et qui furent une des plaies dont Dieu frappa l'Egypte, disparaissaient [1] ».

La nature entière semblait lui être soumise. Sa voix seule dissipait les orages, apaisait les tempêtes qui menaçaient les moissons. « Elle commandait au soleil et à la pluie, aux vents et à la foudre [2]. » Elle arrêtait les inondations prêtes à dévorer les récoltes ; elle obtenait le temps favorable aux biens de la terre. On dit que la conversion des pécheurs et l'union des familles étaient le fruit de ses prières et que l'abondance et la paix régnaient dans tous les lieux d'alentour. Chacun attribuait son bonheur aux mérites de sainte Solange. Ses bienfaits semés partout, ses guérisons sans nombre, ses doux miracles, la faisaient encore plus bénir qu'admirer.

Tous les biographes de notre Sainte, se fondant sur les anciennes hymnes et sur une tradition constante, se plaisent à raconter que Dieu, pour récompenser sa virginale innocence, lui avait rendu une part de cet empire sur la nature et les animaux, dont jouissait l'homme avant le péché [3].

---

1. Alex. DE SAINT-ALBIN, *Du culte de Satan.*
2. Hym. ant. *Ventis et fulguri imperabat.*
3. Hym. ant. — Bolland., etc. — *Tanquam foret ad pristinæ innocentiæ statum restituta, creaturæ irrationales eidem obediebant.*

CHAP. VIII. — LES MORTIFICATIONS

On sait qu'à l'époque où vivait Solange, le Berry, comme beaucoup d'autres provinces de la France, était couvert d'immenses forêts et les loups n'étaient pas rares dans les bois de Turly ou de Saint-Palais. Jamais la sainte bergère n'eut à se plaindre de leur peu commode voisinage ; jamais elle n'eut à déplorer l'enlèvement d'un seul de ses moutons. Sous son regard limpide, les loups devenaient doux comme des agneaux ; son aspect seul suffisait pour les mettre en fuite. Ainsi les bêtes les plus féroces devenaient inoffensives et s'apprivoisaient à son approche. Les animaux, les oiseaux obéissaient à sa voix douce et forte comme celle des anges ; tant il est vrai que rien ne résiste à l'ascendant de la sainteté.

Ses brebis, pour être conduites, n'avaient pas besoin de coups. Si parfois elles s'égaraient dans les champs d'alentour, la jeune bergère n'avait pas besoin de courir après elles, ni de les effrayer par ses clameurs, ni de les chasser avec sa houlette ; mais doucement, suavement, sans cris et sans colère, elle les rappelait, comme font les anges, par la simple manifestation intérieure de sa volonté ; elle n'avait qu'à les chercher du regard de son âme, et on les voyait accourir avec empressement se ranger autour de leur douce maîtresse.

Les oiseaux des champs autour d'elle voletaient sans crainte, et comme plus tard « *les oiseaux du bois chenu* » sur les épaules de la bergère de Domremy, ils venaient se poser sur les épaules ou sur la chevelure blonde de la Vierge de Villemond, et il est à croire qu'ils conversaient avec elle comme des frères avec la sœur des anges.

Le même privilége, l'empire de l'innocence sur la nature entière, était accordé, deux siècles plus tard, au doux François d'Assise.

Mais la pureté appelle la lumière. Et comme si ce n'était pas encore assez de faveurs extraordinaires pour faire éclater et resplendir à tous les yeux l'éminente sainteté de la jeune vierge, Dieu fit pour elle un prodige que l'on rencontre bien rarement dans la vie des saints.

Il avait inondé de ses grâces cette âme pure et choisie ; mais cette pureté angélique aux illuminations intérieures dont il la comblait, le Seigneur voulut la manifester aux regards des hommes dans toute sa splendeur ; et, doux symbole de la sérénité de son âme et aussi de l'éclat que devait jeter un jour cette vie obscure sur sa patrie, une lumière semblable à cette nuée lumineuse qui dirigeait Israël dans le désert, éclairait Solange dans toutes ses démarches. « Le jour, la nuit, disent les vieilles chroniques, une étoile brillante, splendide, en luisant sur son front, marchait devant elle et guidait ses pas [1]. »

C'était, dès cette terre, l'auréole des prédestinés. Une étoile guidait les Mages de l'Orient au berceau de l'Enfant-Dieu : une étoile guidait Solange dans ses pérégrinations terrestres, dans ses ascensions sublimes jusqu'au Soleil de justice, jusqu'au cœur de Jésus.

C'est ainsi que les rayons de la grâce, dont le Seigneur favorisait son épouse, resplendissaient au dehors et brillaient dans toute sa conduite. Une joie divine était répandue sur toute la vie de la jeune bergère. En son cœur elle voyait, elle sentait que tout lui était bienfaisant, sympathique et ami. Le ciel l'illuminait, la dirigeait dans tous ses sentiers. Ainsi s'écoulait radieux et serein le printemps de cette vie qui ne devait pas avoir d'hiver.

---

1. *Ad serenitatem et claritatem ipsius virginis declarandam, misit sibi Deus stellam quamdam fulgentem et claram, quæ ipsam virginem die ac nocte antecedebat*, etc. — Hymnus antiquus. — Apud Bolland. die dec. maï.
Quelques historiens de la Sainte, l'abbé Oudoul par exemple, trop préoccupés d'une critique exagérée, n'ont voulu voir dans ce prodige qu'une allégorie et une allusion à la lumière intérieure dont elle était sans cesse illuminée. Nous ne partageons point leur avis. Les textes des anciennes hymnes et des Bollandistes sont sur ce point on ne peut plus explicites. Du reste, le divin ne coûte rien à Dieu; et nous ne croyons pas être trop naïf en croyant volontiers à toutes les merveilles que Dieu a opérées dans ses saints.

Quand on considère les tableaux anciens qui représentent sainte Solange, la pensée est saisie par cet air de jeunesse empreint de candeur, cette grande dignité sous la forme villageoise, et l'on reconnaît en elle, de prime abord, une de ces âmes choisies qui ne portent au front que des clartés d'aurore, qu'un printemps seul suffit pour mûrir et que Dieu, après les avoir montrées à la terre, se hâte de retirer dans son sein.

Grâces vous soient rendues, ô Père des orphelins et des veuves, ô protecteur des pupilles, ô créateur des vierges ! Une providence a surgi au sein des misères humaines, au milieu d'un siècle encore à demi barbare, elle a versé le baume sur ses plaies. Une huile s'est épanchée et un nom plus doux que le miel s'est répandu : il est venu se placer dans le cœur et sur les lèvres de tous, même des enfants. Les vieillards, les infirmes, à l'heure de la souffrance ou de la mort, le murmurent sur leur couche en le bénissant; et ce nom, c'est celui de l'humble Vierge de Villemond, c'est celui de Solange, l'ange de Saint-Martin et de la contrée.

CHAPITRE IX

LA PLÉNITUDE DES VERTUS ET DES GRACES DE LA SAINTE

La *Fontaine de sainte Solange* à Villemond. — La beauté qui vient de la terre et la beauté qui vient du Ciel.

> « *Plenitudo legis dilectio.* »
> La plénitude de la loi, c'est la charité.
> (S. Paul.)
> Aimons à regarder les belles âmes dans les reflets de Dieu.
> Henri Perevve.

De jour en jour, Solange grandissait en sagesse, en grâce et en beauté, et, semblable aux fleurs des rives solitaires de l'Ouatier, fleur elle-même, elle exhalait pour Dieu seul tout le parfum de ses vertus.

Nous l'avons vu, la semence de la virginité était tombée de bonne heure dans cette âme d'enfant, et ce terrain vierge était si bien préparé à la recevoir, qu'elle y avait germé et fructifié merveilleusement. Trois amours, les plus purs qui soient au monde, s'épanouissaient en elle : l'amour de Dieu, l'amour de la famille et des pauvres et l'amour de la mortification ; mais ces trois amours n'en faisaient qu'un : ils se résumaient dans celui de Jésus qui, pour elle, était le souverain amour. Et ainsi, sans le savoir, sans s'en douter, par le seul mouvement de son cœur, elle accomplissait toute la loi : « *Plenitudo legis dilectio.* »

Sa charité était vraiment universelle ; car, de même que du Christ, à qui par une pente naturelle elle allait et se donnait avant tout, elle s'écoulait, par sa propre abondance, sur tous les membres souffrants du corps dont il est le chef ; de même, par une seconde et surabondante effusion, elle inondait de son trop-plein cette création extérieure et intérieure qui sert au Christ universel de trône et de palais.

« Sachant que de par la volonté de Dieu le monde est au Christ et aux chrétiens ; que pour eux et par eux toutes choses doivent entrer dans la grâce et être ensuite à jamais établies dans la gloire ; voyant toutes choses en son Jésus, voyant Jésus en toutes choses, elle embrassait tout sans exception dans une tendresse divine » [1].

---

1. L'abbé GAY, *loco citato*.

CHAP. IX. — SES VERTUS ET SES GRACES

Elle avait étudié la beauté de Dieu d'abord dans *ce monde visible* où elle reluit partout. Elle la voyait dans la splendeur des jours, dans la paix et la sérénité des nuits, dans la terre si richement parée, dans l'océan aux horizons infinis, dans la voix de la tempête et les éclats de la foudre, dans l'azur du firmament et dans les silencieuses évolutions des astres qui le peuplent, dans cette exubérance de vie créée qui est comme l'âme de l'univers ; elle la voyait plus radieuse encore dans cette ineffable harmonie de toutes choses qui fait que tout s'attire, s'enchaîne, s'embrasse, se complète et que la création entière n'est qu'un concert et un vaste poëme.

Ainsi les étoiles du ciel et les fleurs de la vallée, les oiseaux de l'air et les bêtes fauves des bois, devenaient, comme ses blanches brebis, l'objet de son amour, d'un amour pur, simple, surnaturel, et, comme le grand amant d'Assise, elle leur parlait en les appelant du nom même qu'elle donnait aux chrétiens : elle les nommait ses frères et ses sœurs.

Pleine de zèle pour amener la nature à Jésus, Solange en avait plus encore pour la faire grandir en Jésus, ce qui était faire grandir Jésus en elle ; elle désirait d'un désir ardent que tous arrivassent à la perfection où elle était parvenue elle-même. Saint Paul nomme cette perfection

« la plénitude de l'âge du Christ » : elle est le prélude de cette autre perfection dernière et absolue « la plénitude totale de Dieu [1] ».

Sans doute, Solange était bonne, affable envers les personnes que la providence et le devoir mettaient en relations avec elle. Une douce candeur respirait dans ses rapports de famille et de voisinage ; mais l'éloge le plus mesuré la faisait rougir, alarmait son humilité et mettait en garde sa timide et vigilante pudeur [2]. Elle avait toutes les compassions et toutes les tendresses ; elle était la joie de ses parents et celle de tout le pays.

Que ne nous est-il donné de pénétrer d'une façon plus intime dans cette existence si courte et si belle ! Que de trésors ignorés de vertus se révéleraient à nos yeux ! Mais, hélas ! nous n'avons plus que les grands traits de cette histoire, fidèlement conservés par la tradition dans tout leur rayonnement poétique. De là, le vague et le défaut de précision dans les détails, auxquels nous nous trouvons forcément réduit plus d'une fois dans notre récit.

Toute la vie de l'humble bergère de Villemond n'est qu'une courte et fugitive apparition. Elle ne sourit qu'un instant à la terre pour remonter

---

1. Ephes. III, 16 ; IV, 13.
2. Le P. ALET, *Vie de sainte Solange.*

au ciel. Sa vie peut se résumer dans ces trois mots : elle naquit, elle aima, puis elle mourut dans l'amour de Dieu !

Et pourtant, chose admirable, sa lumière traverse les âges plus blanche, plus pure, à mesure qu'elle se rapproche de nous. Malgré les traces lumineuses et ineffaçables de son passage, on ne sait d'elle que ce peu de choses que je vous raconte. Les archives ont disparu dans l'incendie de la préfecture du Cher. La sacristie et la cure de Sainte-Solange et l'archevêché de Bourges ont été brûlés avec les précieux parchemins qu'ils renfermaient.

Qui sait s'il n'y a pas là, comme l'a dit un savant hagiographe [1], un secret dessein de Dieu ?

Ces grandes figures qu'il veut entourer de la vénération des peuples, Dieu ne fait que les montrer. En les faisant rentrer dans leur obscurité mystérieuse, peut-être, après les avoir fait briller d'un incomparable éclat, veut-il leur communiquer un caractère plus idéal, par l'absence même des détails, et par là même plus propre à frapper l'imagination des peuples et à enlever leur cœur jusque dans les régions de l'infini ? Nous le croyons volontiers.

Ainsi en a-t-il été des plus insignes person-

---

1. L'abbé MARTIN. — *Les Vierges Martyres.*

nages de nos saintes Écritures : ainsi de saint Jean-Baptiste, le précurseur, ainsi de Marie, la Vierge sans tache, ainsi de saint Joseph, son protecteur, et de Jésus lui-même. « Ils se montrent ;.... on les voit.... ; ils disparaissent ; mais il reste de leur apparition une clarté qui ne s'éteint plus. »

Ainsi en est-il de la jeune Vierge-martyre dont nous rappelons ici l'illustre mémoire. Il n'existe sur elle aucun écrit contemporain ; elle ne s'est survécue que dans le cœur et la mémoire des hommes, archives impérissables, bien que moins absolument certaines. Les mille ans qui nous séparent de son martyre n'ont pas laissé que de jeter quelques voiles sur ses origines et sur l'intimité de sa vie. Plus tard, plusieurs siècles après sa mort, quelques pieux historiens cherchèrent à recueillir, à fixer cette tradition, légende populaire qui, en s'éloignant de sa source, devenait de plus en plus flottante et indécise, tout en gardant les traits essentiels.

Les *Leçons* de l'office de sainte Solange, célébré de temps immémorial dans l'église de sa paroisse, ont été composées d'après l'antique tradition des habitants du pays, d'après ses images, les sculptures de ses châsses et les vieilles peintures de son martyre. Ces Leçons ont servi de base à toutes les histoires et à toutes les légendes de la Sainte. C'est de ces vieilles chroniques et de l'ancienne tradition populaire qu'à notre tour nous nous sommes inspiré. Sans porter atteinte à la véracité de l'histoire, nous avons cru pouvoir compléter, par les conjectures les plus vraisemblables, ce que le passé a laissé dans l'oubli [1].

Il y a à Villemond, tout près du lieu où naquit sainte Solange, une fontaine qui porte encore aujourd'hui son nom. Comme tous les lieux sanctifiés par la présence de la Sainte, cette *fontaine* jouit d'une grande vénération parmi les habitants du Berry. Le jour du grand pèlerinage, chaque année, au mois des fleurs, la procession stationne en cet endroit; les pèlerins y puisent de l'eau qu'ils emportent précieusement dans leurs demeures. Ils la regardent comme une eau miraculeuse, comme un fleuve de vie pour les malades et les infirmes. Cette tradition pieuse remonte bien haut dans la nuit des temps. C'est là, dit-on, que Solange, nouvelle Rebecca, venait puiser de l'eau pour les besoins du ménage.

Rien de frais et de délicieux comme le site de cette *Fontaine* [2] dont les eaux, dérivées à quel-

---

1. *N. B.* — Seulement nous avons eu soin de ne donner comme historique que ce qui est absolument historique; afin de ne pas confondre la probabilité des conjectures avec la certitude de l'histoire.

2. Il ne faut pas confondre cette fontaine de Villemond,

ques mètres de là, s'écoulent dans le ruisseau de l'Ouatier. De beaux saules pleureurs l'ombragent de leurs branches ruisselantes ; un mur neuf et blanc la défend et l'entoure, tout autour est une bande de gazon, verdoyante ceinture [1] ; une petite croix enguirlandée de lierre en surmonte la voûte rustique sous laquelle on peut puiser de l'eau à la main. La solitude de ce frais réduit n'est troublée que par le bruissement de la source et le joyeux tic-tac d'un moulin, enfoui sous les arbres, que font mouvoir, à quelques pas, les eaux de l'Ouatier.

La pensée aime à revoir l'active bergère de Villemond allant chercher à cette fontaine l'eau nécessaire à ses bestiaux, plus loin glanant au temps de la moisson les épis oubliés, allant faire en hiver la cueillette du bois mort dans les forêts d'alentour, soulageant ses parents dans leurs travaux si rudes, et eux remerciant Dieu, le bénissant sans cesse, avec leur foi profonde, d'avoir un tel trésor. Si le mauvais temps la surprenait dans les champs ou dans les bois, elle ne s'en émouvait pas, elle ne s'en apercevait

qui seule devrait porter le nom de la Sainte, avec le gué de l'Ouatier appelé à tort par les paysans, de temps immémorial, *Fontaine de sainte Solange,* où se baignent les malades et les pèlerins, près du champ du martyre.

1. Cette pieuse idée d'entourer la *Fontaine* d'un mur et d'un gazon est due à M. le colonel de Toirac qui en a fait les frais.

pas même. Elle s'en allait à travers la forêt cueillant les branches mortes, marchant sous la pluie sans savoir s'il pleuvait, chantant sous la tempête ses longs cantiques à Dieu ou s'arrêtant pour prier, sans s'apercevoir que ses vêtements ruisselaient, puis elle revenait en hâte au travail, car les saints n'abandonnent jamais ce qui est le devoir : ils prient en l'accomplissant !

Je voudrais vous montrer sainte Solange toute à Dieu et Dieu tout à elle, soumise à ses parents, fidèle à ses devoirs, unie à Dieu dans les occupations, la prière, la vie des champs, forte dans le travail et dans la protection de son troupeau que son seul regard défendait contre les loups. Nous allons la voir forte dans l'épreuve et la tentation, les yeux fixés sur la croix, l'amour divin dans le cœur et mourant en aimant, comme elle avait aimé en vivant !

Comment elle aimait Jésus, nous avons essayé de le dire; mais le cœur de la jeune fille est un profond mystère : il a mille manières d'aimer Dieu dans la pureté la plus sublime. Dieu a regardé Solange et il l'a aimée ! Elle a aimé Notre-Seigneur, de la pureté la plus grande : il n'en pouvait être autrement, sa pureté profonde a plu au cœur de Dieu. La chaste bergère vivait sous son regard, le jour, la nuit, sans cesse. Le soir en s'endormant sur le cœur de Jésus, se jetant dans son âme, elle murmurait doucement :

« O mon Dieu ! je vous aime ; faites qu'il n'y ait rien en moi qui puisse vous déplaire jamais ! »

Avec cet amour au cœur, comment voudriez-vous qu'une pensée mauvaise eût jamais effleuré cette âme de vierge, ou qu'il s'y fût trouvé de la place pour un amour profane et étranger ! Le cœur de la femme aime entièrement, absolument. Rien ne plaît que ce qui plaît à ce que l'on aime ; et, quand c'est Dieu souverainement pur et beau, l'on n'aime que ce qui est pur et beau : le contraire serait inexplicable.

Mais Solange grandissait de plus en plus et son amour pour Dieu grandissait avec elle. Sous le soleil de la grâce, plus encore que sous celui de la nature, elle s'était vite épanouie « comme la rose plantée près du courant des eaux »[1]. Déjà ce n'était plus la petite enfant qui s'offrait au Seigneur, à peine âgée de sept ans. L'enfantine bergère était devenue une grande et sainte jeune fille. Rien n'avait encore troublé la sérénité de sa vie calme, pure et unie comme un lac aux sommets vierges des Alpes où nul pied n'a passé.

Mais le jour approchait où l'offre la plus magnifique, la plus séduisante, allait lui être faite,

---

1. Eccles., xxxix, 17.

où un seigneur illustre allait, se prosternant devant elle, mettre à ses pieds sa jeunesse et sa beauté, la noblesse et une fortune immense. Pauvre fille du peuple, elle allait donc traverser l'épreuve la plus terrible qui pût assaillir sa virginité, épreuve où toute autre qu'elle peut-être eût perdu ces vertus modestes et douces qui avaient fleuri dans la solitude. Du haut du ciel, Jésus et Marie veillaient à ce que rien ne ternît ce lis de pureté, éclos aux rayons de leur double amour.

L'âge qu'elle avait à cette époque, nous ne saurions le dire d'une manière précise : les chroniques ne le donnent point; certaine légende le fixe à seize ans. Quoiqu'il en soit, il est certain qu'elle était dans la fleur de l'âge et de la beauté, l'âge où les illusions dorées hantent les rêves des jeunes filles, où les plus douces espérances chantent dans leur cœur.

« A ce moment, dit le légendaire, Solange était douée d'un singulière beauté dont le bruit s'était répandu dans tout le pays. » Il y avait sur son front, dans son regard, sur ses lèvres, dans toute l'attitude de sa personne, cet attrait, cette grâce, cette beauté que Dieu verse parfois avec profusion dans l'âme et sur les traits des vierges qu'il a prédestinées. Elle avait toute la beauté de la grâce et toute la grâce de la beauté, avec quelque chose de plus,... ce charme qui attire et qui apaise et que nous appelons la sérénité, c'est-à-dire cette empreinte divine qui, se posant sur un front de vierge, semble un reflet de Dieu. Sous l'action de cette lumière venue d'en haut, la beauté n'apparaît plus que vêtue de sainteté, et enveloppée d'une atmosphère de respect et de vénération ; l'être créé se spiritualise en quelque sorte et se rapproche de l'ange.

Telle était Solange au printemps de son âge. Il serait difficile d'imaginer quelque chose de plus accompli. En elle, tout répondait à la beauté du nom ; elle semblait avoir reflété en elle-même toutes les splendeurs de la nature qui l'environnait. Ses yeux bleus resplendissent, sur ses portraits, d'une douceur et d'une tendresse infinies ! Son teint d'une grande délicatesse a la fraîcheur des roses de l'églantier ; elle a les cheveux d'or comme l'épi des gerbes aux champs de Saint-Martin ; sur ses lèvres erre un sourire doux comme un baiser du ciel !

Et plus blanche que les blancs narcisses qui naissent dans ces prés du bord de l'Ouatier, cette fille du Berry avait toute l'élégance native que donne la noblesse de l'âme, avec cette grandeur simple et aisée que la nature semble avoir répandue comme à plaisir sur les bergères de ce pays. Elles ont en effet, ces villageoises, la force d'âme dans la simplicité, la dignité sous la forme rustique, un grand bon sens dans le discours et comme une grâce de la Vierge répandue sur elles.

Ce type si suave frappe le voyageur ; souvent l'on s'est demandé si ce n'était pas comme un reflet de la Sainte sur ces paysannes qu'elle protége. Leur long vêtement de bergère prête aussi à l'illusion ; leur grande *capiche* des champs rappelle le manteau de la Vierge Marie ; de loin, on les prendrait pour des madones.

Jusqu'en 1830, la classe ouvrière était restée remarquable de beauté pure et même de distinction ; mais, depuis, les mœurs ont bien changé et les types aussi. Le type vulgaire de la bourgeoisie s'est répandu sur les masses. La grâce de la fille du peuple a disparu dans les grands centres avec la vertu des anciens jours. Outre la laideur morale, le vice porte avec lui la laideur physique. La vertu revêt l'âme d'une splendeur qui illumine jusqu'à la laideur même. Un mot dit tout, elle transforme l'âme divinement.

Solange avait reçu, dès le berceau, cette transformation immatérielle et divine. Les Leçons du Bréviaire disent qu'elle était « belle de visage et plus belle encore par la foi »[1], c'est-à-dire qu'outre ses charmes extérieurs, elle pos-

---

1. *Pulchra facie sed pulchrior fide.* Apud Brev. Bit.

sédait au suprême degré cette beauté tout intérieure qui échappe aux regards distraits du monde, mais que Dieu contemple avec amour..., la pureté des anges. Cette vertu souveraine répandait sur ses traits une sérénité ineffable, un rayonnement céleste, ce je ne sais quoi d'achevé qui est l'auréole de la sainteté !

Sereine, paisible et grave comme les vierges du Nord, Solange n'inspirait que de saintes pensées ; sa modestie, sa réserve, sa dignité calme, sa haute vertu, tout en elle commandait le respect encore plus que l'admiration.

« Sa sagesse précoce, disent les vieux récits, imprimait le même respect que la chevelure blanche des vieillards. Elle savait unir la maturité parfaite de l'esprit aux grâces de l'enfance »[1]. Qui dira la beauté d'un cœur pur ?... Celle-là, l'art grec le plus parfait ne l'a jamais connue. On ne peut parler de la pureté de Solange que comme on parle de la pureté du ciel que l'on admire en la contemplant.

Il y a dans la nouvelle chapelle de Sainte-Solange, au champ du martyre, un vitrail splendide. C'est la seule peinture qui puisse donner une idée de cette figure sublime. Les trois saintes bergères de France sont là : d'un côté sainte Geneviève, de l'autre sainte Ger-

---

1. « *Corpore juvencula, mente cana.* » Apud Bolland.

maine de Pibrac, au milieu sainte Solange [1].

Elle est là plus idéale qu'on ne l'eût pu rêver, debout, les yeux levés au ciel, noyés dans l'extase du divin amour. Toute son âme pure rayonne sur son front baigné d'une lumière resplendissante. Son regard si bleu, si calme et si profond, est plein du ciel ; il est fixé en haut, perdu dans les visions éternelles... La mante berrichonne encadre la tête séraphique, laissant à découvert les bandeaux et les tresses de sa chevelure blonde. La main gauche, ramenée sur son cœur, retient une palme et une quenouille chargée de laine blanche dont l'écheveau fin vient, sous sa main droite tombante, s'enrouler autour du fuseau qu'elle retient suspendu. Sa taille flexible et élancée apparaît chastement drapée sous sa longue mante bleue. Une blanche brebis appuie avec amour sa tête paisible contre sa robe légèrement relevée vers le bas ; une autre agnelle est couchée à ses pieds. Emblèmes du martyre et de la virginité, un lis et une croix surgissent de la terre, et ses pieds d'une nudité vir-

---

1. Ces vitraux remarquables, qui révèlent dans leur auteur un grand sentiment de l'art, sont l'œuvre de M. Laubin de Tours. C'est à cet artiste distingué qu'est due la création de ce type ravissant qui nous a tout d'abord séduit et qu'on a eu le bon esprit de reproduire dans toutes les églises et chapelles qui ont une verrière représentant la Sainte.

ginale, foulent le glaive qui donna à la Vierge une gloire de plus. Tout, dans l'attitude de la jeune bergère, respire le calme, l'innocence et la virginité. Il est presque impossible à l'art imparfait de mieux rendre une si parfaite figure. L'âme qui la contemple participe à son extase ; avec elle, elle respire l'air des célestes royaumes et se perd dans la contemplation des beautés éternelles !

Sainte Solange a dû visiter souvent les habitants du Berry dans leurs rêves. Combien de jeunes filles ont cru voir son ombre blanche flotter sur la cime des bois, sourire sur le flanc des coteaux ou le long des prairies, sur les bords de l'Ouatier dont les eaux respectueuses semblent caresser les plis de sa robe flottante et l'accueillir avec un murmure harmonieux ! Ne dirait-on pas que les fleurs blanches de ces rives lui doivent leur éclat et leurs plus doux parfums, que les oiseaux des forêts et la brise qui fait frémir le feuillage, la chantent dans des sons d'une mélodie plus douce que celle du chant des hommes ?.....

C'est là le propre de la sainteté : elle laisse son empreinte partout, sur la terre qu'elle a quittée et qui l'a vue s'épanouir. « Partout où passent les saints, Dieu passe avec eux » [1].

---

[1]. Belle parole du saint curé d'Ars, J. B. Vianney.

CHAP. IX. — SES VERTUS ET SES GRACES

Ainsi sainte Solange ne vit pas seulement au ciel ; elle vit ici-bas, dans la vénération des vieillards, dans les rêves des jeunes filles, dans le culte et l'admiration de tous. Il n'est pas jusqu'aux chants populaires de ses campagnes berrichonnes qui n'aient gardé son impérissable souvenir [2]. Et ce glorieux privilége, l'humble bergère ne le dut ni au rang, ni à la fortune, ni à sa beauté, mais à sa seule vertu.

Si elle était belle, belle comme les anges, elle ne le savait pas, la chaste et modeste vierge. Est-ce que le lis des champs sait qu'il est richement vêtu ? Solange ignorait ses charmes. Ses yeux étaient toujours modestement baissés, quand elle conduisait ses brebis aux champs de Saint-Martin, ou qu'elle allait cueillir les fleurs de la prairie dont elle voulait tresser une couronne à la Vierge ; et lorsque, penchée vers l'onde du ruisseau, tout en lavant le linge de la famille, elle apercevait ses traits angéliques, on dit qu'elle se hâtait de briser ce miroir mobile, en agitant l'eau, de peur d'avoir à admirer son image. Car l'innocente enfant avait entendu parler des vanités que la beauté excite et des périls dont l'âme de la femme ne

---

2. Il est bien connu des pâtres berrichons le refrain qui commence ainsi :

> Bergère Solange, écoutez !
> L'alouette aux champs vous appelle, etc.

sait guère se garantir. Aussi Solange n'avait pas conscience de son étrange beauté, chose éphémère entre toutes; elle ne s'en occupait pas. Elle ne savait qu'une chose, qui l'occupait toute entière, c'était son amour pour Jésus-Christ. Pour elle, les grâces extérieures qui lui appartenaient, n'existaient pas; elle ne faisait cas que de l'impérissable beauté de l'âme.

Ce *lis de la vallée* voulait grandir loin des yeux profanes, dans la solitude, loin du monde et de ses frivolités, afin de réserver toute sa blancheur, tout son éclat, tout son parfum pour les regards et le cœur de Jésus. Pour l'âme qui aime Dieu, le monde n'existe pas. Mais alors, comme aujourd'hui, le monde était jaloux de ce trésor; il eût voulu le posséder et le ravir à Dieu; car il regarde comme inutile et perdu tout ce qui ne se donne pas à lui.

Consacrée au Seigneur, la beauté de la Sainte ne devait inspirer aux hommes qu'un respect profond et de chastes pensées; mais le jour de la tentation était venu, l'heure de l'épreuve avait sonné.

CHAPITRE X

LA COUR DE BOURGES AU IXe SIÈCLE

La serve et le jeune seigneur.

> *Regnum mundi et omnem ornatum sæculi contempsi propter amorem Domini Jesu-Christi, quem vidi, quem amavi......*
> J'ai méprisé toutes les splendeurs du monde pour l'amour de Jésus-Christ, etc.
> (Offic. Ste Agnet.)

Bourges, sur les rivières de l'Yèvre et de l'Auron, est la ville du passé, la cité des vieux souvenirs et des vieilles gloires. Peu de capitales ont jeté autant d'éclat et peuvent revendiquer une antiquité aussi haute. Son origine se perd dans la nuit des temps. Elle a été non-seulement une des plus anciennes villes des Gaules, mais encore des plus belles et des plus considérables. Elle était très-florissante dès l'an 580 avant Jésus-Christ ; car Tite-Live assure que, sous le règne de Tarquin l'Ancien, le siége de la monarchie des Celtes était dans cette capitale du Berry, dont Ambigat était le souverain. Elle a porté le nom d'*Avaricum* jusqu'au cinquième siècle de l'Eglise.

Quand César fit la conquête de leur pays, les *Bituriges,* dont elle était la capitale, étaient le peuple le plus puissant et le plus nombreux des Gaules auxquelles ils donnèrent souvent la loi [1]. Ils se multiplièrent au point que leur pays, quoique fertile, ne pouvant suffire pour les nourrir, Ambigat, leur roi, vers l'an 150 de Rome, en détacha deux bandes considérables et les envoya chercher fortune ailleurs. L'une, sous la conduite de Bellovèse, prit la route de l'Italie, et alla s'établir sur les rives du Pô ; l'autre, ayant pour chef Ségovèse, s'achemina vers la forêt Hercinie où elle s'enfonça, et de là, s'avança par degrés jusqu'à l'Elbe et même jusqu'à la Vistule.

Dans cet éloignement, elle n'oublia point la

---

1. Jules César, qui prit cette ville l'an 702 de Rome et 52 ans avant l'ère chrétienne, en parle très-avantageusement dans le VIIe livre de ses *Commentaires.* Voyez aussi le *Dictionnaire* de Moreri et l'*Historia ecclesiastica Bitur.,* de Jean Chenu, et celle de La Thaumassière.

mère patrie dont elle conserva les mœurs et les usages très-différents de ceux des Germains, tels que Tacite les a décrits. « C'est le même peuple, suivant bien de l'apparence, qui reparut dans les Gaules sous le nom de *Francs* (libres) au quatrième siècle et y fonda la première et la la plus belle monarchie de l'Europe et du monde [1] ».

Le Berry était alors sous la puissance des Visigoths. L'empereur Auguste, en l'attribuant à l'Aquitaine, avait déclaré sa capitale *métropole* de tout le pays qui s'étend depuis la Loire jusqu'aux Pyrénées; et c'est sur cette attribution qu'est fondé le titre de *Primat d'Aquitaine* que prend encore aujourd'hui l'archevêque de Bourges.

L'Aquitaine ayant été partagée en trois provinces sous Honorius, le Berry fut compris dans la première, dont l'étendue est représentée par la province ecclésiastique de Bourges.

Les Francs ne laissèrent pas longtemps les Visigoths en possession de la première Aquitaine. Ils s'en rendirent maîtres après la bataille de Vouillé, gagnée par Clovis sur Alaric qu'il tua de sa main. Le Berry soumis aux Francs fut gouverné, comme il l'avait été sous

---

1. *Art de vérifier les dates, les faits hist. des chartes, des chroniques,* etc., t. II, par un religieux bénédictin de Saint-Maur.

les Romains et les Visigoths, par des *Comtes* qui, avec le temps, convertirent en fief héréditaire une dignité qui n'était d'abord que personnelle. Ces comtes furent sous la dépendance immédiate des ducs d'Aquitaine et leurs noms sont restés dans l'oubli durant au moins six siècles.

Le premier des comtes de Bourges dont l'histoire ait conservé le nom est *Ollon* ou *Bollon,* qui avait le gouvernement de la cité sous le règne de Gontran [1]. Il serait trop long et trop fastidieux de donner ici la chronologie historique des comtes de Bourges qui se succédèrent jusqu'au dixième siècle, où le comté ou gouvernement général de Berry fut supprimé par le roi Raoul.

Nous n'avons à parler que de ceux qui gouvernaient au temps de sainte Solange. La date précise de la naissance de notre Sainte étant incertaine, nous en sommes réduits à des conjectures.

D'après les plus grandes probabilités, elle a dû naître, vers l'an 861, sous le gouvernement de *Gérard* qui fut comte de Bourges de l'an 838 jusqu'en 867, où Charles le Chauve, pour quelque sujet de mécontentement qu'on ignore,

---

[1]. Saint Grégoire de Tours en fait mention au livr. VII de ses *Histoires*, et Aymoin, liv. III. — LA THAUMASSIÈRE, *Hist. du Berry*, 1 vol.

le dépouilla de son comté pour le donner à un seigneur, nommé Egfrid ou *Acfred,* déjà pourvu, suivant D. Mabillon, de l'abbaye de Saint-Hilaire de Poitiers et d'autres bénéfices ecclésiastiques. En 872, Charles le Chauve donna le comté de Bourges au duc Boson, déjà comte de Provence dont il se fit ensuite roi.

En 877, *Bernard II,* marquis de Septimanie, puis comte de Poitiers, premier du nom, fils d'un autre Bernard et de Blichilde, se trouvant en forces lorsque Boson fit sa paix avec Louis le Bègue, revendiqua sur lui, les armes à la main, le comté de Bourges, à titre d'hérédité, comme parent d'Egfrid, mis à mort par les gens du comte Gérard, son compétiteur.

Aidé de plusieurs seigneurs, il s'empara de la capitale et en défendit l'entrée à Frottaire que le pape Jean VIII venait de nommer archevêque de Bourges et Primat d'Aquitaine. *Bernard* usurpa les biens de l'Eglise de Bourges et exigea des habitants un serment de fidélité contraire à celui qu'il devait lui-même au roi. Le reste du Berry dut suivre forcément l'exemple de la capitale en se soumettant à Bernard. Mais la même année 877 ou plutôt l'année suivante 878, il fut excommunié par le concile de Troyes où il avait refusé de comparaître pour répondre aux plaintes de Frottaire.

Tel était, selon toutes probabilités [1], le seigneur puissant et redouté, rebelle à l'Eglise et au roi, qui régnait à Bourges, alors que Solange était dans tout l'épanouissement de ses vertus et de sa beauté. La renommée de ses miracles et de ses charmes incomparables était arrivée bien vite à la cour de Bourges, où elle était l'objet des conversations des jeunes seigneurs, des pages et des varlets.

Selon toute apparence, on menait joyeuse vie à cette cour qui était très-nombreuse. Le comte Bernard avait trois fils : *Rainulfe II,* qui fut comte de Poitiers et duc d'Aquitaine en 880 ; *Ebbles*, qui devint abbé de Saint-Hilaire, de Saint-Denis et de Saint-Germain-des-Prés, et *Gauzbert*. L'un d'eux s'éprit d'un violent amour pour la bergère de Villemond, et, bien que l'histoire ne le nomme pas, nous avons tout lieu de croire que ce fut l'aîné. La liturgie berrichonne ne le désigne pas autrement que par ces mots : *le fils du prince* ou gouverneur du pays [2].

---

[1]. Nous avons fait de nombreuses et sérieuses recherches sur cette question, sur laquelle nous croyons avoir jeté quelque lumière, sans pouvoir l'élucider complètement.

[2]. « *Dynastæ filius.* » — Tous les biographes de la Sainte le désignent de même, excepté la Thaumassière et Duval dans *Ribadeneira*, qui prétendent, à tort, qu'il avait même nom que son père. — Voyez notre controverse sur les *trois Bernard* dans les *Notes et pièces justificatives*, où nous

CHAP. X. — LA COUR DE BOURGES 163

Ce fils du comte de Bourges, disent les vieilles chroniques, était alors dans la fleur de la jeunesse, beau, bien fait, plein d'esprit et de vivacité, mais sauvage comme son temps, sans frein ni loi, irascible, peu maître de ses passions et très-prompt à se livrer à l'impétuosité de ses désirs.

Sur le récit qu'on lui fit de l'extrême beauté, de la rare sagesse et de toutes les vertus de Solange, il conçut un ardent désir de la voir et l'on comprend même qu'avec son naturel violent et passionné, il ait songé dès cette heure, dans son enthousiasme de jeune homme, à la prendre pour épouse, prévoyant bien que c'était là le seul moyen, avec une fille aussi sainte, de lui faire agréer son amour. On conçoit facilement qu'il songeât à cette union disproportionnée, malgré la basse condition de la jeune serve, malgré les lois du royaume qui défendaient aux seigneurs de se mésallier. La passion ne raisonne pas et les obstacles pour

prouvons : 1° que Bernard, comte de Bourges en 877-878, n'était ni *marquis de Nevers*, ni *comte d'Auvergne*, ni fils d'icelui, quoiqu'en disent le P. Niquet et la plupart des auteurs ; 2° qu'étant âgé alors, il n'a pas pu, selon toute probabilité, être le meurtrier de la Sainte, que les *Chroniques* nous représentent comme *jeune et passionné*; 3° qu'aucun de ses fils n'avait même nom que lui. Nous appuyons nos assertions sur les meilleures autorités, sur l'*Art de vérifier les dates et faits historiques*, sur le *Grand coutumier*, etc.

elle n'eixstent pas. Il vit donc la bergère de Villemond ; elle lui parut plus aimable et plus ravissante encore qu'on ne lui avait dit.

A partir de ce jour, son dessein fut irrévocablement arrêté, et il n'eut plus qu'une pensée fixe, continuelle et profonde, celle de réaliser son projet et de posséder à lui seul ce trésor de vertus, cet ange de beauté qui venait de lui apparaître dans toute sa fraîcheur et dans tout son éclat. Que lui importaient la loi, les exigences de la noblesse et du rang ! Il n'y songea même pas un instant. Il avait vu la bergère et « il l'aimait d'un amour insensé [1]. » Il ne chercha donc plus qu'à la voir souvent, qu'à se rapprocher d'elle. Il trouva le secret de lui parler plusieurs fois comme par hasard et en passant ; et, sous prétexte de chasse, il se rendait fréquemment au lieu champêtre et désert où la Sainte avait coutume de prier. Là, caché derrière des haies ou des bouquets d'arbres, il pouvait, sans être vu, la contempler à loisir.

Pour un homme à cheval, la distance de Bourges à Villemond ou à Saint-Martin ne pouvait être un obstacle. Du reste, suivant une tradition, les comtes de Bourges avaient une résidence d'été aux environs de Villemond. Cette demeure seigneuriale était-elle *Ville-Comte*

---

1. *Igne ardentis libidinis bulliebat.* Lect. Brev. Bit.

(Villa-Comitis), Maubranche ou Brécy? Les savants sont partagés là-dessus et l'histoire obscure de cette époque si confuse du moyen âge ne nous le dit point. Il paraît assez vraisemblable que les châtellenies de Brécy et de Maubranche remontent à cette haute antiquité [1], si l'on considère qu'en 853 un édit de Charles le Chauve avait ordonné de reconstruire les anciens manoirs, d'en réparer les fortifications et d'en bâtir de nouveaux afin d'arrêter les invasions diverses des Normands, des Sarrasins et des Hongrois.

« L'Europe se couvrit ainsi de forteresses, derrière lesquelles nobles et vilains trouvaient un refuge contre les nouveaux barbares. Il n'y eut bientôt plus un fleuve, un défilé de montagne, une *route importante* qui ne fût défendu par des postes militaires et par de bonnes murailles [2]. »

Or, les châteaux féodaux, dont nous venons de parler, n'étaient pas loin de la *route* de Bourges à la Charité. On peut donc accepter comme vraie la tradition qui fait le comte de Bourges, seigneur de Brécy ou de Maubranche et peut-

---

1. Le château de Brécy existait certainement en 1256. Le château ou donjon que nous voyons aujourd'hui ne date que de la fin du xive siècle. (Buhot de Kersers.)
2. *Vie militaire et religieuse au moyen âge*, par Paul Lacroix (Bibliophile Jacob).

être de l'une et de l'autre châtellenie. Pour Brécy, « les récits vulgaires conformes à la disposition des lieux [1] » nous paraissent presque une certitude, d'autant plus « qu'il y a quelques années, on voyait encore dans ce château plusieurs tableaux à fresque, qui représentaient le martyre de sainte Solange » [2].

Quand la saison des chasses était venue, les joyeuses fanfares devaient égayer ces manoirs seigneuriaux et réveiller les échos du *Val de Villemond,* des forêts de Turly et de Saint-Palais. Plus d'une fois, Solange dut apercevoir de loin le brillant équipage défilant avec bruit à travers les champs et les bois. Plus d'une fois, ses moutons paisibles s'effrayèrent aux aboiements de la meute bruyante.

Dans les rares voyages qu'elle avait dû faire à la ville, la jeune bergère s'était sans doute trouvée en face des magnificences que le comte Bernard, ses fils, les seigneurs de sa suite et les dames de la comtesse déployaient dans cette cour fastueuse du prince, gouverneur de la contrée. Elle avait pu admirer une jeunesse martiale, encore à demi-barbare et le plus souvent bardée de fer, caracolant sur d'agiles palefrois, avec quelques ressouvenirs lointains de la che-

---

1. Buhot de Kersers, *Statist. monum. du dép. du Cher.*
2. Raynal, *Hist. du Berry,* t. I, page 313.

valerie romaine, dont celle du moyen âge ressaisit peut-être, dans la suite, les traditions dans les vieux manuscrits romans, ensevelis sous la poussière des cloîtres.

Mais en voyant luire toutes ces richesses, toutes ces splendeurs, d'une civilisation renaissante, tout en les admirant même, en passant, la bergère de Villemond ne laissa pas tomber une parcelle d'amour sur ces vaines parures de la terre : à Dieu seul appartenait son cœur, à Dieu seul, comme nous l'avons dit, elle avait consacré cette fleur de la vie, que tant d'autres donnent aux frivolités ou laissent faner à tous les vents du siècle. Est-ce qu'on regarde la terre, quand on porte le ciel en son cœur?... Aussi nous avons vu qu'elle aimait à se dérober à tous les regards dans sa chère solitude des champs où elle ne voyait que Dieu.

Cependant, le fils aîné du comte Bernard, Rainulfe, qui mettait tout en œuvre pour la revoir et se rapprocher d'elle, dut la rencontrer plus d'une fois à la *fontaine* de Villemond où elle venait puiser de l'eau, ou, le dimanche à l'heure des Offices divins, dans la paroisse de Saint-Martin, ou bien encore au *champ* où elle menait paître son troupeau. Les légendes ne nous apprennent rien de ces rencontres, où la modestie et la sainteté de la vierge durent confondre et désespérer le passionné jeune homme.

Plus d'une jeune fille, même parmi les gentes damoiselles de la cour de Bourges, eût été fière d'attirer sur elle les regards d'un jeune et beau seigneur du plus haut lignage, qui devait être l'héritier d'une couronne comtale et d'une fortune immense. Plus d'une briguait en secret l'honneur d'une si haute alliance.

Si Solange avait captivé l'attention du jeune prince, elle ne le savait point, ou, si elle s'en aperçut, elle ne s'en inquiéta que pour redoubler, si c'était possible, de vigilance et de réserve. Son cœur était tout entier en haut, là où elle voyait le Christ, son vrai trésor. Elle n'avait d'autre souci que de lui plaire. Pourquoi aurait-elle cherché autour d'elle, sur la terre, un bonheur périssable, éphémère, quand elle jouissait du seul bonheur véritable et sans mélange, qui se trouve en ce monde, le bonheur d'avoir pour époux Celui dont la beauté est telle que les anges se voilent la face de leurs ailes, ne pouvant en soutenir l'éclat?

Dans l'ordre des délices, comme dans celui des affections, Jésus lui était toutes choses. Comme Jésus était toute sa fortune, il était aussi toute sa joie. Elle se gardait pour lui; excepté lui et tout ce qui mène à lui, elle ne voulait rien sur la terre. Elle ne voulait pas de l'amour d'un prince terrestre, la vierge qui possédait l'amour du Roi des rois.

D'où lui venait cette rare fermeté d'âme ? Où avait-elle puisé la force pour accomplir sans effort de tels renoncements ? Dans ces paroles de sainte Agnès, qu'elle répétait sans cesse : « Je suis la fiancée de Celui que servent les anges et dont le soleil et la lune célèbrent la grandeur, il m'a liée à lui, par l'anneau de sa foi, il m'a couverte des plus étincelantes pierreries, il a orné mon front de la couronne de l'épouse. Il m'a montré d'incomparables trésors et m'a promis de m'en faire don, si je lui demeure fidèle. Il m'a donné un chaste baiser... Son sang fait la beauté de mon visage..... A la seule odeur des parfums qui s'exhalent de lui sur son passage, les morts retrouvent la vie, et les malades, quand il les touche, se relèvent pleins de santé. A lui seul je garde ma foi ; à lui seul je me livre avec tout l'abandon de l'amour. C'est Jésus-Christ que j'aime et qui me recevra dans sa demeure... C'est à lui seul que je veux me dévouer toute, lui dont la mère est Vierge... Quand je l'aime, je suis chaste, quand je le touche, je suis pure ; quand je le reçois, je suis vierge ! »

Aussi les offres les plus brillantes, les promesses les plus magnifiques pourront lui être faites ; elle méprisera tout, parce qu'elle aime ailleurs, et que son amour est vrai, éternel et divin. En face des plus splendides séductions, elle sera, comme le veut l'Epoux, un lis sans tache, une hostie immaculée. Son cœur, comme l'encensoir sacré, est depuis longtemps et à jamais fermé à tout ce qui vient de la terre; il ne reste ouvert que du côté du ciel!

CHAPITRE XI

LES CHASSES

Le vautour et la colombe.

On sait que de tout temps la vénerie fut en honneur chez les Gaulois. Quand ils avaient pris un lièvre, une biche ou toute autre espèce de venaison, ils mettaient en réserve quelques pièces d'argent. Ces petites sommes réunies servaient à acheter une victime qu'ils immolaient pompeusement à la déesse de la chasse. La cérémonie se terminait par un festin auquel assistaient leurs chiens couronnés de fleurs. Les Francs héritèrent pour la chasse de la passion des vaincus. Chez eux, la chasse était le privilége exclusif de la noblesse ; malheur aux vilains qui s'y livraient ! « C'était un cas plus graciable, nous dit Arrien, de tuer un homme que de tuer un cerf ou un sanglier. »

Les forêts du Berry et des autres parties de la Gaule franque virent des chasses nombreuses au temps où le dieu Tor était adoré sous les chênes, aux nuits où les druides, avec leurs faucilles d'or, cueillaient le gui sacré.

Elles furent bien plus fréquentes encore à partir de cette période féodale qui fut l'époque la plus remarquable des grandes chasses à courre. Les seigneurs couraient au-devant des dangers ; ils aimaient les luttes périlleuses, image de la guerre, comme de traquer l'ours dans sa tannière, le sanglier dans sa bauge, le bouc sauvage dans les halliers.

Les chasses d'automne surtout étaient célèbres et Eginhard en parle souvent dans la vie de Charlemagne. La chasse au vol plaisait particulièrement aux dames qui pouvaient, sans s'exposer à la fatigue et au danger des courses à travers les forêts, se rendre dans la plaine, le faucon sur le poing, et se donner le plaisir de le lancer sur sa proie. Quelquefois même, comme le dit Saint-Aulaire [1], les femmes pouvaient jouir de ce spectacle, sans sortir de leur appartement, quand les fenêtres du château donnaient sur la campagne.

Ainsi en était-il pour le château de Brécy ou celui de Maubranche. Souvent, aux fenêtres cou-

---

1. *Traité de la Fauconnerie.*

pées de croisées de pierre, on voyait se presser des dames nombreuses, avides de contempler cet intéressant spectacle de l'émerillon chassant l'alouette sous leurs yeux.

Il ne se passait presque pas de jour qu'il n'y eût grand bruit dans le préau du manoir seigneurial. Il présentait alors un tableau plein d'animation. La vaste cour contenait une foule remuante de dames et de seigneurs, de damoiseaux et de damoiselles, de pages et de varlets. Puis, c'étaient les gens de vénerie, louvetiers, renardiers, fauconniers, avec leur accoutrement bizarre. Les chevaux piaffaient d'impatience. Une meute nombreuse de vautrais et de lévriers remplissaient de leurs aboiements les murailles sonores. Et, quand la vigie placée au sommet du donjon frappait huit heures avec son marteau sur la cloche de bronze, la herse se levait, le pont-levis s'abaissait, et le brillant équipage descendait au trot dans la vallée. Quelques nobles dames, chasseresses intrépides, suivaient les jeunes seigneurs.

Manants et vilains ébahis regardaient passer cet escadron de châtelains et de châtelaines, les uns sur leurs fougueux palefrois, celles-ci sur leurs haquenées blanches, dans leurs longues robes de velours noir, fourrées d'hermine. Bientôt, à grand renfort de trompe, le maître piqueux sonnait le lancer et la chasse commençait, et les oliphants et les cors d'ivoire retentissaient sous bois, éveillant les échos endormis.

Souvent la chasse durait jusqu'au soir, et ce n'était qu'à la vesprée qu'on rentrait bruyamment au château. Les serfs partageaient la joie de leurs seigneurs, quand ceux-ci rapportaient, sur des branchages, le cadavre d'un sanglier malfaisant. Alors, dans le préau, les trompes sonnaient une joyeuse fanfare, et le premier piqueux à cheval s'avançait respectueux et fier et venait offrir en hommage à la châtelaine la patte de la bête sanguinaire. La meute recevait abondante curée, maîtres et varlets faisaient liesse, et la joie au manoir seigneurial se prolongeait fort avant dans la nuit.

C'est à ces plaisirs bruyants que les princes de la cour de Bourges, comme tous les seigneurs de ce temps-là, occupaient leurs loisirs, quand ils n'avaient pas d'ennemis à combattre. Les farouches Normands qui avaient pillé et incendié Bourges en 867, qui avaient fait une seconde invasion dans le Berry en 873, n'avaient pas, depuis quatre ans, reparu dans le pays. Les fils du comte de Bourges profitaient de ce répit, pour se livrer à leur divertissement favori.

Un jour, — c'était en automne, la saison des grandes chasses, — le fils aîné du comte Bernard, Rainulfe, fatigué d'avoir poursuivi trop longtemps la bête et plus encore préoccupé d'une pensée secrète, s'étant écarté de sa suite, arriva sur les bords de l'Ouatier, suivi d'un écuyer. Il était à cheval.

Les premières feuilles d'automne avaient jonché la terre ; la vue plongeait dans le berceau de verdure, si touffu aux jours d'été ; le soleil, pâle et doux, dorait la cime des arbres dont une légère brise agitait le feuillage jauni. Les derniers bruits d'une fanfare de chasse s'éteignaient dans le lointain, en se perdant dans la profondeur des grands bois où maintenant tout se taisait.

Il est presque impossible de se faire une idée du calme répandu dans ces forêts où les rayons du soleil ne pénètrent qu'à peine. A cette époque surtout, elles étaient pleines d'ombre et de silence ; les arbres restaient dans leur antique majesté ; la hache n'avait rien dévasté encore. A peine entendait-on le faible et caressant murmure de l'Ouatier à travers les prairies. Dans les champs voisins, les grands bœufs reposaient nonchalamment couchés ; tout auprès les moutons broutaient l'herbe, insouciants et paisibles ; seul, leur chien frémissant et le poil hérissé commençait un grognement sourd.

Dans son oratoire champêtre, sous un dais de verdure, au pied de la croix, Solange était agenouillée. Elle était là immobile ; rien ne trahissait en elle la plus légère émotion de la terre ; elle semblait perdue dans l'extase. Une auréole lumineuse l'enveloppait toute entière et, dans ce nimbe éblouissant, la plus complète beauté de la femme resplendissait !

Devant cette apparition céleste, le seigneur barbare s'arrêta stupéfait, ébloui. En voyant la lumière miraculeuse que Dieu faisait luire « sur le front de Solange le jour, la nuit et tout le temps qu'elle demeurait en prières »[1], Rainulfe hésita... il trembla peut-être... Qui sait ? Pour un homme croyant, bien que rude et sauvage, qui se sentait coupable en son cœur, il y avait de quoi reculer d'effroi à la vue d'un tel prodige. Il n'est rien d'étonnant si le jeune téméraire pâlit devant « la splendeur de cet astre éclatant », visible à tous les yeux.

D'anciennes gravures représentent le jeune seigneur levant le bras dans un geste d'étonnement et se couvrant la vue de l'autre main qui tient les rênes, comme ne pouvant soutenir l'éclat de cette lumière qui environnait la Sainte. L'éblouissement causé par ce prodige ne fut pas de longue durée. La curiosité, le désir, la passion l'emporta bientôt sur la crainte religieuse ; car, rejetant les rênes sur son coursier, il le laissa à l'écuyer, et, sautant légèrement à terre, il s'avança discrètement, sans

---

1. Brev. Bitur., lect. iv.

bruit, auprès de la bergère qui, profondément absorbée en Dieu, le visage tourné vers la croix, ne l'avait point aperçu encore.

« Le fils du prince, dit l'antique légende, en voyant de près cette jeune fille si ravissante, se sentit frappé jusqu'au fond de l'âme [1] ». Il parvint cependant à se contenir encore; il attendit la fin de la prière de Solange. Il craignait, en la dérangeant, de se perdre à jamais dans l'esprit de la bergère. Jamais elle ne lui avait paru si belle! Il ne pouvait se lasser de la contempler, mais un amour insensé, sans mesure, sans limite, pénétrait par ce regard imprudent et coulait en lui comme un torrent. « Tout son sang bouillonnait dans ses veines [2]. »

Ne pouvant plus dissimuler l'excès d'amour qu'il a conçu pour elle, il s'approche de la jeune fille avec douceur, le sourire sur les lèvres, et, la saluant gracieusement, il lui adresse quelques compliments sur ses charmes et ses vertus, et lui parle d'abord avec une retenue qui ne laisse rien voir de ses desseins. Elle reçoit ces paroles flatteuses avec cette simplicité calme et digne que donne l'innocence. Mais il ne peut longtemps déguiser ses vrais sentiments; le cœur parle et la passion se trahit.

---

1. « *Ut vidit, ut periit.* » Apud Bolland. et LA THAUMASSIÈRE.

2. « *Insano bulliebat amore.* » Lect. Brev. Bit.

Alors entre la serve et le jeune seigneur, un dialogue s'engagea qui fut simple, calme et ferme du côté de la bergère, insinuant et passionné du côté du seigneur franc, son maître. Il est évident que leurs propres paroles ne nous sont point parvenues; mais leurs pensées sont clairement exprimées dans la liturgie berrichonne.

Certains légendaires modernes ont imaginé un dialogue conforme au caractère et à la situation des deux personnages. Malgré tout ce que notre récit eût pu y gagner de mouvement et de vie, nous n'avons pas cru devoir les imiter, sachant combien il est difficile de faire parler les saints et avec quelle réserve sobre on le doit faire. Ce qu'ils ont dit du reste se peut facilement deviner. Le cœur humain est toujours ce qu'il a été; les choses varient dans leur forme, les sentiments restent les mêmes, bien qu'ils s'expriment différemment.

Aux flatteries habiles, aux séduisantes promesses du fils du comte, Solange ne répondit que par des paroles simples, mais pleines de force et de sagesse.

Le Maître intérieur, « qui révèle ses secrets aux petits, » apprenait à la Sainte l'art de déjouer tous les artifices du tentateur.

— Monseigneur, devait-elle dire, je ne suis qu'une humble fille des champs, une pauvre gardeuse de brebis, la serve de votre père... Que voulez-vous de moi?... Je ne puis que prier Dieu pour vous, afin qu'il chasse de votre esprit toute vilaine pensée.

— Ne craignez rien, Solange, répondait le rusé séducteur, mes intentions sont pures comme votre personne. Si je le veux, la serve ne peut-elle pas devenir châtelaine, la bergère, comtesse et souveraine du Berry? Pourquoi rester dans les champs?... jeune fille, vous êtes digne d'habiter un palais. Vos vertus et vos grâces sont faites pour briller à la cour. Là, vous sèmeriez à pleines mains les bienfaits sur votre passage et tout le monde vous bénirait. N'est-il pas doux de pouvoir soulager toutes les misères? Ne seriez-vous pas heureuse de faire des heureux et de venir en aide à vos parents pauvres?...

— Mes parents, seigneur comte, seront toujours assez riches tant qu'ils serviront le Seigneur. A la sueur de leur front, ils travaillent et gagnent peu, il est vrai ; mais ce peu leur suffit. Assister sa famille et son prochain selon ses moyens, c'est tout ce que Dieu demande. Pour moi, je ne désire rien, je ne veux rien sur cette terre que l'amour de mon Seigneur Jésus. Dieu m'a faite pauvre bergère, bergère je veux rester ; je suis heureuse ainsi et pour rien au monde je ne changerai ma condition.

Ces paroles prononcées avec un accent qui ne laissait aucune espérance à la passion, ne découragèrent point le vaniteux seigneur. Il se mit à vanter sa beauté, sa noblesse et sa vaillance, et la fortune considérable des comtes de Bourges, marquis de Septimanie.

— Mon père, disait-il, est le prince de tout le pays; il possède des richesses immenses, de magnifiques castels; des milliers de vassaux, comme à lui, m'obéissent; je suis comte de Poitiers et serai bientôt duc d'Aquitaine. « En vain, dans toute la province, chercherait-on mon égal en bravoure, en noblesse, en fortune et en beauté [1]. »

— Vous n'en avez que plus d'actions de grâces à rendre au Seigneur pour tant de bienfaits dont il vous a comblé.

— Eh bien! jeune fille, le comte de Poitiers, le futur héritier du comte de Bourges, lui qu'on dit être le plus brillant et le plus brave des seigneurs, sa naissance, ses richesses, sa couronne, il met tout à vos pieds, si vous l'acceptez pour époux.

La proposition est séduisante autant qu'ho-

---

1. « *Pulchritudine, nobilitate ac fortitudine, præcellere cæteros se jactabat, nec posse sibi similem in provincia inveniri.* » Lec. Brev. Bit.

Tout ce qui est entre guillemets est tiré des Leçons du Bréviaire de Bourges.

norable et magnifique; combien eussent été éblouies par tant de splendeurs! Solange n'est pas même émue. Elle n'hésite pas une minute; elle a donné sa foi à un Epoux meilleur et les offres les plus enchanteresses ne sauraient ébranler sa vertu. « Appuyée sur le Christ qui la fortifie, elle dédaigne toutes les vaines promesses; à toutes les instances elle oppose un calme mais invincible refus [1]. »

— Vous prendre pour époux!... Monseigneur, s'écria-t-elle avec une inébranlable fermeté en élevant vers le ciel ses regards qu'elle avait tenus jusque-là modestement baissés, et comment le pourrais-je!... « J'en ai déjà un autre qui n'a point d'égal en beauté, en sagesse, en vertu, en puissance et en richesses de toutes sortes [2]. »

— Vous avez un époux! interrompit Rainulfe d'une voix sombre.

— Oui, messire, j'ai un époux et plus noble, et plus riche, et plus beau que tous les seigneurs de la terre. « Je suis la fiancée du Christ, votre maître et le mien; dès mon enfance, je l'ai choisi pour époux. J'appartiens à lui seul

---

[1]. *In Christo firmata, vanas promissiones et verba inania firmissima mente contemnebat.* » Lect. Brev.

[2]. *Illi æterno et optimo Domino meo Jesu Christo qui pulchritudine, sapientia, virtute, potentia, et omnium bonorum abundantia præcellit omnia.*

qui m'a épousée par sa grâce ; à lui seul je garde une éternelle foi [1]. » Retournez au palais de votre père ; assez de dames illustres se trouveront honorées de votre recherche. Pour moi, je suis à Jésus pour jamais !.... Que Dieu vous garde, monseigneur !...

Et rassemblant son troupeau, la bergère reprit le chemin de Villemond en priant Dieu dans son cœur.

Le jeune prince n'osa la suivre. Elle avait prononcé ces dernières paroles avec une dignité sereine qui complétait ce qu'il y avait de divin en elle. Le séducteur se sentait vaincu par cet irrésistible ascendant de la vertu qui vient d'en haut.

Il faut que la pudeur mette sur le front et dans toute l'attitude de la vierge chrétienne un bien merveilleux rayonnement pour qu'elle exerce son empire jusque sur les bêtes fauves ! Que de fois, jetées dans les sanglantes arènes, n'a-t-on pas vu les lions et les tigres de l'amphithéâtre s'arrêter soudain, comme fascinés, devant les vierges-martyres et, oublieux de leur nature, se traîner en rampant à leurs pieds !...

C'était ce charme fascinateur qui agissait, à son insu, sur le jeune seigneur barbare à la

---

1. *Mea ab infantia sum et ero perpetuo dicata, propterea ipsi soli servo fidem qui me per suam gratiam desponsavit.*

vue de Solange éclairée intérieurement et extérieurement des reflets divins. Il resta longtemps muet, immobile, suivant du regard la silhouette de la bergère qui disparut bientôt derrière les maisons de Saint-Martin. La nuit tombait. L'écuyer dut prévenir son maître qui regagna sombre et triste le manoir féodal.

Les vieilles tapisseries conservées dans l'église de Sainte-Solange, ont assez bien rendu cette scène champêtre où venait de se jouer le prologue du drame sublime et terrible.

Voici à peu près le tableau : En pleine campagne, sous un ciel doux et paisible comme elle, au pied d'une croix entourée de fleurs fraîches et parfumées, à l'abri d'un bosquet d'églantiers sauvages, apparaît une vierge blanche en robe de bure bleue, resplendissante de jeunesse, de grâce et de beauté.

La jeune bergère est à genoux, le front dans la lumière, environnée d'un nimbe éblouissant qui le baigne tout entier. Elle regarde la croix où son âme entière voudrait mourir en Dieu.

Sa longue mante de vierge flotte simplement sur ses épaules et l'entoure chastement de ses plis. A ses pieds, ses blanches brebis broutent paisibles l'herbe fine et drue de la prairie ; au-dessus d'elle, les oiseaux voltigent et chantent dans la feuillée ; à quelques pas seulement, un ruisseau fuit en gazouillant sur les cailloux polis, à travers les plantes aquatiques, sous les peupliers et les aulnes.

A l'extrémité du champ, une immense forêt se déroule avec ses grands arbres de toute espèce, ses épais taillis où se cachent les fauves. Sur la lisière du bois illuminé des derniers rayons du soleil couchant, un beau cavalier paraît émergeant de la forêt obscure, suivi de près par un homme d'armes, son écuyer, également à cheval. Il va fondre, comme un oiseau de proie, sur la blanche colombe.

. . . .

Un autre jour, disent les chroniques villageoises, les fanfares joyeuses avaient traversé la vallée, le son du cor s'était perdu dans le lointain. Solange, rassurée par la cessation de tout bruit, commença un chant pur, lent et suave de cette voix mélodieuse dont les traditions ont conservé le souvenir.

Cette lenteur du chant berrichon a quelque chose de si doux, de si touchant et de si mélancolique, qu'à l'époque actuelle encore, en Berry, si l'on entend dans le lointain ce chant des bœufs, qui suit le mouvement de la charrue, un charme inexprimable s'empare de l'âme ; on ne peut quitter sa place tant que le chant s'élève : ce rhythme tout particulier semble calmer la souffrance en la berçant.

Solange chantait donc tout en filant ; les

oiseaux s'approchaient comme pour l'entendre ; ses brebis se couchaient à ses pieds en la regardant ; et, dans la forêt profonde, les loups, les sangliers, arrêtés immobiles, n'osaient plus sortir de leur retraite.

Longtemps son chant s'éleva dans une louange à Dieu. Cette mélodie, si simple et si pure, avait quelque chose qui n'était pas de la terre : ou eût dit un concert du ciel, harmonieux et doux comme celui que firent entendre les anges sur les champs de Bethléem. Caché dans un buisson, le fils du seigneur du pays écoutait.

Il avait laissé suivre la chasse et était arrivé doucement à pieds, sans que la bergère l'aperçût. Venu pour séduire, il restait subjugué sans pouvoir rompre le charme. Sa nature ardente et sauvage était sous la séduction de ce chant mystique, et son émotion était si douce, qu'il ne songeait point à faire un pas de plus, pendant que durait le cantique.

On dit que, ce jour-là même, il renouvela ses prières et ses offres brillantes, déposant aux pieds de l'humble fille sa couronne, son comté, ses vassaux, et lui offrit de nouveau sa main. Pour elle, nous l'avons vu, il était disposé à tout sacrifier. Noblesse, fortune, honneurs, exigences du rang, défense de la loi, tout s'évanouissait devant cette radieuse figure apparue à ses yeux éblouis. Mais il avait compté sans la puissance de la vertu. Il ne connaissait pas l'invincible courage d'une vierge chrétienne. Il apprit alors combien il est difficile de le vaincre et de lutter avec Dieu.

Les mêmes propositions n'obtinrent que le même refus. Cette fois encore il se retira, soit qu'il se sentît vaincu par tant de charmes, soit qu'il crût plus prudent d'attendre. Il se retira ; mais il emportait dans son cœur un feu qui le brûlait et le désir ardent d'arriver à ses fins.

Rien de précis sur le jour, rien d'impossible à ces détails non plus. Le cœur humain n'a pas changé ; il était alors ce qu'il est aujourd'hui, ce qu'il sera toujours. Il n'est donc pas étonnant que cette grande puissance de séduction, accordée à la Sainte par Dieu qui lui avait donné mission de ramener les âmes à lui, ait agi sur le seigneur farouche, même à cette époque de barbarie.

CHAPITRE XII

LE MEURTRE

Pendant toute cette période de l'automne au printemps, Solange fut exposée à ces rencontres, à cette tentation qui devenait de jour en jour plus forte, plus séduisante et plus dangereuse pour l'âme tendre et délicate de la jeune fille, si elle n'avait aimé si fortement son Dieu. Mais son amour pour Jésus augmentait de plus en plus, il prenait toute son âme, elle était toute à lui.

Le démon, de son côté, ne restait pas oisif ; il soufflait dans l'esprit du jeune prince les pensées mauvaises, il allumait dans son âme les flammes dévorantes et les désirs malsains.

Depuis le jour de sa première rencontre avec Solange, le fils du comte Bernard se sentait alangui par le vide de son âme et de ses journées. Une seule image remplissait toutes ses pensées, et cette image caressée, poursuivie, aimée, était celle de la bergère de Villemond. En dehors d'elle, il ne voyait plus rien ; en regard d'elle, tout lui semblait terne et décoloré.

Mais le désœuvrement, la rêverie, la passion sont de dangereux conseillers. Le comte Rainulfe, qui s'y abandonnait avec toute l'imprudence et l'impétuosité de la jeunesse, avec toute la fougue de sa nature sauvage, résolut de frapper un coup décisif. Il lui tardait de satisfaire son aveugle passion. L'heure suprême de la tentation était venue, l'heure des ténèbres et du mal. Le loup dévorant va de nouveau rôder autour de l'innocente brebis ; le vautour guette sa proie. Que Dieu protége la pauvre fille des champs !

On était au printemps, cette aube de sourires, de rayons et de parfums. Mai était venu avec ses chants d'oiseaux, l'arôme de ses fleurs et le baiser de ses brises. L'air, dans ces plaines qui touchent les forêts, est plein de senteurs enivrantes et de saveur fraîche ; les frênes et les aulnes des bords de l'Aoutier avaient revêtu leurs premières feuilles et retrouvé leurs joyeuses chansons. Dans les champs de Saint-Martin tout avait reverdi ; l'herbe neuve des pâturages invitait les troupeaux.

Solange gardait le sien derrière l'aubépine en

fleurs, dans ce champ qui porte aujourd'hui son nom et que le pâtre de la contrée vous montre en se signant.

Selon son habitude, elle priait, les yeux levés en haut, dans cette pose extatique qui lui était familière dans ses fréquents entretiens avec le céleste Epoux. Elle était arrivée à un degré d'amour tel qu'elle se consumait du désir de quitter la terre et de se perdre en Dieu. Les jours précédents l'avaient trouvée toujours au pied de cette croix, l'entourant de ses bras, le front dans la poussière, s'élevant jusqu'à Dieu dans un amour infini, l'âme dilatée en lui, l'appelant avec l'angoisse du cœur.

Il arrive parfois qu'au moment de la tentation, nous nous trouvons comme seuls, sans appui. Notre-Seigneur semble s'être éloigné de nous. Et ce jour-là, qui sait si Dieu ne parut pas abandonner un moment Solange, pour la laisser plus libre?...

Ces sortes d'épreuves arrivent ordinairement aux âmes parvenues à la plus haute sainteté. A la vérité, jamais le divin Maître n'est plus près de leur cœur; mais elles croient l'avoir perdu pour jamais. Avec quel élan de l'âme dût-elle lui dire : Jésus, mon Bien-Aimé, pourquoi m'avoir quittée? En quoi ai-je pu vous déplaire, ô mon Dieu!

Quoiqu'il en soit, la tradition rapporte que ces

jours-là elle pria plus que jamais. Elle était bien là encore agenouillée, quand ses brebis tremblantes se réfugiant autour d'elle, les aboiements de son chien la firent se retourner.

Le fils du comte de Bourges était là, il arrivait à cheval suivi d'un écuyer. Solange comprit, d'un seul coup d'œil, que la fuite était impossible. Elle se leva, calme et digne, du sol où elle était à genoux.

Il était venu avec la décision ferme de l'obtenir ou de l'enlever; mais, encore une fois, il subit l'impression de cet ascendant extraordinaire qui était en elle, et « il commença doucement par la prière, la persuasion, la séduction la plus tendre, mêlée aux offres les plus magnifiques, afin de la gagner à son amour »[1].

La voyant inébranlable :

— Il faut venir, dit-il enfin, et je vous épouserai... Il le faut... suivez-moi !

— Je ne le puis, monseigneur; je vous l'ai dit déjà : « Je suis la fiancée du Christ. » Laissez-moi ! — Je prierai pour vous. Je ne suis qu'une pauvre serve; je n'ai pour toute richesse que mon troupeau et mes parents, qui m'attendent là-bas. Chassez donc cette vilaine pensée de votre cœur, « j'appartiens à Jésus-Christ.

---

1. « *Cœpit eam ad sui amorem variis promissionibus, nec non blandis sermonibus invitare* ». Lect. apud Bolland.

Ah! il ne m'est pas possible de le mépriser, mon fiancé, d'en regarder un autre et de l'abandonner, Lui, à qui je tiens par tous les liens de l'amour. Et comment le pourrais-je? Sa générosité est plus haute que les cieux, sa puissance est sans bornes, son aspect est d'une merveilleuse beauté, sa démarche d'une grâce incomparable et son amour tout plein d'une suave ivresse. Déjà il a préparé pour moi la chambre nuptiale, d'où j'entends résonner d'ineffables harmonies, les voix des jeunes vierges qui chantent l'épithalame sacré..... A la seule odeur des parfums qui s'exhalent de lui, sur son passage, les morts retrouvent la vie, et les malades, quand il les touche, se relèvent pleins de santé. A lui seul je garde ma foi; à lui seul je me livre pour toujours » [1]!

Cette voix si douce remuait profondément le cœur du comte qui, immobile, étonné, écoutait, ne comprenant rien à ce qu'il venait d'entendre. Une généreuse fierté avait relevé le front de la bergère, lorsqu'à l'exemple d'Agnès, sa sainte de prédilection, elle avait parlé de la noblesse de son fiancé et de sa supériorité infinie sur tous les grands de la terre. Quand elle avait redit son amour profond pour Jésus, et l'amour

---

1. Les paroles que nous mettons ici dans la bouche de notre Sainte sont tirées de l'Office de sainte Agnès, qu'elle avait prise pour modèle.

de Jésus pour elle, le jeune prince avait pu lire, sur le visage transfiguré de la vierge, son irrévocable arrêt.

Longtemps il la pria, vaincu par tant de prestige, oubliant qu'il était venu avec le dessein d'employer la force.

Depuis un moment, Solange ne faisait plus que prier en elle-même, et le divin Maître répondait à son appel. Elle ne voyait plus que Jésus, elle parlait à lui seul. De temps en temps, elle refusait par une parole simple et candide, tout en épiant l'occasion de fuir.

Elle répondait sans s'émouvoir, tandis qu'il était là, le seigneur de ces terres, qu'il lui parlait, qu'il la pressait d'amour et qu'il la suppliait en vain. Deux fois ses bras s'élancèrent vers elle, deux fois le respect le contint. Après un moment de silence et d'hésitation, il revint de nouveau vers elle en la priant encore.

— « Jamais ! lui dit la Sainte, oh ! non jamais je n'aurai d'autre époux que mon Seigneur Jésus ! »

A ces mots, le comte, exaspéré par tant de refus, change de visage ; le feu de la colère brille dans ses regards qui, de caressants, deviennent sinistres. La fougue des passions reprenait son empire et l'homme de la violence reparaissait tout entier.

Il profère les plus terribles menaces. Les

menaces trouvent la vierge invincible, aussi bien que les caresses et les séductions.

« Je saurai bien obtenir par la force, s'est écrié Rainulfe devenu farouche, ce que vous refusez à mes prières. »

Il va se porter aux plus violentes extrémités. La prudente enfant cherche son salut dans la fuite..... Furieux, le comte s'élance sur son coursier, bondit sur les traces de la pauvre fille qu'il atteint sans peine, et, d'un bras dont la colère double la puissance, il l'étreint avec violence et la jette sur son cheval qui l'emporte au galop, toute frémissante de terreur, et fondant en larmes : « Jésus ! Jésus ! secourez-moi ! » murmure sans se lasser la Sainte en jetant vers le ciel un regard suppliant.

Au moment où ils vont franchir la *Gravelle* [1], qui ne devait être qu'un bras du ruisseau de l'Ouatier, Solange fait un suprême effort ; elle a un élan d'amour si vif qu'elle brise l'obstacle qui la retient : les bras du comte s'ouvrent, elle glisse à terre, appelant le ciel, la mort, l'union divine, Jésus ! puis de nouveau elle s'enfuit.

A la vue de sa proie qui lui échappe une seconde fois, la fureur de l'impétueux comte ne connaît plus de bornes ; son amour insensé,

---

1. On trouve ce nom de *Gravella* dans la *Vie* de la Sainte, par le P. Niquet, citée dans les Bollandistes, et dans les plus anciennes légendes.

méprisé par une serve de son père, se change en une rage aveugle. Il fond sur elle, tire son glaive et la tête si belle de l'enfant roule sur le bord de l'Ouatier.

Son sang rougit l'herbe de la prairie et l'onde du ruisseau. La vierge triomphe en tombant et son âme s'envole au ciel; mais, en s'envolant, elle pousse un dernier cri d'amour : « Jésus! Jésus! Jésus! »

Trois fois ce nom béni s'échappa de ces lèvres mourantes, la tête gisant là sur le sol, « comme si cette sainte vierge voulait dire qu'elle était et serait toute à Jésus, après sa mort, aussi bien que pendant sa vie et à l'éternité [1]! »

A cet appel de l'épouse, un ange descendit des cieux, tenant à la main la palme du martyre.

Chose étonnante et vraiment merveilleuse! « Le corps de la Sainte, dit une tradition respectable et fort ancienne, demeura debout, même après que la tête en eût été séparée, comme si le sacrifice généreux de sa vie lui en eût donné une nouvelle [2]. »

---

1. *Vie de sainte Solange* dans les *Fleurs de la vie des Saints*, de Ribadeneira, annotée par Duval.

2. Cette tradition reçue par de très-graves auteurs (le P. Labbe, La Thaumassière, chron. manuscr.), est conservée avec soin dans le pays.

Alors, toujours suivant la tradition, la Sainte, prenant sa tête ensanglantée dans ses mains virginales et pures de toute tache, comme au sortir du baptême, la lava avec soin dans ce *gué* ou remous du ruisseau que, de temps immémorial, le peuple, peu soucieux de l'exactitude de l'expression, appelle improprement la *Fontaine* de sainte Solange.

A la vue d'un tel prodige, le farouche seigneur épouvanté, saisi de remords, en la voyant ainsi s'éloigner, la suivit quelque temps en tremblant, en se frappant la poitrine, en la conjurant de lui pardonner..... On dit que la première prière de la jeune martyre fut pour l'âme de son meurtrier et qu'elle obtint de Dieu le pardon de ses crimes. Tandis que le jeune barbare reprenait, consterné, le chemin du château féodal, la Sainte s'avança doucement portant dans ses mains sa tête vénérable, jusqu'à l'église de Saint-Martin du Cros, pour de là s'en aller vers Dieu, laissant son corps et sa tête entre les mains des prêtres ou des personnes pieuses qui l'ensevelirent dans le lieu même que la Sainte et le ciel semblaient avoir choisi [1].

A cette heure, durant cette marche triom-

---

1. Que les prêtres soient venus, sur un avertissement de Dieu, recevoir eux-mêmes cette tête vénérable, ce n'est là qu'une pieuse tradition dont nous nous sommes fait volontiers l'écho.

phale, les cinq cloches de la tour de l'église se mirent, dit-on, à sonner à toute volée, comme pour annoncer à la terre la victoire de la jeune Vierge-martyre, que les concerts angéliques célébraient dans les cieux. On dit même que l'écho des divins cantiques arriva jusqu'au val de Villemond et que des voix d'anges furent entendues dans les airs au-dessus de l'Eglise et des champs de Saint-Martin.

Ainsi mourait, il y a mille ans, à la date du 10 mai de l'an de Notre-Seigneur 877 ou 878, celle dont le souvenir impérissable devait embaumer à jamais le Berry et la France. C'est dans le mois des fleurs que devait mourir cette fleur de la virginité arrosée par le sang du martyre.

HISTOIRE

DU CULTE DE SAINTE SOLANGE

CHAPITRE XIII

CE QUI ARRIVA APRÈS LA MORT DE SOLANGE

Enthousiasme du peuple qui la proclame martyre. — Substitution d'un vocable à un autre. — Commencements du culte de sainte Solange. — Ses premiers miracles.

> *Et sepulchrum ejus erit gloriosum.*
> Et son tombeau sera environné de gloire.

Lorsque le froid et les pluies de l'hiver sont passés et que le printemps est venu, le rossignol chante et nous réjouit agréablement; de même lorsque l'Epouse est délivrée du froid, des nuages et des pluies de ce monde, elle entre dans l'éternel printemps, où son Epoux lui fait entendre cette voix douce comme un chant : « *Levez-vous! Hâtez-vous, ma bien-aimée, ma colombe, ma toute belle et venez!... L'hiver a fui..... les fleurs couvrent la terre... Venez et je vous couronnerai!* [1] »

Ainsi Solange venait d'être conviée par le céleste Epoux aux noces éternelles. Pour elle, se levait l'aurore d'un perpétuel printemps. « Mais le Seigneur avait voulu qu'elle achetât, au prix de son sang, la gloire du ciel. Il avait voulu que celle dont la pureté avait brillé ici-bas comme le lis de la vallée, resplendît plus belle encore sur les montagnes éternelles par son martyre [2]. »

Aussi, à partir de ce moment, va commencer pour Solange une gloire sans nuage, non-seulement dans le ciel, mais encore sur la terre qu'elle n'a effleurée que du pied et où elle semble n'être apparue que pour mourir.

Elle n'est pas encore descendue dans la tombe, qu'un double prodige témoigne, après sa mort comme pendant sa vie, de son éminente sainteté. Et d'abord cette tête coupée qui parle et qui murmure le nom de l'immortel Epoux, de Jésus qu'elle a tant aimé. Ecoutez la comparaison gracieuse et touchante des vieilles chroniques et de la liturgie berrichonne racontant ce prodige : « Du vase brisé de Magdeleine avait coulé sur la tête et les pieds du Sauveur un doux

---

1. Cant.
2. Lect. VII, Brev. Bit.

parfum qui avait rempli la maison tout entière ; ainsi du corps brisé de l'innocente vierge, cet autre vase d'albâtre, un baume s'échappa, celui de votre nom, ô Seigneur Jésus, dont la suavité remplit toute votre Eglise » .

Puis, Dieu permet une autre merveille ; il renouvelle, en faveur de Solange, le miracle qu'il a opéré en faveur de saint Denis et de quelques autres saints .

« A peine le cruel bourreau lui a-t-il tranché la tête, que prenant elle-même, dans ses mains, son chef ensanglanté, elle le porte, sous la conduite des anges, du lieu de son martyre, au lieu assigné à sa sépulture par son choix et la Providence » [2].

Un des vitraux de la chapelle du Pèlerinage représente, en un médaillon légendaire, un prêtre et deux lévites venant recevoir des mains de la Sainte sa tête décollée. Le sujet de ce vitrail ne serait-il pas l'expression d'une tradition pieuse ?... Nous inclinons à le croire. Et si les prêtres sont réellement venus la recevoir, cela expliquerait le soin avec lequel ses reliques ont été conservées. Rien n'empêche de penser qu'ils auraient été prévenus par une

---

1. Lect. Brev. Bit. et apud Bolland.
2. Brev. bit. Lect. VIII. Dum enim truculentus carnifex caput virginis amputasset, ipsa caput suum, *propriis su-*

inspiration divine. Dans la mort, comme dans la vie, de l'humble bergère de Villemond, tout est prodige ; rien ne doit étonner. Dieu ne peut-il pas toute chose?.... Les merveilles dont il environne cette mort glorieuse ne sont que le couronnement d'une aussi belle vie. Le surnaturel illumine cette pure et radieuse existence du berceau jusqu'à la tombe.

Dès son enfance, Solange fut toute à Dieu et Dieu tout à elle avec sa puissance infinie. Tout est là pour le prouver : son vœu si précoce de virginité, ses ravissements au pied de la croix, son empire sur la nature entière, sur les bêtes féroces, sur ses brebis et les oiseaux des champs ; puis encore les démoniaques délivrés à son ap-

---

mens in manibus, a loco, in quo decollata fuerat, usque ad locum in quo Dei providentia et ex sua electione honorifice requiescit, *ductu angelico*, mirabiliter exportavit : in quo loco a fidelibus personis Deum timentibus, fuit honorifice tradita sepulturæ. (Bolland., t. II. Maii, p. 589.)

Le Père Cahier, dans son savant ouvrage sur les *Caractéristiques des Saints*, cite plus de 80 exemples, où des martyrs sont représentés comme sainte Solange, tenant leur tête entre leurs mains. (Voir t. II, p. 761.) Les Bollandistes (note A, t. II. Maii, p. 594) pensent que cette manière de représenter les Saints a désigné, dans le principe, le genre de leur mort, et a donné lieu aux traditions locales affirmant qu'ils ont porté leur tête dans leurs mains. Quant au cas spécial de sainte Solange, ils ne veulent pas se prononcer : *nostrum non est definire*. Cette réserve même nous paraît être en sa faveur et nous inclinons à croire au prodige.

proche, les malades guéris à l'ombre seule de son corps et l'étoile lumineuse qui, jour et nuit, brillait sur sa tête en l'éclairant dans tous ses sentiers.

Aussi le peuple, qui connaissait bien la vie angélique de Solange et qui la regardait comme la douce providence de la contrée, ne se méprit point sur sa mort héroïque ; mais, dans son religieux enthousiasme, il la proclama *martyre* de la chasteté. N'était-elle pas morte, en effet, parce que, vierge, elle voulait demeurer vierge et garder à Jésus son âme blanche comme la neige immaculée des Alpes ?.. Immolée en haine de sa virginité, comme d'autres en haine de leur foi, elle est vraiment martyre [1].

---

[1]. Sainte Solange a été *martyre*, dans le sens propre du mot; car Benoît XIV, résumant toute la tradition, et s'appuyant en particulier sur l'autorité de saint Augustin, nous dit que le martyre est un témoignage rendu à la foi divine ; il consiste dans la mort subie volontairement pour la foi du Christ ou pour *tout autre acte de vertu rapporté à Dieu*. (Liv. XXII, *De Civit.*, cap. IX.) Une seule et unique cause donne droit au titre de *martyr* : la mort pour la *foi de ce qu'il faut croire ou pratiquer*..... (Bened. XIV, *De Beatif. et canonic.* Liv. III, cap. XII, 1.)

Tel est le cas de sainte Solange. Liée par un vœu, elle a défendu sa virginité au prix même de son sang. Elle a subi la mort dans l'exercice d'une vertu sur laquelle tombe le précepte de la foi ; car la foi ordonne de tenir les promesses faites à Dieu. *(Instruction pastorale de Mgr. l'archevêque de Bourges à l'occasion du Millénaire de sainte Solange, janvier* 1878.

Nous n'avons pas de détails sur les funérailles de sainte Solange. Un immense concours de peuple dut les honorer, si l'on se rappelle que la Sainte s'était rendue célèbre dans tout le pays par ses vertus et par ses bienfaits, bien plus encore que par sa beauté. A la nouvelle de sa mort, une foule considérable de prêtres, de religieux, de fidèles, riches et pauvres surtout, dut accourir pour rendre les derniers devoirs et un dernier hommage à l'ange de la contrée qui, si jeune encore, venait de s'envoler vers les cieux. Les démoniaques qu'elle avait délivrés, les pauvres qu'elle avait secourus, les nombreux malades qu'elle avait guéris, lui formaient sans doute un cortége d'honneur. Grande dut être la douleur de tous en perdant leur bienfaitrice. Toutefois, une pensée bien consolante adoucissait cette immense douleur. La Sainte ne les quittait point tout entière, elle leur laissait l'exemple de ses vertus et comme la promesse tacite de sa protection toute puissante.

Quel suave et délicieux parfum dut s'échapper du corps sacré de la jeune défunte qui emportait avec elle d'universels regrets ! Parfums d'immortalité et de vie qui s'exhalent presque toujours du corps des saints !....

Le corps de la Vierge fut inhumé avec pompe dans un lieu voisin de l'église de Saint-Martin, où se trouvait alors le cimetière de la paroisse.

Là, au milieu de la place du bourg, en face de la maison d'école actuelle, s'élève aujourd'hui un petit monument appelé le *Tombeau de sainte Solange,* érigé en 1821, afin de perpétuer le souvenir et le lieu de la sépulture provisoire des restes vénérables de la Sainte avant leur exhumation et leur déposition dans une châsse.

Pendant longtemps une simple pierre marqua le lieu de sa première sépulture. Le monument qui l'a remplacée se compose d'une tombe de pierre en forme d'autel à la romaine, posée sur quatre marches et surmontée d'une croix de fer. Sur les deux faces principales de l'autel sont gravées les initiales des deux mots : *Sainte Solange, S. S.* Quatre tilleuls ombragent la tombe.

Là, au jour même de sa sépulture, commença à se manifester, à l'égard de l'illustre martyre, cette vénération universelle qui se changea bientôt en un culte autorisé par l'Eglise. « A la différence de la plupart des gloires humaines, celle des élus de Dieu ne commence sur la terre, comme dans le ciel, qu'après leur mort » [1]. Ainsi, autour de la mémoire bénie de la bergère de Villemond, on voit éclater le religieux enthousiasme de ces âges de foi. Comme celui de tous les saints, « *son sépulcre devient glorieux.* »

---

1. Montalembert, *Vie de sainte Elisabeth.*

« Par une acclamation unanime, Solange reçut les honneurs de cette canonisation populaire, qui ne fut que le prélude et le gage de la ratification authentique de l'Eglise. Et voilà que dix siècles la saluent de ce titre qui s'est associé à son nom et durera autant que lui : « Sainte Solange, martyre de la chasteté, priez pour nous ! »

Du reste, à la voix du peuple allait faire écho la voix de Dieu, et la gloire allait se lever sur cette tombe obscure [1], d'où la vertu divine devait s'échapper avec tant d'éclat.

Le corps de la Sainte ne demeura pas longtemps dans ce tombeau provisoire. On eût dit qu'il tardait à Solange de reposer, après sa mort, dans le sanctuaire qu'elle avait tant de fois visité pendant sa vie. Si nombreuses furent les grâces obtenues à son tombeau, qu'on résolut de donner à la Sainte une place à part et plus digne d'elle, en dehors du cimetière commun. Ses restes précieux furent placés dans une châsse de bois habilement travaillée et transférés solennellement dans l'église même de Saint-Martin du Cros.

Dès lors, les miracles se multiplient. « Là, d'après les anciens récits, des aveugles reçoivent la vue, des sourds l'ouïe, des muets la

---

1. L'abbé Pacton, *Panégyrique de sainte Solange.*

parole ; des boiteux marchent, des paralytiques sont guéris, des captifs que l'on a recommandés à l'humble martyre voient rompre leurs chaînes, les démons sont chassés des corps et des âmes [1]. »

Le peuple sent de jour en jour grandir sa dévotion. L'autorité de l'Eglise, toujours vigilante, ne tarde pas à intervenir. Avec l'agrément des premiers pasteurs, un autel s'élève en l'honneur de la Sainte au-dessus de la tombe où reposent ses reliques sacrées. Et son culte commence pour ne plus être interrompu.

Alors arrive pour l'église de Saint-Martin ce qui était arrivé, à Paris, pour les églises de l'illustre martyr saint Vincent et des apôtres saint Pierre et saint Paul. Ces deux églises avaient pris le titre, l'une de *Saint-Germain-des-Prés,* l'autre de *Sainte-Geneviève.* Du jour où Solange monte sur les autels, le grand thaumaturge des Gaules va s'incliner devant l'humble bergère de Villemond. Le bourg et le sanctuaire où elle est vénérée, perdant leur nom de *Saint-Martin du Cros,* ne s'appelleront plus désormais que *Sainte-Solange.* Magnifique et éclatant témoignage de la foi de tout un peuple !

N'est-il pas dit dans les saints livres que « *Dieu redresse le pauvre qui était à terre, pour*

---

1. *Vita sanctæ Sol.*, apud Bolland.

l'élever; qu'il retire l'humble de la poussière, pour le faire asseoir noblement parmi les princes de son peuple [1] ? » Oui, en vérité, Dieu qui jette un regard sur les humbles a pris, sous le chaume, au milieu des serfs attachés à la glèbe, cette simple fille des champs, si humble et si cachée au vallon solitaire, pour l'élever sur les hauteurs sacrées et la faire devenir la glorieuse Patronne de ce pays où elle est née.

La gloire et la liberté peuvent donc être le partage même d'une serve. Solange était *serve* de corps, mais son âme était libre et ne relevait que de Dieu. En mourant, elle trace à toutes les jeunes filles la voie lumineuse de la liberté des âmes. Elle figurera désormais au premier rang parmi *les princes du peuple,* au-dessus de toutes les grandeurs de la terre; bien plus, elle vivra à jamais dans la mémoire et la vénération des peuples chrétiens. Elle est arrivée à la plus haute gloire qui puisse être donnée à une créature humaine, celle d'être placée sur les autels.

Grâces soient rendues à qui sait, quand il le faut, dans chaque siècle, susciter les saints que demandent les besoins des temps ! Au déclin si pâle et si agité de ce neuvième siècle dont l'aurore avait été si resplendissante et si

---

1. Psal. CXII.

sereine, après les commotions violentes qui suivirent l'écroulement de l'empire de Charlemagne, au milieu de cette nuit qui succéda aux splendeurs de l'astre impérial, sainte Solange apparut comme une lumière et une consolation.

Comme l'a dit un éloquent panégyriste de la Sainte [1], « Dieu savait bien ce qu'il faisait, quand il suscitait, au milieu de ces temps demi-barbares, une telle Sainte, et que, l'illustrant par la gloire des miracles, il appelait les peuples à son tombeau..... En ces temps où la passion brutale est tout et broie tout, quelles leçons Solange donnait à nos rudes aïeux ! Cette vie et cette mort leur apprenaient qu'il y a donc des forces supérieures à la violence, à la convoitise, au glaive, et des biens invisibles préférables aux biens visibles, et des vertus qui, même dans une fille des champs, ravissent le cœur de Dieu et les hommages des hommes. Au contact de telles idées, les esprits et les âmes s'élevaient, la civilisation évangélique chassait peu à peu les mœurs barbares, et les nations chrétiennes naissaient. Ce qui triomphait ici, ce n'était pas ce qui tuait, mais ce qui mourait : ce n'était pas le seigneur voluptueux, c'était la bergère; ce n'était pas la Barbarie, c'était le Christianisme ».

---

[1]. L'abbé LAGRANGE.

Et le peuple ne s'y trompait point. Dans cette Sainte prise dans ses rangs, dans un hameau obscur, au milieu de ses brebis, « l'âme populaire se reconnaissait en tressaillant. Solange, c'était le peuple glorifié, ennobli, réhabilité ; ces familles roturières humiliées, foulées aux pieds par le servage antique, sentaient qu'il y a aussi pour elles une dignité, une liberté, la dignité et la liberté qui leur vient de Dieu et de son Christ ; les esprits perspicaces et prophétiques auraient pu saluer dès lors leur affranchissement futur. »

Pendant toute la première période si laborieuse du moyen âge, ce sont les femmes et les vierges chrétiennes, reines ou bergères, qui adoucissent les barbares et les apprivoisent par le charme indéfinissable de leur chasteté. Elles éclairent et gagnent au Christianisme les nations naissantes. Devant la vierge chrétienne, l'homme de fer tombe à genoux, et il se relève doux comme un enfant. Sa nature farouche subit l'irrésistible ascendant de la virginité ; elle se transforme lentement mais sûrement, et le monde barbare devient le monde chrétien !

Solange a sa part glorieuse dans cette sublime transformation. Elle commence à resplendir comme un arc-en-ciel au milieu de l'orage, en attendant qu'elle rayonne sur tout un peuple d'un incomparable éclat.

CHAPITRE XIV

DÉVELOPPEMENT DU CULTE DE SAINTE SOLANGE JUSQU'A LA RÉVOLUTION

Histoire de ses reliques. — Ses miracles. — Les processions célèbres en son honneur.

In vita sua fecit monstra et in morte mirabilia operatus est.

Dans sa mort, comme dans sa vie, elle opéra des prodiges.
ECCLES. XLVIII, 15.

A partir du jour où Solange fut placée sur les autels, où son nom fut donné au bourg et à l'église de Saint-Martin [1], son culte se propa-

---

1. V. le P. ALET, *Vie de sainte Solange*, p. 20. — *N. B.* Le légendaire qui a certainement écrit à une époque très-reculée, regarde ce changement de titre comme effectué de temps immémorial. Un manuscrit précieux dont le célèbre P. Berthier faisait grande estime, nous apprend

gea avec rapidité et la dévotion à cette aimable Sainte alla toujours croissant.

Il est de tradition certaine que le culte de l'illustre martyre date du jour de sa mort; que son autel, élevé spontanément par la reconnaissance, fut depuis établi par l'autorité des pasteurs et que, de leur aveu, le bourg et l'église paroissiale, dédiés à saint Martin de Tours, prirent le nom de *Sainte-Solange*. Eux-mêmes, pleins de confiance en ses mérites, la proclament *Patronne du Berry*, eux-mêmes établissent une confrérie en son honneur et sollicitent du chef de l'Eglise qu'elle ait part au trésor des indulgences.

« Chose remarquable ! La divine bonté, dans ses desseins de réparation, a voulu que, dès les temps les plus reculés, de solennels hommages fussent rendus à l'humble vierge par la même classe de la société d'où était parti le coup ho-

que depuis le Xe siècle environ, l'Eglise était sous l'invocation de sainte Solange. Ce jugement du P. Berthier, allégué par M. Audoul, dans sa *Vie de sainte Solange*, est rapporté par M. Barbier, chanoine de Mezières en Brenne qui, en 1766, terminait un *Pouillé* du diocèse, conservé manuscrit au grand séminaire de Bourges. De plus, il est certain que le nom de sainte Solange, sous des formes diverses, apparaît dans des documents écrits dès l'an 1198. (V. la *Stat. mon. du dép. du Cher*, par M. Buhot de Kersers.)

La paroisse de Sainte-Solange est citée, en 1229, à propos d'une redevance qu'y possédait le Chapitre de St-Pierre-le-Puellier. *(Cartulaire de Saint-Ambroix.)*

micide. D'anciens manuscrits attestent que les plus puissants seigneurs entouraient sa mémoire des témoignages d'une publique et continuelle vénération. Les murailles de leurs châteaux se couvraient de peintures représentant sa vie et son martyre [1]. »

Au rapport des témoins oculaires, les peintures à fresque qui décoraient les vastes appartements du château de Brécy annoncent la plus haute antiquité. D'illustres familles du Berry faisaient graver sur leur sceau l'image de sainte Solange, comme pour l'établir dépositaire de leurs secrets et protectrice de leurs affaires, de leurs affections et de leur fortune. Du reste, la dévotion des peuples était animée par des motifs plus pressants que les exemples même les plus élevés du monde.

Le ciel continuait à parler. D'année en année de nouvelles faveurs étaient obtenues par l'intercession de la servante de Dieu. Les miracles répondaient aux supplications. La reconnaissance publique, d'accord, nous l'avons vu, avec l'autorité ecclésiastique, ne tarda pas à la proclamer *Patronne du Berry*. Il est probable qu'elle reçut ce titre dès que l'église de Saint-Martin eut pris son nom.

---

[1]. P. ALET, *ibid.* — *N. B.* « On voyait il y a 20 ans, écrivait M. de Barral en 1812, sur les murs des vastes appartements du château de Brécy, plusieurs scènes relatives au martyre de sainte Solange. »

La ville de Bourges, en particulier, témoigna de tout temps une grande dévotion pour la Vierge-martyre. Catherinot, dans ses *Eglises de Bourges,* conjecture que le sanctuaire de *Notre-Dame de la Comtal,* chapelle de l'ancien collége, avait été fondé peu de temps après le trépas de la Sainte et pour en perpétuer le souvenir. Il pense aussi que l'église de *Saint-Pierre-le-Puellier* fut fondée, vers la fin du neuvième siècle, par la famille du comte Bernard en expiation du crime commis par l'un de ses membres et « pour honorer sainte Solange récemment martyrisée [1]. »

A la fin du quinzième siècle, vers 1488, Bourges, qui construisait son hôtel de ville, faisait sculpter, dans une des salles, un bas-relief où la Sainte est représentée gardant ses moutons et subissant le martyre. Ce bas-relief unique qui reproduit deux scènes de sa vie, décore le tympan de la porte ogivale, placée à droite de la grande cheminée aux armes du Berry, dans cette salle qui sert aujourd'hui de réfectoire au Petit-Collége. Au milieu, sous un

---

[1]. L'abbé Barbier, dans son *Pouillé* inédit de 1766, pense que la fondation de Saint-Pierre-le-Puellier remonte à l'an 880. Cette église, dont dépendait celle de Sainte-Solange, appartenait autrefois à des chanoinesses régulières de l'Ordre de saint Augustin, qui y avait un monastère, comme le porte encore le nom :
Ecclesia Sancti Petri Puellarum.

abri champêtre, la sainte Bergère est assise tournant son fuseau, dans l'attitude de la méditation et de la prière. A sa droite, dans un champ voisin, repose un troupeau de moutons; à gauche, dans l'espace restreint laissé libre par l'abri champêtre dessiné de profil, l'artiste a représenté en raccourci la scène de violence dont la Sainte a été victime. Le bas-relief, assez bien conservé, semble n'avoir subi aucune restauration. Il est évidemment du même style que l'écusson décoré de la grande cheminée auquel il fait pendant. On devine la pensée gracieuse autant que chrétienne qui, à côté des moutons héraldiques du Berry, a placé l'image de la sainte Bergère, sa glorieuse patronne.

De toutes les parties du Berry et des provinces voisines, de pieux pèlerins vinrent en foule honorer la jeune Martyre, lui demander ses faveurs et la remercier des grâces obtenues par sa puissante intercession. Bien qu'on ne puisse en préciser l'origine d'une manière certaine, le pèlerinage au tombeau de la *bonne Sainte* (c'est ainsi qu'on la nomme encore) est aussi ancien que sa dévotion. On trouve, dès le quatorzième siècle, la trace des processions qui se faisaient en son honneur et où l'on portait sa châsse au milieu d'un immense concours de peuple [1].

---

1. Apud Bolland., t. II, Maï, p. 594.

De tous temps, l'affluence des pèlerins au tombeau de la Sainte fut surtout considérable le 10 mai, jour anniversaire de la *naissance* au ciel, c'est-à-dire de la mort de la jeune martyre ; car tel était le langage chez les premiers chrétiens : pour eux, la mort était l'entrée de la vie..... Le martyrologue désigne constamment la mort d'un martyr par cette antiphrase sublime : *natale martyris, naissance du martyre!*

Pour les grands hommes du monde, le jour de la mort est véritablement le dernier jour de la vie. Leur dépouille mortelle, objet de dégoût, est précipitamment ensevelie ; la terre se referme à jamais sur elle et de toute cette grandeur humaine il reste : *ci-gît!* Pour les saints au contraire, la mort est le premier jour de la vie, non-seulement de la vie éternelle, qui est la possession de Dieu, mais encore de la vie sur la terre. La gloire se lève sur leur tombeau et leur renommée commence où celle des grands de la terre finit.

Pendant plusieurs siècles, le jour de la fête principale et du grand pèlerinage de sainte Solange se célébra naturellement le 10 mai, jour de sa mort. Un évènement considérable dans l'histoire du culte de notre Sainte devait plus tard changer cet état de choses. Le lundi de la Pentecôte, 8 juin de l'an 1511, eut lieu la plus célèbre translation qui ait été faite des reliques de la jeune Martyre. Animés d'une dévotion de plus en plus grande, les fidèles avaient fait construire une châsse de bronze doré, dont les six plaques artistement travaillées représentaient le *fils du prince du pays*, meurtrier de la Sainte, la vierge enlevée sur son cheval, la même vierge décollée, puis portant sa tête et enfin, le transport de son âme au ciel par le ministère des anges. C'est dans cette nouvelle châsse que furent mis les précieux restes de sainte Solange. Cette translation solennelle fut faite par messire Denys de Bar [1], auparavant évêque de Saint-Papoul en Languedoc. Ce prélat y fut autorisé par Jean de Villiers, doyen de l'église métropolitaine, vicaire général de Monseigneur Michel de Bucy, archevêque de Bourges. Jean de Villiers, comme il est constaté par les lettres qu'il expédia à Denys de Bar, accorda quarante jours d'indulgence à tous ceux qui assisteraient à la cérémonie de la translation des reliques ou qui auraient contribué aux frais de la nouvelle châsse.

A partir de cette époque, le lundi de la Pentecôte, jour anniversaire de cette solennité, se célébra avec une grande pompe ; les souverains

---

1. Denys de Bar était le frère de Jean de Bar, seigneur de Bengy et grand bailli de Touraine, etc. — V. le P. Alet, et M. de Raynal, t. III, p. 245.

Pontifes l'enrichirent, à diverses reprises, d'une indulgence plénière et il devint, dans la suite des temps, le jour de la fête principale et du grand pèlerinage.

De tous temps, les archevêques de Bourges ne cessèrent d'encourager la dévotion à sainte Solange. Nous avons la suite non interrompue de leurs actes, depuis Michel de Bucy qui présidait à cette translation solennelle de 1511, jusqu'à son éminence le cardinal du Pont, qui, en 1845, a pleinement restauré l'antique confrérie de la Sainte et a fixé définitivement la fête principale au lundi de la Pentecôte.

C'est à ces graves autorités et non point à une admiration précipitée, qu'il faut attribuer les commencements du culte de sainte Solange. M. Raynal, le meilleur historien du Berry, auquel on ne peut reprocher que des tendances rationalistes, a donc tort d'insinuer que « le peuple, dans *sa foi naïve* et dans son empressement à honorer les victimes des passions violentes, adopta cette simple bergère pour en faire la *Patronne du Berry*. » Sans doute le peuple, comme nous l'avons vu, manifesta avec enthousiasme sa vénération et sa reconnaissance pour la jeune Martyre ; mais son admiration ardente était dirigée et encouragée par les pasteurs de l'Eglise, et son culte et ses titres glorieux n'ont pu émaner que du pouvoir compétent et de la plus mûre délibération. Du reste, ce serait le cas d'appliquer ici le fameux adage : *Vox populi, vox Dei;* la voix du peuple était vraiment la voix de Dieu.

L'office de l'illustre Vierge-martyre, célébré de temps immémorial dans l'église de sa paroisse, devint, par ordre de Mgr Poncet qui l'inséra dans le Bréviaire, obligatoire pour tout le clergé du diocèse en 1676. Vingt ans auparavant, le Saint-Siége avait encouragé son culte par des grâces qui en supposent l'approbation. En effet, sous le pontificat d'Anne de Lévis de Ventadour, le souverain Pontife Alexandre VII, par des lettres apostoliques datées du 6 mars 1657 [1], avait accordé de précieuses indulgences à une confrérie de sainte Solange, érigée dans l'église de Saint-Pierre-le-Puellier. « L'année suivante, 1658, par une bulle datée du 19 mars, ce pape, plein de zèle, favorisait des mêmes grâces la confrérie érigée au sanctuaire même de Sainte-Solange. Sans être canoniquement organisée, une pieuse association de fidèles de l'un et de l'autre sexe, en l'honneur de sainte Solange, existait déjà de fait et depuis longtemps. Ces chrétiens fervents se proposaient de s'animer à toutes sortes de bonnes œuvres, par l'exemple et sous la protection de l'illustre Martyre.

---

1. Cette bulle se lit dans les Bollandistes. Nous la donnons plus loin dans l'Appendice.

Cette association, doublement intéressante, et par les honneurs qu'elle rendait à la Vierge-martyre et par les œuvres saintes qu'elle inspirait, se propagea rapidement. Les fidèles s'y agrégèrent en foule [1]. » Des villes même éloignées s'empressèrent d'acquérir ce gage des bénédictions divines.

La reconnaissance publique, sans cesse alimentée par de nouveaux bienfaits, ne se montra pas encore satisfaite par ces honneurs rendus à la Patronne du Berry. Les habitants de Bourges, par l'organe de leurs magistrats, demandèrent instamment que, pour la ville et la *Septaine* (circonférence qui comprenait environ vingt-sept paroisses), la fête de leur protectrice fût célébrée avec une pompe particulière et rendue obligatoire. L'autorité ecclésiastique accepta cette pieuse demande. Le 8 mai 1693, l'archevêque, Mgr Phélippeaux de la Vrillère, ordonna que dans la ville et sa grande banlieue, la fête de sainte Solange serait solennellement célébrée le 10 mai de chaque année; que pour cette année seulement, afin d'inaugurer cette solennité avec plus d'éclat, elle serait remise au 18 mai; et qu'on apporterait en l'église cathédrale la châsse où reposaient les saintes reliques. Cette ordonnance fut exécutée sans nul doute, et la

---

1. Le P. Alet, *Vie de sainte Solange,* p. 35.

processions dut se faire avec la magnificence et la piété dont la ville de Bourges avait donné tant de preuves deux siècles auparavant. Aussi, dès lors, on invoquait au loin « la très-illustre Patronne du diocèse de Bourges [1]. »

Au milieu du seizième siècle, dit encore le père Alet à qui nous empruntons ces détails historiques, le Berry trembla pour le précieux trésor des reliques de la *bonne Sainte*. Les fanatiques sectateurs de Calvin faisaient, dans toute la France, une guerre acharnée aux plus magnifiques monuments de la religion et aux saints les plus aimés. A Bourges même, en 1562, en même temps qu'ils imprimaient sur les sculptures de la cathédrale, des traces ineffaçables de leur fureur, ils brûlèrent les reliques et jetèrent au vent les cendres de saint Guillaume et de sainte Jeanne de Valois. Cette héroïne de la bienfaisance autant que de la piété, qui avait fondé à Bourges l'ordre de *l'Annonciade* en 1504, cette princesse proclamée par tout le Berry la *bonne duchesse*, ne put trouver grâce aux yeux des prétendus *Réformateurs*, qui au fond n'étaient que des démolisseurs, dignes ancêtres des communards contemporains.

On devait s'attendre au même sort pour les

---

1. *Celebratissimæ.* C'est l'expression du martyrologe d'Auxerre (1751) qui cite le martyrologe de Paris. — V. le P. Alet, *loc. cit.*

reliques de sainte Solange. Bien connues, exposées dans le voisinage du quartier général de ces nouveaux Vandales, dans un bourg ouvert de toutes parts et possédé alors par de puissants seigneurs infestés du venin de l'hérésie, comment purent-elles échapper à tant de passions incendiaires ? Leur singulière préservation fut regardée, à bon droit, comme un insigne bienfait de la bonté divine et les fidèles du Berry la célébrèrent dans leurs chants [1].

Le dix-septième siècle surtout allait se signaler par sa grande dévotion au culte de la Patronne du Berry. Ses restes précieux qu'avait épargnés le protestantisme, les habitants de Bourges allaient les honorer de nouveau, en offrant, en 1556, une magnifique châsse d'argent pour remplacer celle en bronze doré. Elle était sur le même modèle que la première ; sur les quatre côtés était ciselée la représentation de six événements principaux relatifs à la vie, à la mort, au culte de la Sainte. Mais l'exécution nouvelle de ces sujets était beaucoup plus parfaite que celle d'autrefois, et, au lieu d'être en cuivre doré, la matière était maintenant en argent

---

1. Voici une strophe d'un chant populaire bien connu et que nous reproduisons plus loin en son entier :

Ob sacras, Virgo, laureas
Ob servatas reliquias
Deo dicamus gratias, Alleluia.

massif. Plus grande que l'ancienne, la nouvelle châsse pouvait la contenir et on l'y renferma. Et, quand de grandes sécheresses désolaient la contrée, on faisait venir cette châsse à Bourges dans des processions solennelles dont les relations authentiques, pour plusieurs du moins, nous ont été conservées. Ce sont notamment les magnifiques processions des années 1635, 1637, 1656, 1657, 1658, 1730. Les registres des délibérations de la ville mentionnent les processions de 1676, 1693, 1715 et 1731. Les moindres détails y sont racontés ; et, chose digne de remarque, c'est sur la requête des sieurs *Maire perpétuel et Eschevins de la ville, parlant au nom de tous les habitans d'icelle,* que ces grandes manifestations étaient ordonnées par l'autorité diocésaine [1].

Dans les calamités publiques, l'archevêque de Bourges, sur la demande des magistrats de la cité, prescrivait des prières, des jeûnes, pour préparer les cœurs à cette importante solennité. Au jour indiqué, deux habitants de Sainte-Solange, choisis parmi les plus pieux, chargeaient sur leurs épaules les saintes reliques. Accompagnés de leur pasteur, ils portaient ce précieux fardeau, revêtus d'aubes blanches, les bras or-

---

1. On trouvera dans les *Notes et pièces justificatives*, à la fin du volume, le récit de ces délibérations.

nés de fleurs et de guirlandes, la tête découverte et les pieds nus.

La procession se grossissait bientôt par l'affluence de vingt à trente paroisses environnantes, qui s'y joignaient avec leurs croix et leurs bannières distinctives. Le curé du faubourg de Saint-Privé venait recevoir la châsse hors des murs ; le clergé de Saint-Etienne, l'archevêque en tête, la recevait à la place Gordaine ; et de là, escorté du maire, des quatre échevins de la cité, du gouverneur et des magistrats, souvent même de hauts personnages venus de loin à la solennité, il la transportait, au milieu des îlots du peuple chantant des hymnes pieux, à travers les rues jonchées de fleurs, à l'église métropolitaine, puis à Notre-Dame de Salles, le plus ancien sanctuaire de Bourges, que la fureur révolutionnaire a profané et détruit comme tant d'autres.

Souvent, disent les chroniques, la procession n'était pas achevée, que les pluies désirées inondaient les campagnes. C'est ce qui arriva notamment le 6 mai 1635.

Pendant une sécheresse désolante, les reliques étaient transportées de Sainte-Solange à Bourges au milieu d'un peuple suppliant. Suivant l'itinéraire accoutumé, la procession traversait la place Gordaine qu'encombrait une multitude pressée, mais respectueuse. On entendait de toutes parts des voix qui criaient, suivant l'antique usage : « *Sainte Solange, priez pour nous! Sainte Solange, donnez-nous de l'eau!* »

Un calviniste qui se trouvait parmi la foule, ne craignit pas de tourner en ridicule cette explosion de foi universelle. « A quoi bon tout ce vacarme ? dit-il tout haut. Sans doute, parce qu'on promène une châsse, les cataractes du ciel vont s'ouvrir !.... » Dieu, pour l'honneur de sa servante, confondit le mécréant. Le saint Sacrifice commençait à peine dans l'église où était entrée la procession, que la pluie tombait par torrents.

Deux ans après (1637), dans de semblables circonstances, les habitants de Bourges eurent de nouveau recours à leur puissante Patronne, et ce ne fut pas en vain. A la voix du P. André Boulanger, du couvent des Augustins, prédicateur très-populaire dans la ville, Henri II de Bourbon, prince de Condé, se rendit avec quatre à cinq mille pèlerins à Sainte-Solange et voulut conduire lui-même à la cathédrale les saintes reliques que la population entière réclamait. C'était le lundi de la Pentecôte, premier jour du mois de juin. Ce fut pour Bourges un jour de fête splendide. Les rues où devait passer la châsse étaient jonchées de fleurs ; les maisons disparaissaient sous les guirlandes et les tentures et de toutes parts d'harmonieux cantiques résonnaient dans les airs.

A peine la procession était-elle arrivée à Bourges, que les désirs publics furent exaucés. « Pendant toute la messe, qui fut célébrée, comme à l'ordinaire, dans l'église de Notre-Dame de Salles, dit le Père Honoré Niquet, écrivain contemporain, qui avait plusieurs fois admiré cette coïncidence merveilleuse, la pluie ne cessa de tomber avec abondance. Les années suivantes, toutes les fois que la procession a été faite, elle a été suivie de la pluie [1]. »

Le Père Ragueneau, traducteur latin du Père Niquet, ajoute, comme témoin oculaire, un fait du même genre : « Cette année même 1658, au moment où j'écris ces lignes, la confiance du Berry, manifestée avec l'expansion accoutumée, a obtenu la même faveur. » Deux ans auparavant, dans la procession qui eut lieu le 25 août (1655), « *le bienfait fut accordé à l'instant même* ».

C'est l'expression de Pierre Loysel, docteur en Sorbonne et chancelier de l'Université de Paris, curé de Saint-Jean en Grève. Se trouvant alors à Bourges, il écrivit la relation de cette grâce singulière, dont il s'appelle « le témoin et l'admirateur ». Il composa même une sorte de cantique latin pour en perpétuer le souvenir.

En relisant cette pièce à deux siècles d'in-

---

1. Apud Bolland. *loc. cit.*

tervalle, on y sent palpiter l'enthousiasme et la reconnaissance de toute une province dont l'écrivain n'était que l'écho affaibli.

Dans toutes ces calamités, la puissante intervention de la *bonne Sainte* se manifestait avec tant d'évidence et d'infaillibilité, que l'archevêque de Bourges, Michel Poncet, n'hésita pas à le constater hautement dans un document du caractère le plus grave. Dans le bréviaire à l'usage du diocèse de Bourges, publié en 1676, il est dit : « *Les reliques de la sainte Martyre sont un refuge assuré dans l'adversité. Que le sol se trouve brûlé par la sécheresse ou inondé par des pluies torrentielles, un remède efficace à ce malheur, c'est de transporter les saintes reliques à la ville, dans une procession solennelle* » [1].

En 1730, l'intercession de la Sainte eut des caractères si frappants, que, trente ans après, l'abbé Lajoie, curé de Sainte-Croix, en parlait encore en termes émus.

Ecoutez plutôt son récit : « Le Berry, dit-il, se trouvait désolé par une extrême sécheresse. On avait fait partout des prières publiques pour obtenir une pluie salutaire; on avait réclamé

---

1. *Sanctæ martyris reliquiæ..... securum in adversis refugium. Nam seu terra siccitate inardescat seu rivulis ubique scaturiat, præsens est subsidium sacras reliquias publica supplicatione in urbem extulisse.* (Brev. Bitur., 1676.)

le secours de tous les illustres protecteurs dont la ville de Bourges possède les reliques; le ciel paraissait insensible à nos vœux..... Dans une telle extrémité, on se rappela les merveilles que Jésus-Christ avait si souvent opérées par Solange, son épouse..... A cette pensée, la confiance se ranima dans tous les cœurs. Les magistrats demandèrent, l'archevêque Mgr de La Rochefoucauld, depuis cardinal, ordonna la procession.... Le clergé de Bourges, ayant à sa tête l'illustre prélat, et suivi d'un peuple innombrable, vint, à l'extrémité d'un des faubourgs, recevoir l'arche précieuse où reposaient les sacrées reliques, qu'on porta avec beaucoup de pompe dans l'église métropolitaine..... La ferveur des fidèles ne tarda pas à être récompensée..... Le ciel en peu de temps se couvrit de nuages, la pluie tomba avec tant d'abondance, que la terre en fut bientôt pénétrée et reprit une force nouvelle. Les herbes desséchées recouvrèrent leur verdure, les blés, dont on commençait à n'espérer plus rien, reçurent une nouvelle vigueur, aussi bien que les arbres, les vignes et tous les fruits des campagnes » [1].

Voilà quelques-unes des faveurs singulières obtenues pendant ces processions célèbres du dix-septième siècle.

---

1. LAJOIE, *Vie abrégée de sainte Solange*, 1759.

Outre ces processions solennelles de sainte Solange à Bourges, il s'en faisait chaque année deux autres du bourg au *champ de sainte Solange*. Elles ont toujours été marquées par un prodige constant, « ce gracieux miracle des blés, foulés aux pieds des pèlerins, et toujours les plus beaux » [1].

Voici cette merveille décrite par un écrivain du dix-septième siècle, contemporain du fait qu'il raconte : « Il se fait, dit-il, un grand concours dans l'église de Sainte-Solange, le 10 mai, jour de son martyre, et le lundi de la Pentecôte, anniversaire de la translation de ses reliques.

« Ces jours-là, le peuple occupe un espace de trois, quatre et même cinq mille pas, se rendant en procession au lieu que la Sainte a illustré par ses prières, et à la croix qui indique la place favorite de ses contemplations. La route royale ne pouvant contenir ce peuple, la foule se répand sur les blés, déjà grands en cette saison et dont l'épi commence à se montrer. Par une singularité remarquable, ces blés ainsi foulés sous les pieds des passants n'en reçoivent aucun dommage, et leurs tiges, deux jours après,

---

1. Aujourd'hui, le *Champ du martyre* qui est la propriété de la Fabrique de Sainte-Solange, a été régularisé dans sa forme en suite d'une donation faite, le 7 janvier 1873, par Mme la vicomtesse Du Quesne.

sont aussi droites et vigoureuses que si elles n'avaient rien souffert.

« Comme depuis longtemps, on parlait de ce prodige, Henri de Bourbon, prince de Condé, quand il fit, en 1637, le saint pèlerinage, voulut savoir, par lui-même, ce qu'il fallait penser de cette persuasion commune. Il examina le fait de ses propres yeux, et en reconnut l'existence. »

Du reste, ajoute le même auteur, l'observation de ce phénomène remonte à une haute antiquité. J'en trouve l'indice dans de très-anciens documents.

« Un jour, la procession accompagnant la châsse de sainte Solange allait à l'ordinaire envahir le champ d'un juif qui se trouvait sur son passage. L'enfant d'Israël s'y oppose et menace d'en venir à la violence. Le curé ordonne au peuple de prendre un autre chemin. Or, par une visible punition du ciel, le champ de l'Israélite, qui était semé de chanvre de très-belle espérance, fut dès ce moment atteint d'une aridité extraordinaire, et les plantes qu'on avait voulu épargner, sous l'action des rayons du soleil, se desséchèrent rapidement. Au contraire, la récolte des champs voisins, qui semblait écrasée sous les pieds des pèlerins, s'éleva vigoureuse et magnifique » [1].

---

1. Traduit du texte latin des Bollandistes. Les Juifs ayant

Bien plus, d'après la persuasion commune des habitants du pays, le bienfaisant pouvoir de la Sainte se manifeste habituellement, dans le sol béni qui l'a vue si souvent prier et qui a bu son sang, par une vigueur particulière de la végétation. Plusieurs curés de Sainte-Solange déclarent avoir constaté ce double prodige. « En 1837, écrit l'un d'eux [1], sur le terrain qui aboutit au gué de Sainte-Solange, le seigle, au moment où les épis étaient déjà visibles, avait été foulé aux pieds par les pèlerins, au point qu'il n'en restait plus que les racines. Or, au temps de la moisson, il était parvenu à la même hauteur que l'autre. Seulement il était un peu plus tardif : huit ou dix jours après, il avait sa pleine maturité. »

« En 1851, notamment, les tiges qui avaient poussé sur le chemin de sainte Solange, étaient plus élevées que les autres d'environ dix centimètres, plus nourries et remarquables par un vert plus vif. » Nous-même, comme nous l'avons dit ailleurs, nous avons eu le bonheur, au mois de juin dernier, de constater le même phénomène.

Ainsi, gracieuse image de sa fécondité spirituelle, sous les pas de Solange, les plantes

---

été définitivement bannis de France en 1323, il est clair que ce fait est antérieur à cette année.

1. L'abbé CHARBONNIER.

croissent admirablement belles et fécondes !

Le Berry ne fut pas la seule province qui honorât sainte Solange d'un culte particulier. Les pays circonvoisins, le Nivernais entre autres, virent tous les ans un grand nombre de leurs habitants se rendre en pèlerinage à Sainte-Solange, le 10 mai et le lundi de la Pentecôte, tandis que des confréries, unies à celle du Berry, s'établissaient, sur différents points, en faveur des personnes qui ne pouvaient entreprendre ce pieux pèlerinage.

Nevers possède une châsse et des reliques de sainte Solange, probablement depuis la célèbre translation de 1511. Avant la Révolution, il y avait à l'extrémité du pont de Nevers, sur la Loire, une chapelle sous le vocable de Sainte-Solange. La population de la ville et des environs s'y rendait en foule le lundi de la Pentecôte. Les habitants de Nevers ignorent peut-être l'origine de l'apport de Sermoise qui a lieu, tous les ans, à la même époque ; c'est un souvenir du pèlerinage à la chapelle de sainte Solange [1].

Ainsi le culte de la *bonne Sainte* allait se propageant de jour en jour. Les prêtres du Berry récitaient son office ; une confrérie, dont

---

1. *Sainte Solange, vierge martyre.* — Nevers, 1858, sans nom d'auteur. Cet auteur, qui a bien voulu nous dire son nom, est Mgr Grosnier, vicaire-général de Nevers.

l'origine se perd dans la nuit des temps, recevait une pleine organisation vers le milieu du dix-septième siècle, et était enrichie d'indulgences par Alexandre VII en 1657 et par Benoît XIV, en 1751, qui confirmait tous les priviléges de cette confrérie établie soit à Sainte-Solange, soit à Bourges et en divers autres lieux.

Les inspirations de la poésie chrétienne suivaient celles de la liturgie. Des proses, des hymnes étaient composées et chantées en l'honneur de notre Sainte dès le seizième siècle [1].

Solange n'inspirait pas seulement la verve des poètes, qui ne comprenaient pas la poésie sans l'enthousiasme de la vertu, elle animait l'éloquence d'orateurs pour qui la parole n'était qu'un instrument de la gloire de Dieu et du bien des hommes. Chaque année, on se pressait en foule aux panégyriques de la Sainte, surtout dans l'église de Saint-Pierre le Puellier où elle était spécialement honorée [2]. Les arts apportaient aussi leur concours. De splendides décorations embellissaient son église.

Les contrées voisines élevaient à sa gloire des sanctuaires vénérés. Les diocèses de Ne-

---

1. Nous donnerons plus loin ces proses et ces hymnes antiques qui se chantent encore aujourd'hui.
2. Nous pouvons citer les prédications du P. Bollanger Augustin, en 1637, et du chanoine Dumont, en 1763. Ils ont laissé des souvenirs qui ne sont pas effacés.

vers, de Blois, de Limoges, d'Orléans envoyaient de nombreux pèlerins.

Le pèlerinage était toujours florissant, malgré le torrent de l'irréligion qui, au siècle de Voltaire, envahissait la France, sinistre précurseur du torrent révolutionnaire qui allait tout ravager et tout détruire. En 1764, presque à la veille de ces jours néfastes, la confrérie de Sainte-Solange faisait exécuter, à ses frais, une belle œuvre d'art : six magnifiques tapisseries d'Aubusson, représentant en abrégé l'histoire de notre Sainte. Ces tapisseries décorèrent les murs du chœur de son sanctuaire. La première représentait sainte Solange priant au pied d'une croix, ses moutons près d'elle. La deuxième : le ravisseur qui veut la saisir, suivi de son écuyer à cheval qui passe dans le lointain. La troisième : l'enlèvement ; le serviteur tient la Sainte dans ses bras et la tend au seigneur qui la saisit pour la mettre sur son cheval. La quatrième : la décollation. La cinquième : la marche triomphale ou la Sainte qui revient portant sa tête dans ses mains et les deux cavaliers qui s'éloignent. La sixième : le concours des pèlerins à son tombeau.

C'est par de tels dons que le Berry témoignait sa reconnaissance et sa foi à la bien-aimée Patronne. Rien ne manquait plus à sa gloire.

Mais les mauvais jours s'étaient levés sur la

France coupable; l'esprit du mal triomphait. Les farouches Vandales de 93 promenaient partout, avec le couteau de la guillotine, le marteau de la destruction. Qu'allaient devenir la châsse et le corps virginal de sainte Solange? Le Protestantisme les avait épargnés, la Révolution les brûla et les jeta au vent.

Cet humble autel d'où montaient vers les cieux tant de louanges et tant de gloire, d'où se répandaient sur la terre tant de bonheur et de bienfaits, n'échappa point à la rage de l'impiété. Du reste, la richesse de la châsse en argent massif tentait leur cupidité. Ces sacrilèges s'en emparèrent et en profanèrent les saintes reliques. On n'a pu jusqu'ici connaître avec certitude ce qui fut détruit. « Il existe, dit le P. Alet, dans la sacristie de Sainte-Solange, des ossements qu'on respecte sans pouvoir les proposer à la vénération publique. Voici quelle en serait l'origine.

« Au moment où les dévastateurs emportaient la précieuse châsse, un homme leur aurait demandé quelques-uns des ossements qu'elle contenait. Ces révolutionnaires, plus cupides qu'impies, lui auraient permis d'en prendre. Mais toutes les personnes qui auraient pu être entendues dans une enquête, ont disparu. L'authenticité de ces ossements ne sera jamais suffisamment attestée, à moins que la divine bonté ne daigne employer le moyen miraculeux qui fit distinguer la vraie croix de Jésus-Christ. »

On se figure aisément la douleur et les angoisses des fidèles serviteurs de la patronne du Berry, à qui l'on venait d'arracher leur plus cher trésor. Malgré l'étendue d'un tel malheur, ils ne se découragèrent point complètement. Bravant les fureurs révolutionnaires, ils continuèrent à visiter pieusement le tombeau de leur bienfaitrice. Prosternés en secret devant son autel dévasté, ces chrétiens fidèles la conjuraient de faire luire des jours meilleurs sur notre patrie. Ils furent exaucés. Tandis que des saints, ce me semble, plus illustres, virent à Bourges leurs temples ruinés ou détruits, Dieu protégea dans le voisinage l'église de la bergère martyre.

Le ciel redevint serein ; la foi respira de nouveau dans une atmosphère harmonieuse et bénie.

1. Le P. ALET, *loc. cit.*

CHAPITRE XV

RECOUVREMENT D'UNE PARTIE DES
RELIQUES DE SAINTE SOLANGE

Etat actuel de son culte depuis la Révolution. — Ses miracles les plus récents.

A peine les églises furent-elles rouvertes, qu'on vit de nouveau la route du pèlerinage à Sainte-Solange se couvrir de pieux voyageurs. On ne pouvait plus, il est vrai, honorer dans ce sanctuaire les reliques de la sainte Martyre; mais la mémoire de ses bienfaits y était vivante encore et suffisait pour animer la confiance et la foi des pèlerins. L'Eglise vint seconder la piété des fidèles.

Par une ordonnance du 30 avril 1805, monseigneur Isidore de Mercy, en vertu d'un indult de Rome, rétablissait au sanctuaire de Sainte-Solange l'antique confrérie avec toutes ses indulgences. Huit jours auparavant, il en avait érigé une autre pareille dans la ville même de Bourges.

L'église de Saint-Pierre le Puellier, qui était autrefois le siége d'une des plus florissantes confréries, ayant disparu sous les ruines, on établit cette dévotion dans l'église métropolitaine. Une chapelle fut affectée à cette pieuse destination; et les fidèles s'empressèrent de s'enrôler sous la bannière de la Patronne du Berry.

Vers le même temps, le pieux archevêque, plein de zèle pour ce culte béni du ciel, étendait à d'autres églises de son diocèse les mêmes avantages, le même moyen de rénovation chrétienne. De pareilles confréries furent érigées à Saint-Cyr d'Issoudun et à Saint-Christophe de Châteauroux.

Sous monseigneur de Villèle, l'église de Sainte-Solange fut élevée, le 23 mars 1826, au rang de cure de deuxième classe, comme si on eût voulu faire rejaillir cet honneur sur le pèlerinage lui-même. Le curé de la paroisse, l'abbé Tisserat, fit exécuter une modeste châsse, bien inférieure sans doute à celle dont la Révolution fit sa proie, mais suffisante pour édifier les fidèles et continuer l'antique tradition.

A défaut des reliques de sainte Solange, dont il ne put recouvrer aucune parcelle, l'abbé Tisserat, dûment autorisé, renferma dans la châsse des reliques authentiques des saints martyrs Vincent et Clément et de sainte Eugénie, vierge et martyre, dont la vie et la mort ont plusieurs points de ressemblance avec celles de sainte Solange. La Patronne du Berry, d'accord avec ces nouveaux intercesseurs, continua à répandre, comme autrefois, sur son pays, ses grâces et ses bénédictions. Parmi les preuves signalées de la persévérante bonté de cette vierge, nous choisissons un fait bien connu, où il est difficile de ne pas reconnaître une intercession surnaturelle.

Marie Moulin, du village de Cordières, paroisse de Lys-Saint-Georges (Indre), fille d'un fermier, fut atteinte, à l'âge de douze ans, d'une complète extinction de voix...

Pendant *quatorze ans*, on ne l'entendit jamais proférer une parole. Dans l'état de calme, dans les moments de surprise, dans les plus vives émotions, toujours même silence. Les médecins se déclarèrent impuissants. Du reste, forte et laborieuse, Marie était très-utile à ses parents pour la culture de leur ferme, et, de plus, elle était pieuse. On l'avait plusieurs fois engagée à faire le pèlerinage de Sainte-Solange. Elle s'y était constamment refusée. Enfin à l'âge de vingt-six ans, en 1834, elle manifeste par signes le désir de visiter ce sanctuaire. On acquiesce à sa demande; elle accomplit cette œuvre avec une foi et une ferveur peu communes.

Elle fait à pied ce voyage de plus de vingt lieues ; elle jeûne ce jour-là, comme elle a coutume de le faire tous les vendredis. Elle assiste aux cérémonies de la grande procession annuelle, le 19 mai 1834, lundi de la Pentecôte. Dieu seul sait avec quelle confiance elle invoque l'illustre martyre. Au moment où elle passe sous la châsse vénérée, une personne lui présente la croix d'un chapelet, en lui demandant ce que c'est. Elle répond : « C'est une croix ! »

A dater de ce moment, elle s'exprime avec clarté et conserve le plein usage de la parole, jusqu'à sa mort arrivée l'année suivante.

M. l'abbé Caillaud, vicaire-général, qui a fourni ces détails au père Alet, ajoute que « le fait est indubitable, qu'au su et vu de toute la paroisse de Lys-Saint-Georges, et d'une foule de personnes des paroisses voisines, cette fille était allée muette à Sainte-Solange et en était revenue parlant ».

C'est ainsi que la foi des peuples, alimentée seulement par le souvenir de la sainte bergère, obtenait encore des prodiges. Mais un heureux événement se préparait qui allait remplir de joie le cœur des fidèles berrichons.

A une époque, dont il serait inutile d'essayer la détermination précise, dit le père Alet dont la *Vie de Sainte Solange* nous a été d'un grand secours, une partie des reliques de la Sainte furent tirées de son sanctuaire et données à l'abbaye du monastère de Lorois *(locus regius)*, appartenant aussi au diocèse de Bourges.

Totalement dépouillée de son trésor par la Révolution, l'église de Sainte-Solange a été heureuse de recevoir, à son tour, une partie du don qu'elle avait fait jadis en abondance. Le récit authentique du retour des précieuses reliques reste déposé dans la châsse même de la Sainte, muni du sceau archiépiscopal. Cette pièce importante est datée de Bourges le 12 février 1846, rédigée et signée par l'abbé Caillaud, vicaire-général. Comme elle est d'un haut intérêt, nous la transcrivons ici dans son intégrité.

« Les reliques de sainte Solange, que possède aujourd'hui l'église de la paroisse de Sainte-Solange, consistent en un fragment de la mâchoire supérieure et une dent de la Sainte, renfermés dans un reliquaire d'argent, en forme de cœur, revêtu du sceau de Monseigneur l'archevêque. C'était l'abbaye de Lorois, ordre de Citeaux, sur la paroisse de Méry-ès-Bois, diocèse de Bourges, qui possédait ces précieuses reliques. Les moines les exposaient à la vénération publique aux grandes solennités, et les portaient en procession le lundi de la Pentecôte, à une croix qui se trouvait sur la place, en face de l'église. Le 9 mai 1786, monseigneur de Phélippeaux étant venu à Lorois où il resta quelques jours, les reliques furent exposées tout le temps qu'il passa à l'abbaye.

« En 1791, lorsque les moines furent forcés de sortir de leur couvent, les reliques furent transportées de l'abbaye de Lorois à la paroisse de Méry-ès-Bois, par M. Dubé, curé de cette paroisse, avec un concours immense du peuple et quarante prêtres ou autres personnes portant l'habit ecclésiastique. Pendant la *Terreur*, elles furent cachées dans le clocher de Méry-ès-Bois, par M. Rossignol, curé de la paroisse. Ces faits ont été attestés sous la foi du serment par le sacristain de Méry-ès-Bois (qui cacha lui-même les reliques avec M. le curé) et par deux autres personnes, dans une enquête faite à Méry-ès-Bois par M. l'abbé Bonnin, vicaire-général, en 1838.

« Le procès-verbal de cette enquête est déposé dans les archives du secrétariat de l'archevêché...., ainsi qu'un écrit de M. Olivier, ancien moine de Lorois, et de M. Grossoreille, ancien curé de Méry-ès-Bois, qui confirme et corrobore ces faits. — L'autre partie des reliques, dont il est parlé dans l'enquête, est restée à l'église de Méry-ès-Bois. » C'est un fragment du crâne [1].

---

1. La minute de l'enquête est signée : Bonnin, vicaire-général.

C'est ainsi que le sanctuaire de Sainte-Solange est redevenu possesseur de la plus belle de ses richesses. Il est difficile de ne pas voir le doigt de Dieu à travers cette suite d'incidents. La divine Providence, par un dessein impénétrable de sa bonté, semble avoir traité avec plus de prédilection l'humble fille des champs que les saints les plus illustres honorés à Bourges. Leurs restes vénérables ont presque complètement disparu, tandis que ceux de la sainte bergère, échappant comme par miracle à la destruction universelle, sont encore conservés dans quatre lieux différents, à Sainte-Solange, à Bourges, à Nevers et à Méry-ès-Bois.

En effet, le diocèse de Nevers a été assez heureux pour sauver de la Révolution ce qu'il possédait des restes précieux de la Vierge de Villemond. « Parmi les reliques que put soustraire aux profanations de Fouché le vicaire épiscopal, Gousset, et qu'il transporta à Nolay, sont les reliques de Sainte-Solange dans une grande châsse contenant un reliquaire où est renfermée une petite boîte portant cette inscription : *Fragmenta reliquiarum sanctæ Solangiæ V. M. 1612.* » [1]

La cathédrale de Bourges possède, dans une

---

1. *Sainte Solange V. et M.*; Nevers, 1858 ; sans nom d'auteur.

de ses chapelles dédiée à sainte Solange, une magnifique châsse en bronze doré, d'un remarquable travail. Elle est moderne, bien que d'un style ancien ; elle renferme, depuis 1846, des reliques de la Sainte provenant, comme celles de la paroisse de Sainte-Solange et celles aussi de Méry-ès-Bois, de l'ancienne abbaye de Lorois dont nous avons parlé.

Cette chapelle de sainte Solange, dans la cathédrale de Bourges, est ornée d'un beau vitrail et de deux fresques dont l'une, toute moderne et assez médiocre, représente sainte Solange à genoux devant la croix du champ où elle garde ses brebis. L'autre qui est antique et vient d'être restaurée, est un œuvre d'art [1]. Elle représente la scène du crucifiement de Jésus-Christ, c'est-à-dire ce qui est le trait principal et caractéristique de la vie de cette angélique épouse de Jésus, qui meurt comme elle avait vécu..... en aimant la croix du Dieu-Sauveur [2] !

Une autre église de Bourges, celle de Saint-Pierre-le-Guillard, possède aussi une chapelle dédiée depuis peu (1873) à la sainte bergère :

---

1. Cette chapelle, dont les boiseries, les peintures et les vitraux ont été renouvelés en 1869, doit sa restauration à Mgr de La Tour d'Auvergne, l'illustre prélat qui met tout son zèle à rehausser le culte de la Sainte.
2. Nous devons communication de ces documents à l'obligeance de M. l'abbé de Champgrand.

elle était auparavant sous le vocable de Sainte-Ursule. Dans cette chapelle, sainte Solange a sa statue en pierre, œuvre de M. J. Dumontel ; puis un vitrail (par M. Ch. Jurie), à trois compartiments. Au milieu, la Sainte est dans la béatitude. Les deux médaillons de gauche et de droite la représentent, l'un priant au pied de la croix, l'autre, recevant le coup de la mort.

Dans beaucoup d'églises rurales des environs de Bourges surtout, on a placé récemment des verrières représentant sainte Solange gardant ses brebis. C'est là un témoignage évident de la foi toujours croissante que l'on a en elle et de l'efficacité de sa protection constante sur son peuple chéri.

Il serait trop long de raconter tous les miracles, toutes les grâces extraordinaires obtenues depuis le recouvrement de ses reliques. Nous nous contenterons de rapporter, à la fin de ce volume, le récit de deux guérisons merveilleuses qui ont eu lieu la même année (1850), à huit jours d'intervalle.

Le culte de la *bonne Sainte,* qui semble prendre un nouvel essor, est en grand honneur dans l'Indre, comme dans le Cher. A Châteauroux, dans la paroisse de Saint-Christophe, le 10 mai, sainte Solange est honorée avec un grand concours de pieux fidèles. Les mères chrétiennes s'y rendent en foule pour mettre leurs enfants sous le patronage de la jeune Vierge-martyre. Il y a, dans l'église, une chapelle sous son vocable. Les paroisses des environs de La Châtre se font particulièrement remarquer par leur grande dévotion à la douce Patronne de leur pays. Bien qu'éloignés de Sainte-Solange d'environ vingt lieues, ces fervents chrétiens se rendent, chaque année, en grand nombre, au grand pèlerinage du lundi de la Pentecôte [1].

Dans un gros village du département du Cher, à Bannegon, on vient de bâtir une église sous le vocable de sainte Solange. On espère que sous peu cette église sera érigée en succursale, ou tout au moins en chapelle vicariale. C'est un jeune médecin qui a été l'âme de l'entreprise. Honneur à lui! Dans notre siècle matérialiste et athée, de tels exemples sont rares surtout parmi la jeunesse sortie de nos facultés. On ne saurait trop les signaler à l'admiration de tous.

Mais ce n'est pas seulement dans tout le Berry que sainte Solange est honorée, c'est encore dans la Nièvre, le Blésois et l'Orléanais.

Nevers et Nolay, près de Prémery, célèbrent la fête de la translation de ses reliques le lundi

---

1. Nous devons ces renseignements à l'extrême obligeance de M. l'abbé Damourette, aumônier à Châteauroux.

de la Pentecôte. Ce jour-là, à Nevers, la châsse renfermant les reliques de la Sainte, déposée à la cathédrale, est portée processionnellement dans plusieurs rues de la ville, jonchées de fleurs, au milieu d'un peuple immense qui implore la protection de la Vierge de Villemond.

A Selles, dans le Loir-et-Cher, où une confrérie est établie, sainte Solange a aussi, dans l'église, une chapelle magnifiquement décorée. Des vitraux modernes, d'un bel effet, y ont été placés, et, chaque année, le 10 août, a lieu un grand pèlerinage. La ville de Romorantin est bien connue par sa grande dévotion à la Vierge-martyre. Le 10 mai, le diocèse de Blois apporte aussi, comme autrefois, à Sainte-Solange son contingent de pèlerins.

Dans la Sologne et l'Orléanais, on rencontre cette même dévotion touchante à la Patronne du Berry. C'est surtout le diocèse d'Orléans qui se distinguait autrefois et se distingue encore aujourd'hui par sa dévotion envers sainte Solange.

La paroisse de Solterre, dans le canton de Châtillon-sur-Loing, célèbre la fête de la Sainte le 10 mai, avec le concours des paroisses environnantes. Sainte Solange y possède une chapelle et les pèlerins y viennent toute l'année. Il en est de même de la paroisse de Lorris;

elle célèbre également, dans sa belle église monumentale, la fête de sainte Solange, le 10 mai. En outre, dit M. l'abbé Vallière, curé actuel de Sainte-Solange, les paroisses de Gien, de Poilly, de Choux, de Nogent-sur-Vernisson, de Varennes, de Montereau, de Châtillon-sur-Loing, de Saint-Florent-le-Jeune, nous fournissent, maintenant comme autrefois, la plus grande partie de nos pèlerins étrangers. Ces bons chrétiens viennent en chantant des cantiques et en récitant des prières. Ils s'arrêtent et s'agenouillent à chaque croix qu'ils rencontrent. Presque tous font la sainte communion le lundi de la Pentecôte à Sainte-Solange. Ils prient avec une foi qui mérite souvent d'être exaucée. Les grâces qu'ils reçoivent ne sont souvent connues que plusieurs années après l'événement et par hasard. »

Dans ces différentes provinces, il y a bien des familles chrétiennes où les jeunes filles portent le nom de Solange. A chaque pas, la dévotion à la *bonne Sainte* se retrouve sous toutes les formes, depuis l'art le plus pur qui fait resplendir sa belle figure sur les vitraux ou sculpter son histoire sur les châsses, jusqu'à l'imagerie religieuse d'Epinal, avec ses couleurs grossières, aux tons criards. Ces images ainsi grossièrement peintes décorent assez souvent les chaumières du Berry. Les unes représentent sainte Solange filant sa quenouille ; les autres la représentent tenant en main la palme du martyre et ses moutons dormant à ses pieds. D'anciennes gravures la représentaient chassant d'un geste le loup ravisseur qui s'avançait sur ses brebis. Il serait à désirer que ces images populaires fussent moins indignes de la Sainte et de l'art.

Le Père Cahier, dans ses *Caractéristiques des saints*, donne un croquis assez gracieux représentant sainte Solange après sa mort. La jeune fille est affaissée au pied d'un tertre surmonté d'une croix rustique. De sa main droite, elle ramasse les plis de sa robe sur sa poitrine, et de sa main gauche, qui embrasse la croix, elle tient une palme entrelacée de roses et de lis. Une dague est enfoncée dans son thorax. A côté, un agneau qui bêle ; à terre, la quenouille et le fuseau. La décollation paraît assez peu probable au Père Cahier, dans une lutte comme celle qui a dû s'engager entre la Sainte et son ravisseur. D'ailleurs, rien n'empêche de supposer que la victime, percée d'une dague, ait ensuite été achevée par la décapitation [1].

Chaque année, soit à la fête du 10 mai, soit surtout au grand pèlerinage du lundi de la

---

1. *Les Petits Bollandistes, Vie des Saints*, par Mgr P. Guérin.

Pentecôte, des voix éloquentes célèbrent les gloires de l'illustre Patronne [1].

Aujourd'hui, comme hier, comme il y a dix siècles, le culte de la Sainte est vivant. Les foules continuent d'accourir à son tombeau. Loin de diminuer, la confiance du peuple semble avoir grandi avec les faveurs multipliées que verse sur lui la puissante Patronne. Déjà, en 1845, le dernier historien du Berry qu'on ne soupçonnera pas de partialité pour les choses religieuses, écrivait : « Le 10 mai, anniversaire de la mort de sainte Solange, le lundi de la Pentecôte, anniversaire de la translation de ses reliques et de la dédicace de son église, une foule immense de pèlerins, de malades, de mères tenant leurs enfants dans leurs bras, viennent invoquer son intercession et chercher autour de son église sinon la santé, au moins l'espérance..... Cette dévotion toute populaire a même dépassé les limites de la province ; ses fêtes attirent beaucoup d'habitants des provin-

---

1. Nous citerons en particulier, outre le remarquable *Panégirique de sainte Solange*, par M. l'abbé Lagrange, 2 juin 1873; celui de M. l'abbé Pacton, curé de Savigny-en-Septaine, 10 mai 1875; les *Discours* de M. Trumeau, doyen d'Henrichemont, 20 mai 1872; de M. l'abbé Delort, curé de Saint-Pierre de Limoges, 10 mai 1874; de M. Carmignon, curé de Chabris, 28 mai 1874; de M. l'abbé Perdriget, aumônier de la garnison de Bourges, 5 juin 1876 · de M. Bournichon, curé de Saint-Just, 21 mai 1877.

ces voisines, surtout du Morvan [1]. » Il en vient aussi beaucoup du Bourbonnais et de l'Orléanais.

Aujourd'hui les processions ne vont plus de Sainte-Solange à Bourges; mais on vient de Bourges, de Nevers, de Moulins et d'autres lieux à Sainte-Solange. L'œil ne suffit plus à compter les multitudes chrétiennes qui s'empressent au pied de la croix traditionnelle de la Sainte et au bord du ruisseau qu'elle a rougi de son sang. Ainsi la divine Providence, qui dispose toutes choses pour le bien des âmes, manifeste clairement le dessein de rendre à ce pèlerinage la splendeur de ses plus beaux jours.

1. RAYNAL, *Hist. du Berry*, t. I, p. 313.

CHAPITRE XVI

LE GRAND PÈLERINAGE DE 1876

L'église et la chapelle de Sainte-Solange. — Harmonie de cette dévotion avec les temps actuels.

Au mois de juin 1876, un magnifique spectacle était offert à l'édification des populations du Berry. C'était le lundi de la Pentecôte, jour du grand pèlerinage si ancien déjà et qui chaque année se renouvelle.

Le soleil s'était levé radieux; mais, bien avant l'aube, déjà les voitures sillonnaient les routes qui conduisent au village de Sainte-Solange. Depuis quinze jours environ, on voyait des pèlerins à pieds venir de fort loin à la fête; on en trouvait partout sur les chemins. Ils s'arrêtaient aux fermes qu'ils trouvaient sur leur passage. Là, selon la coutume, on les loge, ils ont place au feu et à la table ; ils sont remplacés par d'autres et nul ne se refuse à leur donner l'hospitalité. Au retour, ils rapportent de l'herbe ayant touché la châsse, un peu d'eau de la *fontaine de sainte Solange,* un chapelet, une médaille et le bouquet traditionnel enrubanné toujours, mais qui a perdu une partie de son charme depuis qu'on l'a débarrassé du clinquant qui miroitait au soleil et des fleurs de cristal qui brillaient sur le rideau rouge du lit à l'ange, au fond de la chaumière. Il était si reluisant et si frais d'aspect, drapé dans un pli de l'étoffe, tout près du crucifix, du bénitier et de la branche de buis. Tout à côté, la croix ou la médaille du vieux soldat, le congé de l'aîné des fils dans un cadre en bois rouge et l'image de première communion du plus jeune.

Religieux souvenirs d'autrefois, pourquoi disparaissez-vous?...

Dès le matin, une partie de la foule s'était massée compacte et recueillie dans le *champ du martyre* sur les bords de l'Ouatier, autour de l'élégante chapelle que l'on a tout récemment construite auprès de la croix, place favorite des oraisons de la Sainte.

Vers neuf heures, un coup de tonnerre se fit entendre; puis le ciel devint gris et le vent, froid.

Pendant ce temps-là, Monseigneur de La Tour-d'Auvergne célébrait les saints mystères à la chapelle du champ.

La tribune, ouverte en plein air, était pleine de brillantes châtelaines. Près des deux autels latéraux, quelques âmes pieuses entendaient une messe dite par un autre prêtre ; de simples grandes dames attendaient, étouffées dans la foule, la communion des mains de Monseigneur. Les cantiques se chantaient avec un entrain admirable ; puis, la messe finie, l'archevêque pria longuement, agenouillé devant la Sainte. Ce contraste des grandeurs de la terre, de ce prince de l'Eglise et du monde aux pieds de la bergère si élevée dans le ciel, était vraiment frappant. Un silence majestueux se fit dans la chapelle où les malades priaient. Ils étaient là depuis la veille ; plusieurs avaient passé la nuit en prière.

Tout à coup l'image de sainte Solange s'éclaira dans un rayon de soleil ; elle me sembla se pencher pour sourire. Enfin vint la grand'messe à l'église paroissiale, ensuite la procession se rendant au champ du martyre, avec ses longues files de vierges, les bannières blanches aux roses rouges et la croix de fleurs portée par une noble jeune fille en costume de mariée, aux plus riches dentelles ; puis les chants, les foules, les voitures arrêtées, les infirmes, les boiteux, les estropiés, les charlatans, les bohémiens, les marchands de chapelets, étalés sur le parcours, implorant la charité des fidèles, un vrai ressouvenir de la cour des miracles.

De loin, la grande taille de Monseigneur qui conduisait la procession, dominait la foule. Le soleil ruisselait, la chaleur était devenue suffocante ; les pèlerins haletaient, mais ils chantaient toujours. Il était beau de voir s'avancer, à travers les blés d'or, ces vierges vêtues de blanc, le chapelet aux doigts, ces jeunes gens portant un bouquet ou une fleur à leur boutonnière [1], ces mères chrétiennes, leurs enfants dans les bras, ces hommes des villages venus à pieds de si loin, marchant tête nue sous un soleil de feu, en chantant.

Tout était envahi, les prés, les champs dont les épis mûrs se courbaient sous les pas des pèlerins.

« On gâte vos récoltes, » disait un étranger aux paysans. — « Ah ! laissez faire, monsieur, nos blés n'en seront que plus fournis et meilleurs ; demain, tout ce que vous voyez là, abattu et froissé, se relèvera plus ferme et plus brillant : cette procession, c'est la bénédiction sur nous et sur nos champs. »

Le trajet fut très-long. Ce champ immense du martyre était rempli jusque vers la chapelle

---

[1]. Il est à regretter que les gros bouquets d'autrefois aient fait place à une simple fleur qui elle-même, tend à disparaître devant le respect humain.

où le clergé entra. Là-haut, sous la coupole de la tribune, est un autel où l'aumônier militaire officia; un fauteuil avait été préparé pour monseigneur. Du haut de cette tribune un prêtre dirigeait les chants de la foule. La messe finie, M. l'abbé Perdriget électrisa les masses par sa parole mâle et sonore.

La coupole de la tribune est si admirablement peinte que l'admiration vous prend à l'âme. C'est, comme on l'a très-bien dit, une page éloquente, écrite par un merveilleux pinceau, fraîche comme une idylle, profonde et mystique comme une peinture des catacombes, où sont célébrées les fiançailles célestes de l'angélique vierge avec son immortel Epoux. Elle représente, comme dernière scène, l'apparition triomphante de l'Eucharistie dans le ciel et la révélation de ce mystère aux anges.

On ne peut se lasser de contempler cette fresque magnifique, œuvre magistrale, où l'artiste a fait preuve d'une intelligence singulière et profonde des choses divines [1].

Jésus descend des splendeurs du ciel sur un nuage lumineux ; ses pieds et ses mains portent les cicatrices sacrées pour apprendre à Solange

---

1. M. l'abbé Perdriget a fait une description admirable de ces fresques dans la *Semaine religieuse du Berry*, 24 juin 1876. Ces peintures sont de M. Henri Roscheski, jeune artiste plein d'avenir.

et à tous les chrétiens, que la souffrance est la voie royale du ciel. Le divin Sauveur présente à la bergère l'anneau des éternelles fiançailles. Emanée du Sauveur, « une lumière surnaturelle enveloppe l'heureuse fiancée, et, à ses côtés, comme participant à son extase, un tendre agneau couché sur un tapis de verdure lève sa tête émerveillée et semble lui-même participer aux transfigurations de sa maîtresse »[1].

Non loin de là, derrière le Christ, se dresse, toute ornée de guirlandes de fleurs fraîches écloses, la croix bien-aimée au pied de laquelle Solange s'agenouillait si souvent. Derrière la Sainte, un arbre immense étend ses rameaux épais; il forme avec, une haie d'aubépine aux fleurs blanches, l'oratoire secret où, suivant les chroniques, elle aimait à s'entretenir à l'écart, seule à seul avec Jésus. Des profondeurs des cieux, un ange arrive à tire d'aile et dépose sur le front de la Vierge une couronne d'épines. Bien loin, à l'horizon, on aperçoit la silhouette du clocher de la vieille église, si chère au cœur de la Sainte, toute baignée des derniers rayons du soleil couchant qui dore, avant de mourir, la cime des peupliers du val.

Il est impossible de rendre cette impression de fraîcheur suave, cette grâce chaste, ce sou-

---

1. L'abbé Perdriget, *ibid.*

rire de la Sainte à Notre-Seigneur, qui la vient chercher, et ces têtes qui planent au-dessus, et le soleil faisant resplendir toutes ces couleurs.

Dans la chapelle, il n'y a que des fleurs des champs, et à l'intérieur, trois vitraux splendides. Celui du milieu de l'abside, le plus remarquable des trois, représente sainte Solange dans le costume berrichon; nous l'avons déjà décrit ailleurs. Le second vitrail représente sainte Geneviève : c'est le calme dans la grâce et dans la force. Celle qui est peut-être le moins bien au point de vue religieux, c'est sainte Germaine, représentée sur la troisième verrière. Il semble que sa figure sent un peu l'afféterie, elle n'est pas non plus assez conforme à la tradition; mais elle a de la grâce naïve en même temps, et les fleurs qui s'échappent de son tablier sont si admirablement belles, qu'elles rachètent ce léger défaut; du reste, on ne le saisit pas à première vue. Les verrières des absidioles reproduisent en médaillons légendaires la vie et la mort de sainte Solange [1].

Cette coupole, ces vitraux, cette chapelle aux

---

[1]. Ces verrières sont dues à la générosité des familles de Bengy de Puyvallée, Tombeau de Maisonneuve, Rapin, de Toirac, Sallé de Choux, et de M. Delort, curé-doyen de Villequiers. — Le clergé du diocèse a donné les trois verrières de la tribune.

pierres blanches comme l'âme virginale de la Sainte à qui elle est consacrée, sont l'œuvre populaire de tout un pays. C'est à l'initiative d'un généreux curé de Sainte-Solange qu'est dû ce vaste et bel édifice, gracieux poëme de pierre au milieu de la verdure des champs. Qu'il en soit béni sur terre et récompensé au ciel [1] !

Béni aussi le prêtre intelligent et pieux [2] qui, pour raviver la dévotion à la douce Patronne, a eu le courage et le zèle d'ériger ce sanctuaire, « ornement du pèlerinage et signe de sa vitalité » ! Bénies soient les familles chrétiennes du Berry, opulents foyers ou humbles chaumières, qui ont répondu à son appel !

Tandis que j'étais absorbé dans la contemplation de cette œuvre merveilleuse, la cérémonie s'était achevée. Les pèlerins s'éloignaient lentement, égrenant leurs chapelets bénits ou chantant des hymnes sacrées en escortant la

---

1. Le procès-verbal de la consécration porte ce qui suit : « Cette chapelle, due à l'initiative de M. François Charbonnier, décédé curé de Sainte-Solange, — il avait laissé à cet effet 8,000 francs par testament, — commencée par M. Xavier Lelièvre, son successeur, aussi décédé curé de Sainte-Solange, — continuée et terminée par M. Louis Vallière, curé actuel, sous la direction de M. Robin, chanoine de l'église métropolitaine, *a été édifiée avec les aumônes des fidèles,* recueillies à cette fin. »

Mgr de La Tour d'Auvergne en a fait la consécration le 10 mai 1874, au milieu d'un immense concours de fidèles.

2. M. l'abbé Vallière, curé actuel de Sainte-Solange.

châsse de la jeune martyre. Dans le *champ de sainte Solange,* on voyait encore de pieux villageois le genou en terre, le chapeau à la main, la prière sur les lèvres, cueillant, avec un saint respect, de l'herbe et des fleurs qu'ils emporteront chez eux, comme autant de précieuses reliques. Une grande quantité de malades se baignaient dans le gué de l'Ouatier que les paysans, par erreur, appellent *la fontaine de sainte Solange;* d'autres emportaient des parcelles de la croix restée à terre, pour les employer comme remèdes dans les maladies. En présence d'une scène aussi touchante, comment ne pas être ému?... Qu'ils sont coupables ceux qui cherchent à enlever de jour en jour cette foi naïve de nos campagnes!...

Au retour, c'étaient les tables organisées sur l'herbe, les jeunes paysannes riant d'un rire frais, les voitures, les chevaux attachés sous les arbres, une foule, un entrain et une foi impossible à décrire.

La procession était revenue à l'église où la châsse de la Sainte était suspendue et où l'on se pressait pour faire toucher les objets que l'on désirait emporter comme une protection.

Cette châsse où l'on vénère les reliques recouvrées en 1846, a été acquise en 1818. Aux jours de pèlerinage, notamment le 10 mai et le lundi de la Pentecôte, elle reste suspendue dans la nef où elle reçoit les hommages d'une foule empressée. Aux temps ordinaires, on la voit à travers une grille, au fond d'une cavité en forme de niche, pratiquée sous le mur latéral du chœur, vers l'autel, du côté de l'évangile. Elle est de forme carrée. Faite simplement de noyer doré ou argenté, elle est donc fort inférieure à celle dont la rapacité révolutionnaire fit sa proie; mais elle en rappelle le souvenir par l'ensemble de six bas-reliefs, retraçant l'histoire de la Sainte, d'après l'antique modèle suivi par les artistes de 1511. Elle renferme une autre petite châsse vitrée, contenant elle-même un reliquaire d'argent en forme de cœur, authentiquement scellé et dont les bords sont en vermeil. On distingue clairement, dans l'intérieur du reliquaire, un fragment notable de mâchoire et une dent qui s'en est détachée.

C'est dans cette même nef, à gauche, que se trouve l'autel dédié à l'illustre Patronne. Un beau tableau l'y représente assise au pied de la croix, environnée de ses brebis [1]; et tout près est une statuette peinte de la Sainte, portant sa tête dans ses mains. C'est cette statuette que les bons habitants du pays, pleins de recon-

---

1. Cette belle peinture a figuré à Paris au salon de l'Exposition.

naissance et d'amour pour leur protectrice, couvrent de rubans et de fleurs. Chaque pieux fidèle emporte un de ces rubans pour le faire toucher au malade dont il est venu implorer la guérison. Les rubans sont ainsi emportés et rapportés tour à tour. Naïve et charmante dévotion du peuple, qui rappelle la foi des anciens jours, on est heureux de vous retrouver au milieu de l'indifférence et du scepticisme contemporains !

Qu'on nous permette quelques détails sur cette église de notre Sainte, qui porte les caractères de la plus haute antiquité. Selon la tradition constante du pays, elle a été rebâtie sur les fondements de l'église primitive dédiée à saint Martin, puis, comme nous l'avons vu, à sainte Solange, vers la fin du dixième siècle.

« Elle se compose d'une nef et d'un chœur rectangulaires avec tour et clocher formant narthex à l'occident. La nef est éclairée par six fenêtres longues et hautes, légèrement aiguës ; le chœur, plus étroit qu'elle, est éclairé de même. Nef et chœur sont couverts d'une voûte lambrissée en bois. Les murs sont munis de contreforts à l'extérieur. La longueur totale de l'édifice est de soixante pieds........ Quelques modillons du chœur représentent des têtes de serpents, des objets bizarres qui accusent le douzième siècle et semblent des débris d'une église antérieure à l'église actuelle »[1].

La tour occidentale qui la précède est d'une architecture plus riche, ogivale avec des détails de style roman. Elle est carrée, haute d'environ cent cinquante pieds, surmontée de quatre petits clochetons en pierre entourant le clocher principal et ouverte à sa base par quatre grands cintres formant le porche de l'église. Entre ces clochetons s'élève une flèche élégante qui date de 1785, époque où la flèche précédente, plus belle et plus hardie encore, fut détruite par un horrible incendie qui consuma tout le bourg, à l'exception de deux ou trois maisons, détruisit l'aiguille et fondit toutes les cloches.

« Le chevet de l'église est tout couvert d'une décoration en bois et carton peint et doré, qui doit être du dix-septième ou dix-huitième siècle, et représente des nuages, des gloires, des draperies, des colonnes, des frises en marbre. Il n'a d'autre mérite que d'attester la faveur dont ce sanctuaire a joui à toutes les époques. »

Deux dalles du chœur portent les inscriptions suivantes :

---

[1]. Buhot de Kerséns, *Statistique du département du Cher*, p. 62. D'après cet auteur, l'ancienne église de Saint-Martin-du-Cros était située au lieu dit *l'Ancien cimetière*, et ainsi l'église actuelle n'aurait pas été construite sur l'ancienne, mais rien ne prouve que cette opinion soit fondée.

CHAP XVI. — SON ÉGLISE 265

CY GIT MESSIRE	CI GIST ANNE
DE CETTE PAROISSE	AUBRI VEUVE DE
† ETIENNE PONCET	MRE JEAN DECULA
DECEDÉ LE 2 DE	CHEVALIER SEIGNEuR
DECEMBRE 1722	DE SAINTE SOLANGE
AGÉ DE 49 CURÉ	DECEDE LE 3 JANVIEr
Sᵉ SOLANGE	1767 AGEE DE 49 AN
P. D † P † A.	/// EQUIESCAT IN PACE.

Le renvoi de la première à la troisième ligne et toutes les incorrections prouvent l'ignorance des graveurs.

On voyait encore en 1828, sur les murs du chœur, l'histoire en tapisserie de sainte Solange..... *faite en 1764 des deniers de la confrérie.* De ces six belles tapisseries d'Aubusson dont nous avons déjà parlé, cinq restent seules, exposées dans l'église, encore sont-elles détériorées. Il manque la quatrième, celle de la décollation.

« Dans la sacristie est une vaste boiserie, de quatre mètres de long sur deux mètres de large à panneaux séparés par des pilastres cannelés. Les filets et les baguettes de la corniche sont couverts d'oves, de perles, de rais de chœur, de torses ; les panneaux sont ornés de rinceaux élégants, dont le fin relief semble accuser la fin du seizième siècle. Quatre colonnes en bois sculpté, deux accouplées à chaque bout, se détachent devant ce fond et portent la corniche très-saillante. Elles sont à chapiteau corinthien, à torse évidé et à base prismatique. Sur les cannelures évasées du torse sont réservés des branchages, où nous avons cru reconnaître des sarments et des épis, symboles de l'Eucharistie. On prétend que ce meuble vient de Saint-Germain-du-Puits ; nous ne le pensons pas ; il a dû toujours servir de couronnement au bahut où sont rangés les nombreux ornements figurant dans les processions annuelles ou extraordinaires de sainte Solange.....

Ainsi nous trouvons partout, dans cette église, les traces du culte ancien rendu à l'humble bergère de Villemond, devenue la Patronne du Berry ; et c'est avec plaisir que nous avons pu constater la concordance parfaite des données archéologiques avec les enseignements de la tradition » [1].

Pendant que la science reconnaît l'authenticité des traces laissées par un culte dix fois séculaires, ce culte, en notre siècle, prend une extension nouvelle ; il se développe et fleurit plus ardent que jamais au lendemain de nos désastres.

La foi contemporaine qui a élevé la splendide basilique de Lourdes, qui entraîne les foules sur

---

1. BUHOT DE KERSERS, *loc. cit.* — Nous recueillons avec plaisir et empressement cet aveu précieux d'un homme compétent et peu suspect.

les bords du Gave, aux pieds de la Vierge des Grottes de Massabielle, comme à tous les anciens sanctuaires de France, cette foi qui rappelle celle des beaux jours du moyen âge, a son retentissement jusque sur les rives de l'Ouatier.

« Qu'est-ce donc que ce magnifique élan ? C'est l'âme chrétienne qui tressaille, c'est la France religieuse qui se réveille, qui se montre, qui éclate, et pousse vers Dieu dans sa détresse ces grands cris qui sont la prière d'un peuple, et qui sont toujours entendus. »[1] C'est une consolation bien douce au milieu de nos malheurs, de nos misères et de nos défaillances, que cette admirable explosion de la foi répondant à ces explosions sinistres de l'impiété et du vandalisme, dont le monde est encore épouvanté. La dévotion à sainte Solange n'est pas moins en harmonie avec notre siècle qu'avec l'époque de la Sainte ; car, « au fond, les besoins et les périls sont les mêmes, et, plus encore peut-être que le moyen âge, notre temps réclame impérieusement le secours de deux forces qui ont fait Solange : la foi et la pureté, les croyances et les mœurs..... » Le péril aux temps de Solange, c'était la barbarie, menaçant d'étouffer les mœurs évangéliques ; le péril aujourd'hui, c'est encore la barbarie civilisée, et d'autant plus redoutable,

---

1. L'abbé LAGRANGE, *Panég. de sainte Solange.*

attaquant non pas seulement les âmes, mais la société elle-même, dans ses bases séculaires, les croyances chrétiennes et les mœurs chrétiennes [1].

L'exemple de la jeune martyre est une prédication éloquente en face de notre civilisation corrompue. Nous avons besoin de respirer l'air salubre de la mortification, l'atmosphère vivifiante et pure de la virginité et du martyre.

Aussi il était réservé à ces dernières années de voir le culte de sainte Solange s'épanouir et s'étendre avec une puissance de vitalité et de rajeunissement qui est le privilége des choses divines. A l'heure où nous écrivons ces lignes, ne sommes-nous pas à la veille d'un grand évènement dans le culte de l'illustre Patronne?

Encore quelques mois, et se lèvera pour Solange un jour à jamais mémorable qui brillera d'un incomparable éclat et mettra au front de la Sainte une auréole de plus.

Le 10 mai 1878, il y aura juste mille ans que la tête de la Vierge tombait sous le fer homicide. Tous les cœurs berrichons et chrétiens tressaillent dans l'attente, et l'on se prépare à célébrer cette fête du *Millénaire* avec une splendeur sans égale.

Demain, « *la solitude de nouveau fleurira et,*

---

1. L'abbé Lagrange, *ibid.*

féconde, elle éclatera en transports de joie, de louange et d'amour. » [1] Dans ces champs de Sainte-Solange où règnent d'ordinaire le calme et la paix, où le silence n'est troublé que par le chant des oiseaux ou la voix du laboureur, les harmonieux cantiques vont de nouveau retentir et les multitudes chrétiennes, que l'œil ne suffira plus à compter, vont accourir sur la tombe de la chaste bergère. Dans cette calme campagne, l'Eglise apparaîtra avec ses croix étincelantes, ses blanches bannières, ses mystères sacrés, ses hymnes, ses prières et ses pompes les plus solennelles.

Ainsi Dieu, qui a couronné Solange dans le ciel, veille à ce que, d'année en année, elle soit également glorifiée sur la terre qu'elle a arrosée de son sang et embaumée de l'arôme de ses vertus. Le lis virginal qui embellit un instant les vallées du Berry, a laissé des parfums qui ne s'évanouiront plus !

Solange avait sacrifié à Jésus sa vie et sa virginité, le doux Sauveur a mis à son front une auréole d'immortelle gloire.

« Ah ! quelle est donc heureuse la sainte virginité. Affranchie de tous les maux inséparables de l'existence terrestre, aimable à Dieu, chère aux anges, imprimant, en tous les traits

---

1. Isaïe, xxxv, 1.

de celle qui la possède, la ressemblance de Dieu lui-même, elle est admise, dans le ciel, à la familiarité la plus intime du Père, du Fils et de l'Esprit-Saint.... La foi l'attire par ses caresses, l'espérance lui tend les bras, la charité la presse sur son cœur; toutes les vertus lui font cortége comme à leur reine, parce qu'elle est la plus aimable des vertus.

« La voyez-vous couronnée de la main de Dieu; la voyez-vous parmi ces bosquets du paradis et ces fleurs de la vie éternelle qui ne se flétrissent pas, parmi ces prairies odorantes et ces forêts embaumées habitées par les anges? Elle respire l'immortalité avec l'air même de ce charmant pays, cet air qui est un parfum de vie tout composé de joie. Là, plus d'infirmité, plus de tristesse, mais l'âme toute inondée de bonheur avec l'assurance de ne jamais le perdre.

« La vierge renonce ici-bas à la société d'un époux; mais Dieu lui a assuré, en échange, durant son passage sur la terre, la compagnie d'un ange. Car toute vierge a toujours près d'elle un ange de Dieu qui est le gardien de son corps. Quand elle dort, il veille à ses côtés; quand elle pleure, il recueille ses larmes; quand elle reçoit le corps du Seigneur, il la couvre de ses ailes, et, si sa virginité court des dangers, il se tient près d'elle, une épée de feu à la main, pour la défendre. C'est lui qui lui souffle les chastes pensées, lui qui entretient la sérénité de son cœur, lui qui parle intérieurement un mystérieux langage, premier bégaiement de la langue du paradis, qui la fait tressaillir et la plonge dans les plus doux ravissements.

« Mais la libéralité divine ne se borne pas à cette faveur. La vierge a pour mère l'Eglise, l'Eglise toujours féconde et, comme elle, toujours vierge immaculée. Elle est sa fille de prédilection, l'objet de ses tendresses les plus intimes, réservées par Rachel à l'enfant de son amour. Elle participe à sa fécondité ; mais, comme elle, elle enfante sans douleur et sans perdre sa virginité ; car quelle vierge dans l'Eglise de Dieu n'enfante pas des âmes ? En quelle bouche les saints enseignements du Christ ont-ils des charmes plus touchants que dans la sienne ? Ses seules paroles sont comme des caresses qui attirent d'autres vierges sur ses pas. » [1]

S'il en est ainsi des simples paroles des vierges, qu'en sera-t-il de vos immortels exemples, ô Solange, vous qui, dans votre couronne,

---

1. « *Ab hujus ore pendent melliflua legis eloquia et perpetua virginibus blandimenta....* » Act. SS. Neræi et Achillæi apud Bolland. xii Maï. — V. L'abbé Martin, *Les Vierges-martyres*, t. I.

ayez uni les roses du martyre au lis de la virginité ? Puisque vous avez l'insigne privilége de suivre l'Agneau partout où il porte ses pas, obtenez-nous de lui de marcher, comme vous, immaculés dans nos sentiers, afin de jouir là-haut des visions de Dieu.

Et maintenant que nous avons achevé ce doux travail, prosternons-nous devant la grande Bergère qui nous a occupés si agréablement pendant ce récit, venons lui demander une grâce, une vertu, celle dont nous avons le plus besoin. Elle les a réunies toutes : en elle, tout était bon, pur et serein. Elle a appris au monde que les héroïques vertus ne sont pas seulement l'apanage des âmes d'élite, mais le don des enfants et des femmes : Dieu les a mises à la portée des humbles.

Châtelaines du Berry, elle vous a montré le néant des vanités humaines : à tout ce qui brille sur la terre, elle a préféré la croix de Jésus-Christ, la douleur et le martyre. A vos filles elle indique avec une grâce touchante l'éclat de la virginité ; aux bergères, ses sœurs, la splendeur de la piété dans le travail simple, assidu du labeur de chaque jour. Aux unes comme aux autres, elle apprend à estimer davantage cette beauté chrétienne que donne la vertu et à faire peu de cas de cette beauté mondaine qui n'est le plus souvent qu'un dangereux écueil pour les âmes ; à nous tous elle découvre le ciel. Que nos efforts y tendent !

Sainte Solange, Patronne du Berry, des bergères et de ceux qui souffrent, priez ! priez pour nous !

Paris, 1er avril, jour de la fête de Pâques.

APPENDICE

HYMNES ET PROSES

COMPOSÉES EN L'HONNEUR DE SAINTE SOLANGE

Nous avons cru devoir réunir ici les hymnes que la piété des fidèles a chantées, en divers temps, à la gloire de notre Sainte. Nous allons d'abord reproduire la séquence ou prose en son honneur, la plus ancienne que nous ayons pu découvrir. Au milieu du xviii⁰ siècle, on la regardait déjà comme *antique*. Les Bollandistes 10 mai) l'ont imprimée sous le titre de *Hymnus antiquus*.

I. — HYMNE ANTIQUE

1

Jam gratulemur hodie
Christo sanctorum gloria,
Qui beatæ Solangiæ
Æterna dedit præmia.

1

A Jésus amour et louange ;
Il est la gloire des élus ;
C'est lui, bienheureuse Solange,
Qui couronne au ciel vos vertus.

Refrain.

O vierge que Jésus couronne,
Nous mettons notre espoir en vous.
Du Berry puissante patronne,
Solange, intercédez pour nous.

2

Hæc beata Solangia
Solum Christum puro corde
Dilexit ab infantia
Immunis ab omni sorde.

2

Elle avait choisi, dès l'enfance,
Jésus pour l'Epoux de son cœur.
Toujours sa robe d'innocence
Garda sa première blancheur.

3

Christum credens Christum co-
Et amans super omnia,   [lens
Sathan calcans, mundum sper-
Et carnis frangens vitia. [nens

3

L'enfer, le monde, la nature
Contre elle s'unissent en vain :
Jésus dans son âme si pure
Commande en maître souverain.

4

Hæc humanum conjugium
Amore Christi despuit.
Propter quod et martyrium
Virgo sancta sustinuit.

4

Pour l'unique Epoux de son âme,
Que son amour fut tendre et fort!
Quand un autre époux la réclame
Elle répond : Plutôt la mort !

5

Jesum, quem vivum detulit
Scriptum in corde jugiter,
Trino sermone protulit
Moriendo feliciter.

5

De Jésus l'image vivante
Fut toujours gravée en son cœur;
Et trois fois sa bouche expirante
Redit ce nom plein de douceur.

6

In cœlesti collegio
Hæc beata Solangia
Pudicitiæ lilio
Coronatur cum gloria.

6

Maintenant au Ciel, votre empire
Solange, pour l'éternité,
Unit les roses du martyre
Au lis de la virginité.

7

Villamontis honoratur
Odore sui nominis;
Rivus fontis rubricatur
Ejus colore sanguinis.

7

Son souvenir vit sur la terre
Près de son tombeau glorieux,
Auprès du ruisseau salutaire
Que rougit son sang précieux.

8

Caput abscissum levavit
Favente Christi gratia
Et ad locum deportavit
In quo nunc est ecclesia.

8

A sa mort, la Bonté suprême
Permit que son chef immortel
Fût transporté par elle-même
Au lieu marqué pour son autel.

9

In quo sanantur languores
Ipsius sanctis precibus,
Morbi, febres et dolores
A multorum corporibus.

9

C'est dans ce béni sanctuaire
Qu'elle répand mille faveurs;
Elle guérit toute misère,
Elle convertit les pécheurs.

10

Laudem, honorem, gloriam
Trinitati altissimæ,
Per beatam Solangiam
Psallat virtus dignissime.

10

Puissions-nous avec Solange
Chanter pendant l'éternité :
Amour, honneur, gloire et louan-
A l'adorable Trinité! [ge.

ANTIPHONA. Solangia virgo veneranda, cujus festa celebranda redierunt annua, casta, prudens et fidelis, impetrare nobis velis gaudia perpetua.

℣. Ora pro nobis, beata Solangia.

℟. Ut digni efficiamur promissionibus Christi.

ANTIENNE. O Solange, vénérable Sainte, dont la solennité annuelle est de retour ; vierge chaste, prudente, fidèle, veuillez nous obtenir les joies éternelles.

℣. Priez pour nous, sainte Solange.

℟. Afin que nous devenions dignes des promesses de J.-C.

ORATIO.	ORAISON.
Clementia pietatis tuæ, quæsumus, Domine Deus noster, universitatem Ecclesiæ tuæ propitio vultu respice, qui beatissimam Solangiam virginem et martyrem cœlesti gratia dignatus es feliciter sublimare. Per Dominum nostrum Jesum Christum qui vivit et regnat in sæcula sæculorum. Amen.	Au nom de votre miséricordieuse clémence, nous vous conjurons, Seigneur notre Dieu, de jeter un regard favorable sur toute votre Eglise, ô vous, qui avez daigné élever si haut dans la gloire céleste la bienheureuse Solange, vierge et martyre, par Jésus-Christ Notre Seigneur qui vit et règne dans les siècles des des siècles. Ainsi soit-il.

II. — HYMNES

COMPOSÉES SELON TOUTE APPARENCE AU XVIIe SIÈCLE

On peut y appliquer des airs très-connus, comme celui de l'*Iste confessor*.

I

SAINTE ENFANCE DE SOLANGE

1

Læta dùm cœlo sonat aula plausu
Æmulo cantu Biturix resultet,
Annuos puro celebret Solangæ
    Ore triumphos.

2

Flore sub primo puerilis ævi,
Spiritu jam tum meliore ducta
Se Deo sponso sociat perenni
    Fœdere spónsam.

1

Tandis que la cour céleste retentit d'applaudissements, que le Berry rivalise avec elle par ses chants et célèbre avec des lèvres pures le triomphe annuel de Solange !

2

Dès la fleur de son âge, conduite par un esprit supérieur à son enfance, elle choisit Dieu pour son époux et contracte avec lui, heureuse épouse, une alliance éternelle.

3

Crevit ut virgo simul aucta virtus
In dies sese magis excrebat
Ante maturos pietas adulta
    Venerat annos.

3

La vierge grandit et, grandissant avec elle, sa vertu se manifeste de jour en jour plus éclatante. Elle est encore jeune que sa piété est déjà mûre.

4

Sub jugo sensus subigit severo
Edomat pœnis juvenile corpus,
Ut fidem Christo simul obligatam
    Servet amanti.

4

Elle soumet ses sens à de sévères lois ; elle dompte par les souffrances son corps délicat ; elle veut, à tout prix, garder intacte la fidélité qu'elle a promise à Jésus, l'ami de son cœur.

5

Dum greges pascit, metuens vi-
    [deri.
Nocte sylvarum latitare gestit ;
More torrentis fugitivus illi
    Præterit orbis.

5

En gardant son troupeau, elle fuit tout regard profane ; elle aime à se cacher dans l'ombre des forêts. Les eaux, qui sous ses yeux coulent rapides, lui représentent l'instabilité des choses d'ici-bas.

6

Ardor hinc crescit ; novus urit
    [ignis,
Deperit sponsum bene fida spon-
    [sa ;
Mente jam cœlos adit, atque
    Præripit astra.   [votis

6

La solitude redouble ses ardeurs ; un nouveau feu la consume ; tendre épouse, elle se meurt d'amour pour le divin Epoux ; son cœur est déjà dans les cieux ; ses désirs franchissent la voûte étoilée qu'elle contemple.

7

Fac ut æternæ studio salutis,
Christe, cœlestes meditetur ar-
 [ces ;
Da simul sæcli male blandien-
 [tem
 Spernere pompam.

8

Summa laus Patri sit et æqua
 [Nato ;
Per tibi sit laus, Amor utrius-
 [que,
Virginum per quem sacra corda
Ignibus ardent. [puris

7

Faites, ô Jésus, que le désir du bonheur éternel porte souvent nos pensées jusqu'aux cieux, et nous inspire du mépris pour l'éclat séduisant et trompeur de ce monde.

8

Souveraine gloire au Père et au Fils son égal ! Même gloire à vous, amour de l'un et de l'autre, qui allumez de célestes flammes au cœur des Vierges consacrées.

II

SES PROGRÈS DANS LA PERFECTION

1

Nunc aptate tubas, sumite tym-
 [pana
Cœtus angelici, dicite Virgi-
 [nem,
Tinxit quæ proprio sanguine
 [quam sacro
Gestat vertice lauream.

1

Prenez vos harpes d'or et vos
 [lyres de fête,
Chœurs des Anges, chantez la
 [vierge dont le sang
A rougi le laurier qui couronne
 [sa tête
D'un diadème éblouissant.

2

Solo digna Deo conjuge, respuit
[Mortales thalamos, jam dederat
[fidem.
Quam divina ligant pacta, quis
[audeat
Hasce impune deposcere ?

2

Dédaignant à jamais les amours
[de la terre,
Elle se donne à Dieu par un
[pacte divin :
Lui seul est digne d'elle. A Dieu
[quel téméraire
Oserait disputer sa main ?

3

Mundi blanditias vanaque glo-
[ria
Virgo magnanima pectore de-
[spicit
Uni nota Deo vivere cogitat,

Uni nota Deo mori.

3

Le monde en vain la flatte et
[cherche à la séduire ;
Jamais rien ne saurait ébranler
[son grand cœur.
Elle veut toujours vivre à Dieu
[seul, et, martyre,
Elle mourra pour son Sauveur.

4

Carnem mille modis meritam
[domat
Ægro vix sua sunt pabula cor-
[pori ;
Quia et luminibus surripitur so-
[por :
Hanc sui nunc amor immolat!

4

Se faisant de l'amour victime
[volontaire,
Elle immole sa chair et sait, d'un
[cœur joyeux,
Refuser à son corps l'aliment
[nécessaire
Et priver de sommeil ses yeux.

5

Da te, summe Pater, tollere
[laudibus ;
Da te, Christe, sequi, laurea
[Virginum :
Per te, Divus amor, frigida pec-
[tora
Puris ignibus ardeant.

5

O Père tout-puissant, recevez
[nos louanges,
Accordez-nous, ô Christ, de vous
[suivre vainqueurs,
Et vous, Esprit d'amour, inspi-
rateur des Anges,
De votre amour brûlez nos cœurs

III

SON MARTYRE

1

Horrete : Christi pars gregis op-
[tima,
Deo dicatæ plangite Virgines!
Vesanus ardor, proh nefandum!
Sancta furit temerare pacta.

1

Soyez saisies d'horreur, ô vous brebis privilégiées du divin Pasteur! Vierges consacrées, pleurez! Un amour insensé, ô crime! tente avec fureur de souiller une alliance divine.

2

Superba, princeps, stemmata
[jactitas
Opesque frustra; virginis inte-
[grum
Nec vana pectus laus nec auri
Exagitat male fidus ardor.

2

Vainement, prince aveugle, vous vantez votre famille et votre fortune; le cœur de la vierge est à l'épreuve du faux éclat et des richesses et des honneurs.

3

Frustra severas cum precibus
[minas,
Frustra furores adjicis impios :
Humana spernens usque Virgo
Vota, minas rabiemque ridet.

3

Vainement, vous joignez les menaces aux prières; vainement, vous en venez aux éclats d'une sacrilége fureur; la vierge méprise tout ce qu'on recherche ici-bas et se rit de vos menaces et de votre rage.

4

Pendens in ictus jam gladium
[videt,
Invicta ferro subjiciens caput,
Vincit cadendo; gloriosum
Hoc retulit pretium pudoris.

4

Déjà elle voit le glaive levé pour la frapper; elle présente sa tête au fer et triomphe en tombant. Telle est la belle récompense de sa magnanime pureté

5

Rosas et inter lilia quæ cubas,
De fonte sacro jam satia sitim,
Procede, regna, Virgo martyr,
Et geminatam tibi sume pal-
[mam.

5

O vous, qui reposez maintenant au milieu des lis et des roses, désaltérez votre cœur brûlant à la source infinie de l'amour; allez, régnez, ô vierge-martyre, et recevez votre double couronne.

6

Thecam cruenti corporis hos-
[pitam
Certate, cives, spargere flo-
[ribus,
Pronique tantis osculari
Prodigiis cineres verendos.

6

Et vous, enfants de son pays, couvrez de fleurs à l'envi l'arche dépositaire de son corps immolé. Tombez à genoux et approchez avec respect vos lèvres de ces cendres consacrées par tant de prodiges.

7

Laus summa Patri summaque
[Filio
Tibique compar gloria, Spiritus:
Te plena, mortem Virgo sprevit
Et, duce te, superavit hostem.

7

Souveraine gloire au Père et au Fils, son égal! Même gloire à vous, amour de tous les deux, qui allumez de célestes flammes au cœur des vierges consacrées.

IV

SES MIRACLES ET SA GLOIRE SUR LA TERRE

1

O tuo quæ nunc sociata sponso
Cœlites inter super astra reg-
                            [nas,
Virgo natales oculo benigno
   Respice terras.

2

Unde concursus! Via fervet om-
                            [nis !
Itur ad sacros cineres Solangæ
Hic adhuc spirat rediviva in
   Funere virtus.   [ipso

3

Omnis huc sexus, volat omnis
                            [ætas ;
Hic opem supplex sibi quisque
                            [poscit ;
Et domum semper impetrato
   Munere lætus.

4

Redditur cæco sua lux, et auris
Redditur surdo, sua lingua
                            [muto ;
Impari qui vix pede claudus
   Ambulat æquo.   [ibat

1

Epouse fortunée et réunie à votre Epoux, du trône que vous occupez au-dessus des astres, ô vierge, abaissez un regard de bonté sur votre pays natal.

2

Pourquoi ce concours ? Pourquoi cette foule sur tous les chemins ? Ils courent vénérer les restes de Solange. Ici sa puissance est encore pleine de vie, au sein de la mort.

3

Pèlerins de tout sexe, de tout âge, affligés de besoins divers, s'empressent à son tombeau, et s'en retournent avec la joie d'être exaucés.

4

L'aveugle recouvre la vue ; le sourd l'ouïe ; le muet, la parole ; le boiteux, qui traînait avec peine un pied débile, marche maintenant d'un pied ferme et égal.

5

Ossa portari sua dat per agros;
Diva quæ fertur bona fert sa-
[lutem
Sole siccatos segetes amico
Irrigat imbre.

5

Elle laisse, bénigne patronne, porter à travers les champs ses restes précieux ; mais elle-même porte l'abondance sur son passage. Sur les moissons brûlées par le soleil, elle attire une pluie bienfaisante.

6

Hinc tibi, Virgo, recinuntur
[hymni ;
Hinc graves donis cumulantur
[aræ :
Hinc tuum nomen sonat, om-
[niumque
Vivit in ore.

6

De là, ô vierge, ces cantiques d'actions de grâces ; de là, ces riches offrandes, dont on charge vos autels ; de là, ces bénédictions qui suivent partout votre nom répété par toutes les bouches.

7

Nullus hanc intret nisi sanctus
[ædem ;
Impius sacros paveat recessus ;
Nullus impuro reus ore fœdet
Virginis ossa.

7

Qu'on se purifie pour entrer dans ce sanctuaire ; que l'impie tremble à la vue de ces murs vénérables ; que jamais bouche impure ne vienne profaner par un odieux contact ces dépouilles virginales !

8

Summa laus Patri sit et æqua
[Nato
Par tibi sit laus, Amor utrius-
[que ;
Virgines sanctæ triadem cele-
Omne per œvum. [brent

8

Souveraine gloire au Père et au Fils son égal ! même gloire à vous, Amour de l'un et de l'autre, qui allumez de célestes flammes au cœur des vierges consacrées.

V

SA GLOIRE DANS LE CIEL

1

Victrix sponsa Dei, post data [prælia
Congaudet superis addita cœ-
Et conviva supremi [libus
Mensæ principes assidet.

La magnanime Epouse d'un Dieu, après ses combats victorieux, partage la joie des milices célestes ; elle s'assied, fortunée convive, à la table du Roi des rois.

2

Quondam lœthifero vulnere sau- [cium
Palmæ purpureæ nunc caput
Divinis tolerata [ambiunt
Mors pensatur honoribus.

Ce chef virginal, qu'a frappé un coup mortel, est ceint d'une couronne plus éclatante que la pourpre d'ici-bas. Victime volontaire, elle a donné sa vie : Dieu lui donne sa gloire.

3

Pœnam quanta brevem gloria [vindicat,
Sacros dum cineres sanctaque [pignora
Hic nostras super aras
Christo jungimus hostiæ !

Quelle immensité de gloire pour ces douleurs d'un instant ! Même ici-bas, quel honneur pour ces restes bénis d'être offerts à Dieu par les mêmes mains, sur le même autel où nous lui présentons la victime divine !

4

Virgo perpetuis splendida do-
[tibus,
Hæc sunt templa tuo cognita
(nomine;
Devotam bi gentem
Blandis subsidiis fove !

4

O vierge, qui brillez d'une immortelle gloire, regardez ce temple qui porte votre nom, et ce peuple qui vous est dévoué ; oh ! daignez l'entourer de votre bienfaisante protection!

5

Jugis, summa Trias, sit tibi
[gloria
Quæ te das meritis prodiga præ-
[mium,
Et pensas generosa
Summis pectora præmiis!

5

A vous, plénitude de gloire, souveraine Trinité, qui vous donnez, prodigue de vousmême, en récompense à vos serviteurs ; vous dont la libéralité comble de biens infinis les cœurs qui vous ont aimée.

VI

INVOCATION A LA VIERGE MARTYRE DÉJA COURONNÉE

1

O quæ choris cœlestibus
Nunc assides, Solangia,
Tuos triumphos pangimus :
Nostris adesto canticis.

1

O vous qui faites maintenant partie des chœurs célestes, Solange, nous chantons vos triomphes : daignez accueillir nos accords !

2

Tu digna Christo victimæ
Vitam rependis victima;
Fudit tibi qui sanguinem
Illi memor fundis tuum.

2

Digne victime offerte à Jésus notre victime, vous lui rendez vie pour vie : en échange du sang qu'il a répandu pour vous, vous lui présentez le vôtre.

3

O Virgo, quæ gaudes pati,
Sexu tuo jam fortior;
Fac nos sacris urat Deus
Quibus flagrabas ignibus !

3

O Vierge, heureuse de souffrir, vous que la force d'âme élève au-dessus de la faiblesse du sexe ! obtenez-nous ces divines flammes, dont brûlait votre cœur !

4

Tuo dicatam nomini
Gentem benigna protege;
Tibique junctos sanguine
Fratres, soror, ne deseras !

4

Couvrez de votre protection bienfaisante ce peuple dévoué à votre culte ! ces frères sortis du même sang que vous, les délaisserez-vous, sœur bienheureuse !

5

Suprema laus tibi, Pater,
Cum Filio, cum Spiritu;
Da per preces Solangiæ
Æterna nobis gaudia !

5

Louange souveraine à vous, Père, fils et Saint-Esprit, accordez aux prières de Solange notre éternel bonheur !

VII

PROSE QUI RÉSUME SA VIE, SA MORT, SON TRIOMPHE

1

En ades ad nuptias
Inter Agni socias,
Solangia, Virgines !

1

Vous voilà aux noces célestes parmi les vierges compagnes de l'Agneau, ô Solange !

2

Cito sponsum habuit,
Cor amantis rapuit
Pulcher inter homines !

2

Aussitôt qu'elle le connut, son cœur, épris d'amour, choisit pour Epoux le plus beau des enfants des hommes.

3

Non litet monilibus,
Omnis e virtutibus
Est ab intus gloria.

3

Les pierreries ne sont pas sa parure. Sa beauté est intérieure et lui vient des vertus.

4

Corpus ornat castitas,
Ditat mentem charitas,
Dos est sponsi gratia.

4

La modestie orne son corps; la charité enrichit son âme; son Epoux l'embellit de sa grâce.

5

Obscuris in recessibus,
Procul e tumultibus
Celat innocentiam.

5

Une obscure retraite, l'éloignement du tumulte mondain cache son innocence.

HYMNES ET PROSES

6
Vallum innocentiæ
Et custodem gratiæ
Amat pœnitentiam.

7
Edomat vigiliis
Crebrisque jejuniis
Menti corpus subjicit.

8
Quam pie compungitur !
Et Christo compatitur
Quando crucem aspicit !

9
Qui tam dura pertulit,
Sponso sponsa quam velit
Sanguinem effundere !

10
Juncta jam virginibus
Quam velit martyribus
Martyr addi funere !

11
Hinc in corde virginis
Crescit amor numinis
Dum vilescit seculum.

12
Tot fulgens virtutibus,
Quam Olympii civibus
Dignum fit spectaculum !

6
Pour bouclier de sa vertu, pour sauvegarde des dons célestes, elle a choisi la pénitence.

7
Elle dompte son corps et, par elle ses veilles, ses jeûnes fréquents, soumet la chair à l'esprit.

8
Que sa componction est intime ! A la vue de la croix, comme elle compâtit à Jésus souffrant.

9
Tendre épouse, à son époux qui a tant souffert, ardemment elle désire donner son sang.

10
Déjà associée aux vierges! qu'il lui tarde d'entrer par la mort dans les rangs des martyrs.

11
Ces désirs font de plus en plus pénétrer en ce cœur virginal les traits de l'amour divin et le mépris du monde.

12
Voyez ! toute brillante de vertus, elle est l'objet de l'admiration des anges et des bienheureux.

13

Dum mirantur superi,
Sese parant inferi
Frementes ad prœlium.

13

Pendant que le ciel la contemple, l'enfer lui prépare un furieux combat.

14

Forma lœdit juvenem
Mox deperit virginem :
Hoc pugnæ præludium.

14

Un jeune homme la regarde avec des yeux profanes; il s'éprend de sa beauté : la lutte se prépare.

15

Precibus allicere,
Minis tentat sternere;
At cor frustra quatitur.

15

Les séductions de la prière, les terreurs de la menace trouvent son cœur ferme comme un rocher.

16

Nec movetur precibus,
Nec verbis minacibus
Sponsa Christi flectitur.

16

L'Epouse du Christ ne se laisse pas plus fléchir par les menaces, qu'émouvoir par les prières.

17

Hinc amantem exuit
Et tortorem induit
Cædem spirans juvenis.

17

Le libertin passe de l'amour à la fureur. C'est un bourreau altéré de sang.

18

Strictum ensem conspicit,
Ferro collum subjicit,
Nec tremit cor virginis.

18

La timide vierge voit le glaive étinceler; elle incline la tête sous le fer; son cœur ne tremble pas.

19

Per te, Christe, triumphantem
Et nos adhuc protegentem
Solangiam canimus.

19

O Jésus! celle à qui vous avez donné le triomphe; celle que vous avez établie notre avocate, Solange, est l'objet chéri de nos chants.

20

Ut sororem hanc amamus,
Ut patronam invocamus,
Per eam cœlo vivamus,
Hoc votis exposcimus.

20

Nous l'aimons comme notre sœur; nous l'invoquons comme notre patronne; accordez à nos désirs et à ses prières de vous posséder avec elle dans le ciel.

VIII

CHANT CONNU AU XVIIIe SIÈCLE

Le cantique suivant se chante chaque année à la procession de la Sainte Nous donnons en regard l'ancienne traduction en vers qui circule dans le Berry; mais on trouvera à la suite une traduction nouvelle plus fidèle et moins incorrecte, à laquelle on peut adapter un air également populaire (1).

---

(1) Nous conservons dans le texte latin trois petits changements introduits par le Père Alet : 1° A la strophe 14, nous avons mis *ob redditas reliquias*, au lieu de *ob servatas*; cette dernière expression s'appliquait bien autrefois à leur conservation providentielle au XVIe siècle, mais elle devenait inexacte depuis leur destruction presque totale en 1793; 2° nous rétablissons la 9e strophe qu'on avait supprimée en 1705 au grand déplaisir des pèlerins; 3° Nous ajoutons une strophe (le 13e), afin de célébrer le recouvrement des saintes reliques.

Air : *O Filii et Filiæ.*

1

Festa venerunt annua
Quibus Virgo perinclyta
Honoratur Solangia
    Alleluia, alleluia, alleluia.

2

O Biturici, plaudite,
Vitam ejus addiscite,
Mors ejus exprimite.
    Alleluia, etc.

3

Nota in Villemontio,
Infrendente diabolo,
Nomen habet ab angelo.
    Alleluia, etc.

4

Septenis versans animo
Quæ sit devota Domino,
Nuncupavit vota Deo.
    Alleluia, etc.

5

Ipsa stante stabant oves,
Nec lædebant terræ fruges ;
Ipsos fugabat turbines.
    Alleluia, etc.

Air : *Par les chants les plus magnifiques.*

1

En ce jour, ô sainte Solange,
Que l'on célèbre vos grandeurs,
Puisse ce tribut de louange
Attirer sur nous vos faveurs !

2

Pour vous, accourez à son tem-
    [ple,
Peuples fortunés du Berry.
Si vous imitez son exemple,
Vous serez son peuple chéri.

3

Villemont, trop heureux village,
Malgré les efforts du démon,
Tu produis cette vierge sage
Qui d'un ange eut bientôt le nom.

4

Dès sa jeunesse la plus tendre,
Voulant surtout plaire au Sei-
    [gneur.
Elle s'empressa de lui rendre
Le vif hommage de son cœur.

5

Oiseaux, vents, tempêtes, ora-
    [ges,
Fuyez ! non, de votre courroux
Nous ne craignons pas les dom-
    [mages
Solange nous protége tous.

6

Illi novum præit sidus
Quo tulit eat passibus :
Ipsa fulget virtutibus.
   Alleluia, etc.

6

Quel nouveau rayon de lumière
La précède et conduit ses pas ?
Vertus, vous-même en sa car-
                   [rière
L'éclairâtes jusqu'au trépas.

7

Procum lædit formæ decor,
Blanditur profanus amor,
Quem fugat virtutis honor.
   Alleluia, etc.

7

C'est en vain qu'un amour peu
                  [sage
Veut de ses feux brûler son
                  [cœur;
Solange oppose avec courage
Le bouclier de son honneur.

8

Spretus amor fremit ira
Neque sedit Solangia,
Fit castitatis victima.
   Alleluia, etc.

8

Cet amour frémit de colère
De se voir ainsi rejeté ;
Il s'arme de son cimeterre
Et le coup est déjà porté.

9

Truncato licet capite,
Ter Jesum inclamat voce,
Caput manu portans pie.
   Alleluia, etc.

9

Dès que la tête respectable
En tombant prononce : Jésus,
Sa main dévote et vénérable
La présente au Dieu des vertus.

10

Ubi sacræ reliquiæ
Martini a templo conditæ,
Multi opem deposcere.
   Alleluia, etc.

10

Solange, vos précieux restes,
Au temple du grand saint Mar
                  [tin,
Reçoivent des honneurs célestes:
Est-il un plus heureux destin ?

11

Claudi currunt, vident cœci,
Morbi pelluntur noxii,
Gaudentes plaudunt angeli.
    Alleluia, etc.

11

L'aveugle reçoit la lumière,
Le boiteux marche sans soutien
Tous d'une guérison entière
Reçoivent le précieux bien.

12

Mox è sepulcro fit ara,
Corpus servatur capsula ;
Patrona fit primaria.
    Alleluia, etc.

12

Son sépulcre en autel se change
Où l'on prodigue des faveurs ;
De son temple à sainte Solange,
Saint Martin cède les honneurs.

13

Frustra rabies impia
Dispergit casta pignora :
Largitur Deus alia.
    Alleluia, etc.

14

Ob sacras, virgo, laureas,
Ob redditas reliquias
Deo dicamus gratias.
    Alleluia, etc.

14

Solange, nous vous rendons grâ-
    [ces
De vouloir écouter nos vœux.
Puissions-nous marcher sur vos
    [traces
Et vous voir un jour dans les
    [cieux.

15

In agri tui semita
Dum pangimus voce pia
Nobis adsis, Solangia.
    Alleluia, etc.

15

Répandez sur nous vos lumiè-
    [res
Dans *le champ* toujours pré-
    cieux,
Solange, écoutez nos prières,
Solange, rendez-nous heureux !

℣. Veniebat cum ovibus patris sui.

℟. Nam gregem ipsa pascebat. (Gen. XXIX, 9)

℣. Elle venait avec les brebis de son père ;

℟. « Car elle-même faisait paître le troupeau. »

OREMUS

Effunde, quæsumus, Domine, Beata Solangia intercedente, benedictionem tuam super nos et super omnes fructus terræ, ut hi collecti ad laudem et gloriam nominis tui, misericorditer dispensentur. Per Christum Dominum nostrum. Amen.

ORAISON

Répandez, Seigneur, nous vous en supplions, par l'intercession de sainte Solange, votre bénédiction sur nous et sur tous les fruits de la terre, afin que, recueillis pour la louange et la gloire de votre nom, ils soient miséricordieusement dispensés. Par Jésus-Christ, Notre-Seigneur. Ainsi soit-il.

TRADUCTION NOUVELLE DU MÊME CANTIQUE

1

Voici votre fête, ô Solange,
Où l'on célèbre vos grandeurs :
Recevez nos chants de louange
Avec l'hommage de nos cœurs.

2

Accourez joyeux à son temple,
Peuples fidèles du Berry !
Toujours imitez son exemple :
Vous serez son peuple chéri.

3

A Villemont naquit Solange ;
Malgré la rage du démon,
Elle sera sur terre un ange,
D'un ange elle reçoit le nom.

4

A sept ans, dès sa tendre enfance,
Elle se consacre au Seigneur;
Elle fait vœu, dans l'innocence,
De lui garder toujours son cœur.

5

Jamais aux voisins pâturages
Ses blancs moutons ne s'égaraient.
Sa voix dissipait les orages
Qui menaçaient les blonds guérets.

6

De ses vertus touchant symbole,
Une étoile aux reflets divins
Brille à son front, pure auréole,
Et la guide dans ses chemins.

7

C'est en vain qu'un amour volage
Voudrait s'emparer de son cœur.
Sa vertu fuit ce vain mirage
Et sauvegarde son honneur.

8

Cet amour frémit de colère
De se voir ainsi rejeté.
Le fer brille... Elle tombe à terre
Victime de la chasteté.

HYMNES ET PROSES

9

Sa tête coupée, ô prodige!
Par trois fois murmure : Jésus!
Elle l'emporte et se dirige
Vers le lieu qu'elle aima le plus.

10

Dès que ses restes reposèrent
Au temple du grand saint Martin,
Les multitudes s'y pressèrent :
On ne l'implora pas en vain.

11

Elle adoucit toute souffrance :
L'aveugle voit, le sourd entend;
Aux cris de la reconnaissance
Les chœurs du ciel joignent leur chant.

12

Le Berry la prend pour patronne,
Saint Martin lui cède ces lieux;
Sur les autels son corps rayonne,
Entouré d'un éclat pieux.

13

En vain le sacrilége impie
Nous enleva ce saint trésor;
Le ciel déjoua sa furie,
Et nous le possédons encor.

14

Pour ce bienfait, pour la victoire
De celle que nous honorons,
Du Seigneur célébrons la gloire:
Il est l'auteur de tous les dons

15

Dans ce champ qui garde vos traces,
O Solange, entendez nos vœux,
Du Christ obtenez-nous les grâces
Et pour ce monde et pour les cieux !

CANTIQUES NOUVEAUX

I

CANTIQUE

CHŒUR
Echos du sanctuaire,
Ah ! résonnez en ce beau jour ;
A la sainte Bergère
Portez, portez nos chants d'a-
[mour.

1
Pieux échos,
Que votre voix répète,
En cette fête,
Un cantique nouveau.

2
Pour le Seigneur
Tu méprisas le monde ;
Chaste colombe,
Tu lui donnas ton cœur.

3
A ton secours.
Douce et sainte Bergère,
A ta prière
Nous avons tous recours.

4
Obtiens pour nous,
Modèle d'innocence.
Dans la souffrance.
Des cœurs humbles et doux.

5
Daigne accueillir,
Vierge pure et fidèle,
Dans ta chapelle,
Notre pieux souvenir.

II

CANTIQUE

DE LA CHAPELLE DU CHAMP-DU-MARTYRE

A SAINTE-SOLANGE

REFRAIN

De Solange
La louange
Retentit dans tous nos cœurs ;
Sa chapelle
Nous rappelle
Son martyr et ses grandeurs.

1

Le Dieu qui, dans sa clémence,
Est l'auteur des dons parfaits,
Au centre de notre France
Mit le comble à ses bienfaits.

2

Sous une forme angélique,
Chef-d'œuvre de l'art divin,
Il mit une âme héroïque
Digne en tout d'un séraphin.

3

En Berry, naquit Solange ;
Villemont fut son berceau ;
Elle prit le nom d'un ange ;
Etait-il rien de plus beau ?

4

L'Esprit-Saint, dès son enfance,
Inspirant sa charité,
L'a mise sous la dépendance
Du vœu de virginité.

5

Son unique et sainte étude
Etait de plaire à son Dieu ;
Elle aimait la solitude
Et la croix de ce saint lieu.

6

Dans les champs, dans la prairie,
Où tombaient ses yeux si doux,
Tout, à son âme ravie,
Parlait du céleste Epoux.

7

La brise était son murmure,
Le ciel bleu son vêtement,
Toutes les fleurs sa parure,
Le soleil son œil ardent.

8

Donnant, dans son indigence,
Avec un cœur généreux,
Elle était la providence,
Du pauvre et du malheureux.

9

La foi, sur son front modeste
Ayant mis ses traits charmants,
Lui donnait un air céleste
Qui ravissait les passants.

10

Mais il vient un homme étrange,
Grand seigneur de ce pays ;
De la beauté de Solange,
Ses yeux furent éblouis !

11

Il lui dit : soyez maîtresse
De mon or, de mes châteaux ;
Vous serez noble et comtesse,
Vous aurez nombreux vassaux.

12

La vierge, modeste et fière,
Aussitôt lui répondit ;
« Je n'aurai jamais sur terre
« D'autre époux que J.-C. »

13

Voyant qu'en vain il s'efforce
De rompre ce doux serment,
Ce félon veut par la force
Emporter la sainte enfant.

14

Il l'attache, et, dans la plaine,
Il part à franc étrier ;
Mais elle rompit sa chaîne
Au tournant de l'Ouatier.

15

Sa proie à peine échappée,
Le barbare, furieux,
La frappant de son épée,
Trancha son cou gracieux

16

Elle voit déjà l'aurore
Qui brille au front des élus,
Que sa bouche dit encore
Le nom de son doux Jésus.

17

En recevant la Couronne
D'épouse de Jésus-Christ,
Elle devint la patronne
Et le secours du Berry.

18

Gardienne de l'innocence
De tous les enfants pieux,
Elle brise la puissance
Des démons audacieux.

19

Fuyez, loups, oiseaux sauvages,
Et rentrez dans vos forêts ;
Contre vous et les orages
Elle porte ses arrêts.

20

Pèlerins, si sa mémoire
Vous donne aussi ses vertus,
Vous partagerez sa gloire
Dans le séjour des élus.

Vu et approuvé :

Bourges, le 15 mai 1874.

† *C.-A.*, Archevêque de Bourges.

A SAINTE SOLANGE

CANTATE DU MILLÉNAIRE

Air : *Catholiques et Bretons toujours.*

REFRAIN

O Solange, aimable Patronne,
Garde aux cœurs berrichons la foi des anciens jours ;
Attire-nous au Ciel où le Seigneur couronne, } *bis.*
Où nous pourrons t'aimer toujours !

1

Vois dans *le champ de ton martyre*,
Vois prosternés tous tes enfants :
C'est ta vertu qui les attire
Sur tes traces depuis mille ans.

REFRAIN : *O Solange, etc.*

2

Ici tout garde ta mémoire,
Village, champ, hameau, guérêts ;
Ici tout parle de ta gloire
Et redit tes nombreux bienfaits.

3

Voici la campagne fleurie
Que foula ton pied virginal ;
Voici la croix de la prairie
Où tu reçus le coup fatal.

4

En se baignant dans ta *Fontaine*,
L'infirme est guéri de ses maux ;
Il n'est pas de souffrance humaine
Qui n'ait un remède en tes eaux.

5

La pluie à la terre brûlante
Descend au signe de ta main ;
La moisson croît plus abondante
Aux champs où passe ton chemin.

6

En ce jour de fête immortelle,
Reçois l'hommage de nos cœurs ;
Sur ton peuple à jamais fidèle
Toujours verse à flots tes faveurs !

REFRAIN : *O Solange, etc.*

LITANIES DE SAINTE SOLANGE

Approuvées en 1805 par Mgr de Mercy, et en 1828 par Mgr de Villèle.

Kyrie eleison.
Christe eleison.
Kyrie eleison.
Christe audi nos.
Christe exaudi nos.
Pater de cœlis Deus, miserere nobis.
Fili redemptor mundi Deus, miserere nobis.
Spiritus sancte Deus, miserere nobis.
Sancta Trinitas unus Deus, miserere nobis.
Sancta Maria, ora pro nobis.
Sancta Dei genitrix, ora pro nobis.
Sancta Virgo virginum, ora pro nobis.
Sancta Solangia, ora pro nobis.
Sancta Solangia, a teneris annis Deo dilecta, ora pro nobis.

Seigneur, ayez pitié de nous !
Jésus-Christ, ayez pitié de nous.
Seigneur, ayez pitié de nous.
Jésus-Christ, écoutez-nous.
Jésus-Christ, exaucez-nous.
Père céleste qui êtes Dieu, ayez pitié de nous.
Fils Rédempteur du monde qui êtes Dieu, ayez pitié de nous.
Esprit-Saint qui êtes Dieu, ayez pitié de nous.
Très-Sainte Trinité qui êtes un seul Dieu, ayez pitié de nous.
Sainte Marie, priez pour nous.
Sainte Mère de Dieu, priez pour nous.
Sainte Vierge des vierges, priez pour nous.
Sainte Solange, priez pour nous.
Sainte Solange, dès votre enfance, bien-aimée du Seigneur, priez pour nous.

Sancta Solangia, sacræ deiparæ carissima, ora pro nobis.

Sancta Solangia, puritatis et castitatis amans, ora pro nobis.

Sancta Solangia, mente et corpore virgo, ora pro nobis.

Sancta Solangia, in labore assidua, ora pro nobis.

Sancta Solangia, passioni Christi devotissima, ora pro nobis.

Sancta Solangia, pulchritudinis animæ quam corporis amantissima, ora pro nobis.

Sancta Solangia, blandientis fortunæ contemptrix generosa, ora pro nobis.

Sancta Solangia, castitatis nobilis victima, ora pro nobis.

Sancta Solangia, martyrii palma decorata, ora pro nobis.

Sancta Solangia via peregrinorum, ora pro nobis.

Sancta Solangia, sanitas languentium, ora pro nobis.

Sancta Solangia, lumen cœcorum, ora pro nobis.

Sancta Solangia, auris surdorum, ora pro nobis.

Sancta Solangia, lingua mutorum, ora pro nobis.

Sancta Solangia, copia segetum, ora pro nobis.

Sancta Solangia, siccitatis ar-

Sainte Solange, chérie de la très-sainte Vierge, priez pour nous

Sainte Solange, pleine d'amour pour la pureté et la chasteté, priez pour nous.

Sainte Solange, vierge d'esprit et de corps, priez pour nous.

Sainte Solange, assidue au travail, priez pour nous.

Sainte Solange, très-dévote à la Passion de Jésus-Christ, priez pour nous.

Sainte Solange, plus jalouse de la beauté de l'âme que de celle du corps, priez pour nous.

Sainte Solange, supérieure aux séductions de la fortune, priez pour nous.

Sainte Solange, victime glorieuse de la chasteté, priez p. nous.

Sainte Solange, décorée de la palme du martyre, priez p. n.

Sainte Solange, espérance des pèlerins, priez pour nous.

Sainte Solange, santé des infirmes, priez pour nous.

Sainte Solange, lumière des aveugles, priez pour nous.

Sainte Solange, vous qui rendez l'ouïe aux sourds, priez p. n.

Sainte Solange, vous qui rendez la langue aux muets, priez p. n.

Sainte Solange, vous qui bénissez nos moissons, priez p. nous.

Sainte Solange, vous qui mettez

LITANIES

dentis remedium, ora pro nobis.

.ancta Solangia, sedatrix tempestatum, ora pro nobis.

ancta Solangia, salus in periculis, ora pro nobis.

ancta Solangia, consolatrix ad te clamantium peccatorum ora pro nobis.

ancta Solangia lætitia angelorum, ora pro nobis.

ancta Solangia, consors martyrum, ora pro nobis.

ancta Solangia, æmula virginum, ora pro nobis.

ancta Solangia, præsidium nostrum, ora pro nobis.

.ancta Solangia, protectrix et alumna nostra, ora pro nobis.

.ancta Solangia, honorificentia populi nostri, ora pro nobis,

.ancta Solangia, gloria Biturigum et patrona omnium Bituricensium, ora pro nobis.

.ancta Solangia, tutela confratrum et consororum, ora pro nobis.

.gnus Dei, qui tollis peccata mundi, parce nobis, Domine.

.gnus Dei, qui tollis peccata mundi, exaudi nos, Domine.

un terme aux sécheresses brûlantes, priez pour nous.

Sainte Solange, vous qui apaisez les tempêtes, priez pour n.

Sainte Solange, vous qui êtes notre sauvegarde dans les dangers, priez pour nous.

Sainte Solange, consolatrice des pécheurs qui vous invoquent, priez pour nous.

Sainte Solange, joie des Anges, priez pour nous.

Sainte Solange, compagne des martyrs, priez pour nous.

Sainte Solange, émule des vierges, priez pour nous.

Sainte Solange, notre défense, priez pour nous.

Sainte Solange, enfant de notre pays et notre protectrice, priez pour nous.

Sainte Solange, honneur de notre peuple, priez pous nous.

Sainte Solange, gloire de Bourges et patronne du Berry, priez pour nous.

Sainte Solange, appui de ceux qui vous sont dévoués, priez pour nous.

Agneau de Dieu qui effacez les péchés du monde, pardonnez-nous, Seigneur.

Agneau de Dieu qui effacez les péchés du monde, exaucez-nous, Seigneur.

Agnus Dei, qui tollis peccata mundi, miserere nobis.

Agneau de Dieu qui effacez les péchés du monde, ayez pitié de nous, Seigneur.

℣. Benedictus Deus meus.
℟. Qui præcinxit me virtute.

℣. Béni soit à jamais le Seigneur.
℟. Qui m'a revêtue de ma force

ORAISON

Seigneur Jésus, qui avez fixé votre demeure dans les cœurs purs, accordez-nous de marcher sur les traces de sainte Solange, votre vierge et martyre, dont nous honorons les mérites de tout notre cœur et d'imiter la pureté de sa foi et de sa vie, ô vous qui vivez et régnez, Dieu unique, avec le père et le Saint-Esprit, dans tous les siècles des siècles. Ainsi soit-il.

PRIÈRE A SAINTE SOLANGE POUR LE BERRY [1]

« C'est avec confiance que nous avons recours à vous, glorieuse Martyre de Jésus-Christ ; nos pères nous ont appris à vous honorer et à vous invoquer comme notre protectrice. Le souvenir des bienfaits que vous avez répandus sur eux ne s'effacera jamais de nos esprits.

1. Cette prière attribuée par la tradition au P. Boullanger, était déjà très-connue il y a plus d'un siècle et familière aux serviteurs de la Sainte, puisqu'on la trouve dans sa *Vie abrégée* et populaire, publiée par le docteur Lajoie, en 1759. On pense qu'elle fut dite pour la première fois en 1637, lors d'une célèbre procession à Bourges où la Sainte répondit à la confiance publique par une pluie abondante.

Nous avons nous-mêmes éprouvé bien des fois votre crédit auprès de Dieu ; et nous ne saurions nous rappeler ce que vous avez fait pour nous, sans être pénétrés de la plus vive reconnaissance.

Protégez-nous donc toujours, aimable Patronne ; ne cessez de tenir vos mains élevées vers le Père des miséricordes pour une province qui vous donna le jour ! Si le **Tout-Puissant**, irrité de nos offenses, se dispose à nous punir, priez-le de ne pas oublier que vous êtes notre sœur. L'amour extrême qu'il vous porte désarmera sa colère, et, en faveur de la sœur bien-aimée, il fera grâce aux frères coupables.

Veillez sur nous, charitable Protectrice, éloignez d'un pays qui vous est toujours cher ce qui pourrait nuire à son bonheur ! Faites-y régner l'abondance et la paix ; détruisez-y l'empire du démon et du péché ; faites-y fleurir l'innocence et la vertu ! Obtenez-nous la grâce de marcher sur vos traces ; afin qu'après avoir imité les beaux exemples que vous nous avez donnés, nous puissions participer un jour à la glorieuse récompense dont le Seigneur a couronné vos mérites. Ainsi soit-il ! »

Nous accordons quarante jours d'indulgence aux fidèles qui réciteront dévotement cette prière.

C. A. *Archevêque de Bourges.*

Bourges le 18 mai 1871.

PÈLERINAGE DE SAINTE SOLANGE

(10 mai 878.)

Petite légende à la lecture de laquelle sont attachées des indulgences.

Sainte Solange naquit près de Bourges, dans la paroisse qui porte aujourd'hui son nom. Simple bergère, elle n'avait d'autre désir que de faire la volonté de Dieu. Les lieux sanctifiés par les oraisons et le martyre de cet ange de la terre s'appellent *le champ et la fontaine de sainte Solange*. Le sanctuaire où l'on vénère les reliques de la Sainte est, depuis des siècles, le but d'un pèlerinage célèbre, qui attire des fidèles des diocèses de Bourges, de Nevers, de Moulins, d'Orléans, de Blois, de Limoges, etc., etc.

Des miracles récents témoignent de plus en plus de sa puissance auprès de Dieu. La fête de sainte Solange est fixée au 10 mai, mais le concours a lieu le lundi de la Pentecôte.

Sainte Solange, martyre de la chasteté, priez p. nous.

Sainte Solange, espérance des pèlerins, priez pour nous.

Sainte Solange, santé des malades, priez pour nous.

Sainte Solange gloire et patronne du Berry, priez pour nous.

(Quarante jours d'indulgence à la lecture de la légende et quarante jours d'indulgence à la récitation des invocations.)

Rome, 26 juin 1870.

† C. A. *Archevêque de Bourges.*

OFFICE PROPRE DE SAINTE SOLANGE

A L'USAGE DU DIOCÈSE DE BOURGES.

Nous terminons ce recueil liturgique par les leçons et l'oraison qu'approuva, en 1852, la Sacrée Congrégation des Rites.

LECTIO IV.

Solongia, seu ut vulgo nunc appellatur Solangia, prope Bituricos, in vico de Villemond dicto, christianis nota parentibus, et ab iis in lege Domini edocta, singulari pietate primis ab annis effloruit, septennisque Virginum sponso se virginem dedicavit. Dum autem commissos sibi a parentibus oves in agro pasceret, tota meditationi et orationi vacabat, et, mente in Deum intenta, gaudebat jam in cœlis conservari. Quadam die, inter venandum, bituricensis dynastæ filius sanctam virginem obviam habuit, quam statim, forma captus, amore insano deperiens, blanditiis primo ac promissis, legitimique conditione matrimonii, deinde minis, in suam adducere sententiam nititur. Videns autem se nihil proficere, vim inferre parat.

LECTIO V.

Castam virginem in agro ex ejus postea nomine nuncupato, quem frequentare solebat, piis de more exercitiis indulgentem, lascivus juvenis, injecta manu, invadit, raptamque equo imponit secum abducturus. Verum illa mori certa potius quam cœlesti datam sponso fidem violare, ex equo confestim exiliens, in terram dilabitur. Tum ille, verso in odium amore, nec jam sui compos, quam perdite amaverat, gladio juxta fontem obtruncat.

LECTIO VI.

Inclita servandæ castitatis martyr, haud procul ab eo quo fuerat necata loco sepulta est, in ecclesia tunc Sancto Martino Turonensi Episcopo, sacræ deinde ipsimet Solangiæ dicata nomini, quo et vicus ad hunc diem nuncupatur. Passa est autem, vergente jam in finem seculo nono, et post mortem plurimis inclaruit miraculis. Unde non destitit pio fidelium concursuse - pulchrum ejus celebrari. Quam olim alumnam habuêre Bituricenses, eam exinde patronam sensêre, et etiam nunc sentiunt. Avitæ enim pietatis hæredes, quando ingruunt temporum calamitates, ejus opem devotis implorant implicationibus, nec semel experiuntur votorum successu.

ORATIO.

Domine Jesu-Christe, qui habitaculum tuum in corde pudico constituisti, concede ut beatæ Solangiæ virginis et martyris tuæ, cujus merita devoto recolimus obsequio, fidei et vitæ integritatis sectemur vestigia. *Qui vivis et regnas,* etc.

LEÇON IV.

Solonge, ou comme on l'appelle maintenant Solange, naquit près de Bourges, dans un village appelé Villemond, de parents chrétiens, qui lui enseignèrent avec soin la loi du Seigneur. Elle brilla dès ses premières années par une pitié singulière, et consacra, dès l'âge de sept ans, sa virginité à l'Epoux des vierges. Occupée par ses parents à garder leurs brebis, elle s'appliquait à la méditation, à l'oraison, et, l'esprit fixé en Dieu, elle goûtait d'avance les douceurs de la conversation céleste. Un jour, le fils du seigneur de Bourges, qui chassait, l'ayant rencontrée, s'éprend de sa beauté; et bientôt, brûlant d'un fol amour, il met tout en œuvre, flatteries, caresses, promesses, propositions de mariage puis menaces, pour la faire consentir à ses desseins. Enfin, voyant tous ses efforts inutiles, il se dispose à user de violence.

LEÇON V.

Au moment donc où la chaste vierge s'occupe, selon sa coutume, à ses pieux exercices dans le champ qu'elle fréquentait et qui depuis a porté son nom, le jeune libertin fond sur elle, la saisit, la place de force sur son cheval pour l'enlever. Mais elle, décidée à mourir plutôt que d'être infidèle à son céleste Epoux, parvient à s'échapper et tombe par terre. Alors le ravisseur, hors de lui-même, change en fureur son amour insensé pour la vierge et lui tranche la tête, de son glaive, auprès d'une fontaine.

LEÇON VI.

L'illustre martyre de la chasteté fut ensevelie, non loin du lieu où elle avait souffert la mort, dans une église jusqu'alors consacrée à Saint-Martin, évêque de Tours [1], mais qui depuis a été dédiée à sainte Solange, dont, ainsi que le village, elle porte encore le nom glorieux. Elle fut martyrisée vers la fin du neuvième siècle, et, après sa mort, elle brilla par de nombreux miracles. Ce qui depuis lors n'a pas cessé d'attirer à son tombeau devenu célèbre, un pieux concours de fidèles. Le Berry, dont elle est la fille, éprouva dès lors qu'elle est aussi sa patronne. Il l'éprouve encore, car les habitants de ce pays, héritiers de la piété de leurs pères, lui adressent dans leurs calamités de confiantes prières, et ressentent les effets de sa protection.

ORAISON.

Seigneur Jésus, qui avez fixé votre demeure dans les cœurs purs, accordez-nous de marcher sur les traces de sainte Solange, votre vierge et martyre, dont nous honorons les mérites par un culte dévoué, et d'imiter l'intégrité parfaite de sa foi et de sa vie ; vous qui vivez et régnez, Dieu unique avec le Père et le Saint-Esprit, dans tous les siècles des siècles. Ainsi soit-il.

---

1. Ce récit n'empêche pas d'admettre, avec la tradition locale, que le corps de la Sainte reposa *quelque temps* dans le cimetière commun ; car il est certain qu'il ne tarda pas à être inhumé dans l'église.

SON OFFICE ANCIEN 317

L'office, célébré de temps immémorial dans l'église de Sainte-Solange et devenu obligatoire pour tout le clergé du diocèse de Bourges en 1676, se composait de neuf Leçons que l'on récitait à matines le 10 mai, jour de sa fête. Ces Leçons ayant servi de base à toutes les histoires de la Sainte, nous croyons devoir en donner ici le texte tel que l'a publié le P. Labbe [1].

VITA EX LECTIONIBUS ECCLESIÆ PROPRIÆ

I

Sancta Solangia in Bituria, in vico vocato In-Valle-de-Villemond, prope civitatem Bituricam, ex honestis et catholicis parentibus extitit oriunda : pulchra facie, sed pulchrior fide ; corpore juvencula, sed animo cana Deo timorata et bonis moribus fœcundata : edocta cum Tobia ab infantia timere Deum, et abstinere ab omni peccato ; portare etiam jugum Domini ab adolescentia, cum S. Hieremia, ad salutem perpetuam considerans esse bonum. Dum enim esset ætatis septem annorum, quo tempore merito computaretur juvenis, Deo tamen ipsam clementer præveniente in benedictionibus dulcedinis, videbatur in ipsa mentis senectus immensa. Ipsa namque in ætate tenera quibusdam virtutibus, et gratiæ palam florere conspiciebatur indiciis, quæ copiosior

---

1. *Nova bibliot. librorum mss.*, T. II. p. 448 et apud Bolland. die x mai.

foret super eam in posterum divinæ benedictionis gratia.

II

Nam cum beata Solangia, infantia simpliciter domi fideli parentum custodia jam transacta, ad annos pubertatis transiisset (quo videlicet tempore humani corporis proclivitas per carnis lasciviam, ad multimoda vitiorum genera se solet diffundere) nequaquam concupiscentiæ frœna laxavit; non enim ludebat cum ludentibus, nec cum iis qui in vanitate ambulabant aliquando participem se præbebat. Deo namque suam pudicitiam ab adolescentia commendavit; et ipsum solum verum sponsum eligens, corruptorem suæ carnis etiam per conjugalem copulam cognoscere et recipere non consensit. Non enim arbitrabatur conveniens, res momentaneas, transitorias, vanas, inutiles et caducas præponi debere veris et æternis divitiis et delectationibus sempiternis. Propter quod mundam semper servavit animam suam, et non diebus neque noctibus a colloquiis divinis et orationibus cessabat, suam pudicitiam commendando.

III

Et quia Deus in Sanctis suis mirabiliter operatur, voluit quod ipsa, quam tantis interius in anima repleverat charismatibus gratiarum, exterius per miracula mundo clara colendaque divinæ virtutis testimoniis appareret : unde tantam gratiam est à Deo mirabiliter consecuta, quod ad ipsius intuitum curarentur infirmi.

Sicut enim legimus quod ad umbram B. Petri Apostoli curabantur infirmi; sic et ista Deo dilecta virgo, si quemquam in infirmitate positum conspiceret, confestim ab omni aegritudine curabatur. Accepit etiam à Jesu Christo, amabili sponso suo, propter carnis et spiritus munditiam, super immundos spiritus potestatem. Nam daemones ab obsessis corporibus expellebat : et quia obediendo Christo ad placitum legem Evangelicam pura mente servabat, tanquam foret ad statum primae innocentiae restituta, creaturae irrationales eidem tanquam a Deo subjectae obediebant ad nutum; ac si Propheta David de ipsa vaticinatione veridica praedixisset : Omnia subjecisti sub pedibus ejus, oves et boves universas insuper et pecora campi : volucres coeli et pisces maris, qui perambulant semitas maris. Quando enim ventis et fulguri imperabat, statim malitiam amittebant. Aves etiam et pecora si quaecumque damna in parentum suorum et proximorum segetibus inferebant, continuo ad ipsius imperium recedebant.

IV.

Igitur virgo Solangia, aetatem moribus praetergrediens, tenebrosam daemonis fallaciam, caliginosamque carnis voraginem, necnon mundanarum rerum horrendum chaos spiritus claritate cognoscens; splendorem lucis aeternae et speculum sine macula Jesum tota mente, fide et dilectione secuta : ab ipso D. N. Jesu Christo, vera luce micantis sideris splendore fuit visibiliter honorata. Nam ad serenitatem et claritatem ipsius virginis declarandam, misit sibi Deus stellam quamdam fulgentem et claram, quae ipsam virginem die ac nocte antecedebat : quatenusque ad orandum et psallendum Domino procederet, disponebat. Erat revera condignum, ut Solangia, quæ solem justitiæ interius gerebat in pectore, siderei luminis splendore exterius refulgeret in corpore. Audiens siquidem filius Principis patriæ, famam virginis Solangiæ, quæ pulchritudine, sapientia et bonitate similem non haberet; cucurrit ad locum anxius animo, cogitans quatenus ipsius conjugio frueretur.

V.

Perveniens itaque lascivus juvenis ad locum, in quo virgo pudicissima residebat, visa tanta pulchritudine, amplius igne ardentis libidinis bulliebat. Verum quia cautum erat legibus, ne quis virginibus inferret molestiam violenter, cœpit eam ad sui amorem protinus invitare. Patrem namque suum dicebat esse Principem patriæ, divitiis potentissimum, quarum successio ad ipsum, ut dicebat, jure hereditario pertinebat; pulchritudine etiam, nobilitate ac fortitudine præcellere cæteros se jactabat, nec posse sibi similem in provincia inveniri. Promittebat etiam, quod omnium bonorum suorum ipsam dominam faceret, si voluntati ipsius gratum præberet assensum. Beata vero Solangia in Christo firmata, vanas promissiones et verba inania, necnon juvenis elatam jactantiam mente firmissima contemnebat. Ipsa vero in gratia sancti Spiritus solidata et vera sapientia illustrata, horrens juvenis connubia, sic eum creditur fuisse affata : Illi æterno et optimo Domino meo Jesu Christo, qui pulchritudine, sapientia, virtute, potentia, et omnium bonorum abundantia præcellit omnia, fui ab infantia mea, sum et ero perpetuo dedicata, propterea ipsi soli servo fidem, qui me per suam gratiam desponsavit.

VI.

Cumque virgo sancta talia juveni respondisset, ipsius connubia parvi pendens, in amore Christi constantissime radicata ; juvenis flagitioso deceptus amore, ad inferendam molestiam et violentiam virgini se convertit. Volens itaque leno sacrilegus sponsam Christi rapere, et thesaurum pretiosissimum virginitatis violenter auferre, virgo Christi fugæ quærens præsidium declinavit a loco. Tandem insequitur prædo sævus, captamque rapit velociter, super equum ascendit; ipsam vero super collum equi anteposuit, et cursu velocissimo fugiens deferebat. Tunc virgo sancta, se videns inter duo discrimina constitutam (velut altera sancta Suzanna, cui vel castitatis dispendium, vel mortis periculum imminebat) plus elegit per martyrium incidere in manus hominis, quam virginitatis amisso lilio derelinquere legem Dei sui. Quare de manibus lupi rapacis exsiliens, juxta fontem in transitu rivuli equo lapsa sponte cecidit in Gravella. Tunc insanus ille juvenis videns se a Christi virgine vilipensum, amorem mutat in odium, matrimonium in homicidium ; et sævus corde, manu sævior, arrepto gladio caput virginis amputavit.

VII.

Decollata virgo sanctissima terram tenebrarum et miseriæ, pro terra remissionis et æternæ gloriæ martyrii titulo, felici commercio commutavit. Equidem Jesus Christus convenienter judicavit, quod illa quæ in convalle hujus miseriæ lilio convallium resplenduerat venustate pudoris, in montibus æterni luminis flore campi per palmam martyrii redoleret : et quia dilectus fidelis Jesus Christus, tanquam botrus Cypri, inter mentis ipsius ubera, per gratiæ dulcedinem invitatus, felici quiete pausaverat; veluti myrrhæ fasciculas per mortis amaritudinem ipsam, per gloriosa miracula evidenter faceret redolere : nam et caput ipsius truncatum a corpore ter Jesum Christum meruit nominare. O vere digna anima! quæ veri botri dulcedinem intra tui cordis vasculum integro corporis dono per totam vitam servaveras, calcato torculari per passionis martyrium, ruptoque corporei vasis spiraculo, odorem tanti nominis non potuisti aliquatenus continere : Veræ B. Magdalenæ spirituale secuta vestigium, quæ fracto alabastro pretiosissimum unguentum effudit super caput Domini, et domus impleta est ex odore unguenti. Nempe, virgo sanctissima, fracto per passionem tui pretiosi corporis alabastro, nardus tui nominis, dum esset Rex in accubitu suo, dedit suavitatem odoris, quo universa domus Ecclesiæ odoriferis gratiarum muneribus est impleta.

VIII.

Igitur felix Solangia ad laudem Dei de seipsa duplex in vitæ suæ vespera obtulit holocaustum, corpus videlicet per salutarem victimam passionis exterius in atrio devote sacrificans, et animum per ferventissimam caritatem in templo interius per continuum orationis studium offerens thymiama. Dedit enim caput corporis pro Christo, capite fidelium animarum. Dum enim truculentus carnifex caput virginis amputasset, ipsa caput suum propriis sumens in manibus, a loco, in quo decollata fuerat, usque ad locum, in quo Dei providentia et sua electione honorifice requiescit ductu Angelico mirabiliter deportavit; in quo loco a fidelibus personis Deum timentibus fuit honorifice tradita sepulturæ. Ibidem enim processu temporis, favente Christi clementia et fidelium devotione juvante, in ipsius nomine fabricata est ecclesia, quæ usque hodie a S. Solangia per totam Bituriam nuncupatur.

IX

Quam vero hæc virgo gloriosa in vita eximiæ sanctitatis extiterit, post ejus transitum multis miraculorum prodigiis supernæ Bonitatis magnificentia dignanter ostendit; dum ad ejus invocationem et merita, si tamen potentium fides et devotio suffragetur, omnipotentis Dei virtus cæcis visum, surdis auditum, mutis verbum, claudis gressum, ac paralyticis sensum restauravit et aridis insuper confractis et ruptis salutem integram reddidit; inclusos carceribus potenter eripuit, ex obsessis corporibus dæmones effugavit. Transiit autem B. Solangia in pago Biturico, ab urbe Biturica milliario fere septimo, truculenti homicidæ decollata gladio, propter custodiam castitatis.

Cœpit autem virgo sanctissima continuo, ut dictum est, multis et magnis coruscare miraculis, ut sublimitas sanctitatis ejus, Dominicæ faciei superradiante, respectu, quæ vivens in carne per exempla perfectæ justitiæ innotuerat mundo, ipsa jam regnante cum Christo, ad omnem fidei firmitatem per miracula divinæ potentiæ comprobaretur in cœlo. Innumera quoque in diversis partibus ipsius meritis exuberare non cessant beneficia Dei, sicut experiuntur frequenter incolæ regionis illius, qui in suis adversitatibus, periculis et necessitatibus, per beatissimam virginem Solangiam fideliter invocatam, se sentiunt exauditos, præstante Domino nostro Jesu Christo, qui cum Patre et Spiritu sancto regnat in sæcula. *Amen.*

I

Sainte Solange naquit en Berry, dans le hameau de Val-Villemond, près de Bourges, de parents honnêtes et chrétiens. Remarquable par sa beauté, mais plus encore par sa foi, pleine de sagesse avant l'âge, pénétrée de la crainte de Dieu et d'une pureté angélique, elle fut élevée, comme Tobie, à craindre Dieu dès sa plus tendre enfance et à éviter la moindre faute, comme Jérémie, à porter dès sa jeunesse le joug du Seigneur, afin de mériter la récompense éternelle. Dès l'âge de sept ans, Dieu l'avait prévenue de ses faveurs et faisait éclater en elle une sagesse extraordinaire. A cet âge si tendre, elle brillait déjà par ses vertus et par les prémices de la grâce que Dieu, dans sa bonté prévenante, devait lui prodiguer plus tard.

II

L'enfance de sainte Solange s'écoula donc paisiblement à la maison sous la garde fidèle de ses parents.

Arrivée à l'âge de jeune fille, à cet âge où les mauvais penchants entrainent à tous les vices, elle ne donna rien au plaisir. Elle ne se livrait point aux divertissements et ne fréquentait jamais celles qui vivaient au milieu des vanités du monde. Elle se consacra tout entière à Dieu dès son enfance et, le choisissant dès lors pour son seul et véritable époux, elle repoussa toute idée de mariage. Elle ne comprenait point qu'on préférât les choses passagères, inutiles et périssables, aux richesses véritables et éternelles, aussi conserva-t-elle son âme toujours pure, et nuit et jour, dans ses saintes contemplations et dans ses prières, ne cessait-elle de lui recommander sa virginité.

III

Dieu, admirable dans ses saints, permit que Solange dont il avait enrichi l'âme de tant de grâces intérieures, attestât sa sainteté dans le monde par des miracles. Il lui accorda un merveilleux pouvoir. Comme l'ombre de l'apôtre saint Pierre guérissait les infirmes, le seul regard de l'humble Vierge chassait les maladies. Elle reçut aussi de Jésus Christ, en récompense de sa pureté parfaite, puissance sur les esprits immondes. Elle délivrait les possédés, et comme si, par l'observance parfaite de la loi évangélique, elle fût revenue à l'état d'innocence primitive, elle commandait aux créatures sans raison qui lui étaient soumises comme à Dieu. Elle semblait vérifier cette prophétie de David : « *Vous avez soumis toutes choses à son empire ; les troupeaux des campagnes, les oiseaux du ciel et les poissons qui sillonnent les profondeurs de la mer.* »

Elle calmait les vents et les tempêtes. Les oiseaux obéissaient à sa voix, et les troupeaux qui endommageaient les récoltes de ses parents ou de ses voisins, au moindre signe d'elle, s'enfuyaient aussitôt.

IV

Ainsi la vierge Solange, d'une sainteté au-dessus de son âge, savait déjouer les ruses ténébreuses du démon et résister aux tentations du monde et de la chair. Bien pénétrée de l'inanité des choses de la terre, elle s'attachait avec tant de foi et d'amour à Jésus, splendeur de la lumière éternelle, miroir sans tache, que ce même Jésus l'entoura de la splendeur visible d'un astre éblouissant. En signe de la sérénité et de la limpidité de cette âme vierge, Dieu faisait luire au-dessus de la tête de Solange, une étoile qui la précédait nuit et jour et tout le temps qu'elle demeurait en prières. N'était-il pas juste que Solange, éclairée intérieurement des rayons divins du Soleil de justice, brillât au dehors de la splendeur d'un astre éclatant ?

Le fils du prince du pays ayant eu connaissance des éminentes vertus et de la rare beauté de la jeune fille, courut au lieu où elle avait l'habitude de se rendre, tout préoccupé des moyens qu'il emploierait pour la faire condescendre à ses vues.

V

A la vue de la beauté extraordinaire de la vierge, le jeune libertin brûla d'un amour insensé. Mais comme elle était protégée par la loi qui défendait de faire violence aux jeunes filles, il essaya de la séduire par les plus tendres paroles, par les promesses les plus brillantes. Il lui disait que son père, prince du pays, était immensément riche et puissant; que toutes ces richesses lui reviendraient par héritage. Il se vantait d'être le plus beau, le plus noble et le plus fortuné du pays; en vain, lui chercherait-on un égal dans la province. Il lui promit ensuite de la rendre maîtresse de tous ses biens, si elle voulait consentir à ses désirs. Mais sainte Solange, affermie dans le Christ, méprisa ces vaines promesses, ces paroles mensongères et toute l'orgueilleuse jactance du jeune homme. Fortifiée par la grâce de l'Esprit-Saint et pleine d'horreur pour une telle alliance, elle lui répondit, suivant la tradition : « J'ai été dès mon enfance, je suis et je serai à jamais consacrée à mon bon Seigneur Jésus-Christ, qui n'a point d'égal en beauté, en sagesse, en vertu, en puissance et qui dispose souverainement de tous les biens; à lui seul qui m'a épousée par sa grâce je conserve ma foi. »

VI

A cette réponse qui montrait tout son mépris pour une telle alliance et son attachement inviolable au Christ, le jeune homme, déçu dans sa honteuse passion, se dispose à user de violence. Le sacrilége veut enlever la fiancée du Christ et lui ravir de force le précieux trésor de sa virginité, mais la vierge, cherchant un aide, lui échappe et s'enfuit. Le cruel ravisseur la poursuit, l'atteint et, la plaçant devant lui sur son cheval, l'emporte au galop. Placée, comme Suzanne, entre deux périls dont l'un menace sa vie et l'autre son innocence, la vierge sainte choisit la mort. Elle périra de la main de son persécuteur, plutôt que de perdre le lis de sa virginité et d'abandonner la loi du Seigneur. S'échappant donc des mains de son cruel ravisseur, dans le passage d'un petit gué voisin d'un ruisseau, elle s'élance du cheval et tombe dans la Gravelle. Alors ce jeune insensé, se voyant méprisé par la vierge du Christ, passe d'un amour extrême à une haine violente, et, la rage dans le cœur, saisissant son glaive, il lui tranche la tête.

VII

La vierge sainte et martyre quitte cette terre de larmes et de misère pour le séjour de l'éternelle félicité. Ainsi le Seigneur voulut qu'elle achetât au prix de son sang la gloire du ciel : il voulut que celle dont la pureté avait brillé ici-bas comme le lis de la vallée, resplendit plus belle encore sur les montagnes éternelles par son martyre. Amant fidèle de celle en qui il s'était complu, et qui l'avait uniquement aimé pendant sa vie, Jésus voulut, après son martyre, la glorifier par de grands miracles. De cette tête virginale, tranchée par le glaive, s'échappa trois fois le nom de Jésus..... Du vase brisé de Magdeleine avait coulé sur la tête du Sauveur un parfum qui avait rempli toute la maison : de l'albâtre brisé du corps de l'innocente vierge, s'échappa le baume de votre nom, ô Seigneur Jésus, dont la suavité remplit toute l'Eglise.

VIII

. . . .

..... A peine le cruel bourreau lui eut tranché la tête

que, prenant elle-même dans ses mains son chef ensanglanté, elle le porta, sous la conduite des anges, du lieu de son martyre au lieu assigné à sa sépulture par son choix et la Providence. Elle y fut ensevelie solennellement par les mains de pieux chrétiens, et à cet endroit même, avec le temps, la piété des fidèles a élevé l'église connue jusqu'à ce jour, dans tout le Berry, sous le nom Sainte-Solange.

IX

Prévenue pendant sa vie du don des miracles, la glorieuse martyre continua à faire éclater les miséricordes divines par de nombreux prodiges. Ceux qui l'invoquaient avec foi et piété, voyaient leurs demandes exaucées : les aveugles recouvraient la vue, les sourds l'ouïe, les muets la parole, les prisonniers la liberté ; les boiteux marchaient, les paralytiques étaient guéris et les possédés délivrés du démon.

Sainte Solange périt martyre de la chasteté dans un village du Berry éloigné d'environ sept milles de Bourges. Aussitôt après sa mort, elle devint célèbre par ses miracles.....

..... Dieu, en vue de ses mérites et par son intercession, ne se lasse point de prodiguer ses bienfaits, et les habitants du pays qui adressent, dans leurs calamités, leurs dangers et leurs besoins, de confiantes prières à la bienheureuse Vierge Solange, ressentent toujours les effets de sa protection et se voient exaucés par la volonté de Jésus-Christ Notre-Seigneur qui vit et règne dans les siècles avec le Père et le Saint-Esprit. Ainsi soit-il.

LES LEÇONS DU PROPRE ACTUEL

Les Leçons du Propre actuel diffèrent en plusieurs points, comme rédaction surtout, de celles qui furent insérées par Michel Poncet, dans son bréviaire de 1676. — Par suite, nous croyons utile, au point de vue hagiographique, de donner ces dernières, afin que le lecteur puisse faire la comparaison.

LEÇONS DU BRÉVIAIRE DE 1676.

I

Solangia, è viculo, non longè a Bituricis distante, christianis parentibus nata, ab iisque in lege Domini edocta, virginitatem à teneris annis Deo consecravit. Dum oves, quas ei parentes commiserant, vicino in agro pasceret, ipsa, secreta petens, mentem sanctis orationibus pascebat, inventumque foris cœlestem sponsum toto pectore amplexabatur.

II

Quam sanctimoniam nequitiæ spiritus non ferens, adversùs eam comitis Bituricensis filium armavit. Ille inter venandum (casu, an consilio, incertum est) cum sanctam virginem obviam in agro habuisset, oris pulchritudine captus, pudicitiam ejus nullis non artibus, blanditiis, conjugio, minis, expugnare tentat. Verùm cùm nihil proficeret, in equum per vim sublatam, moxque dilapsam, in furorem, ut fit, mutato amore, gladio obtruncat.

III

Solangia, abscisso capite, et Jesum, cui ab infantia servierat, tertiò appellasse, et caput usque ad Ecclesiam, olim sancto Martino, jam vero Solangiæ ipsi sacram, manibus gestasse traditur. Qua in æde sanctæ Martyris reliquiæ etiam nunc quiescunt, securum in adversis refugium ; nam seu terra siccitate inardescat, seu rivulis ubique scaturiat, præsens est subsidium, sacras reliquias publica supplicatione in urbem extulisse. Passa est sexto idus Maii, Bituricensium alumna simul et nutrix.

CONFRÉRIE DE SAINTE SOLANGE

Parmi les monuments qu'on élève à la gloire des saints, aucun ne leur plaît mieux que les associations formées en leur honneur.

Saint François de Sales engageait les fidèles à s'enrôler, le plus qu'ils le pourraient, dans les confréries approuvées qui leur seraient proposées ; et il donnait lui-même l'exemple de cette dévotion. « L'union de prières, l'exemple réciproque d'où résulte une sainte émulation, la protection spéciale des saints qu'on veut honorer, les grâces accordées par l'Eglise à ces pieuses associations, sont, dit le Père Alet, de puissants encouragements pour s'y aggréger.

La confrérie de sainte Solange, comme nous allons le voir, est riche d'indulgences. Elle fait offrir le Saint-Sacrifice pour les associés vivants et défunts. Les personnes qui ne peuvent se rendre au pèlerinage y suppléent en quelque sorte par ce lien pieux qui les rattache toujours à la sainte Patronne. Ils la visitent, pour ainsi dire, par la députation de leurs frères. Les fidèles qui, plus heureux, ont accompli l'œuvre du pèlerinage, en perpétuent les fruits par leur aggrégation à la confrérie et donnent ainsi à Dieu un gage de persévérance. »

Les étrangers, aussi bien que les habitants du Berry, ont la facilité de s'y aggréger ; aussi voit-on figurer sur les registres de la confrérie des fidèles de toutes conditions et de tous pays, des membres vénérables du clergé, des religieux carmes, des prêtres de Saint-Sulpice, des chanoines, des vicaires-généraux, des habitants de Paris, de l'Yonne, de la Vendée, de la Savoie et d'autres lieux.

L'engagement que l'on prend n'a rien que de très-léger. Il n'est aucun point des statuts qui impose une obligation proprement dite sous peine de péché.

« Cette confrérie, dont l'origine se perd dans la nuit des temps, reçut une pleine organisation vers le milieu du dix-septième siècle. Enrichie d'indulgences par Alexandre VII en 1657 et par Benoit XIV en 1751, renversée pendant la tourmente révolutionnaire, elle se releva en 1805 par les soins de Mgr de Merry. »

Nous donnons d'abord le texte de la bulle d'Alexandre VII, que nous ferons suivre des deux décrets de la sainte Congrégation des indulgences en 1844.

Alexander P. P. VII

Ad perpetuam rei memoriam. Cum, sicut accepimus, in Parochiali ecclesia, de *S. Solange* vulgo nuncupata, Bituricensis diœcesis, una pia et devota utriusque sexus Christi fidelium Confraternitas, sub invocatione S. Solangiæ, non tamen pro hominibus unius specialis artis, canonice erecta sive erigenda existat, cujus confratres et consorores quam plurima pietatis et caritatis opera exercer econsueverunt; Nos, ut Confraternitas hujusmodi majora inde suscipiat incrementa, de omnipotentis Dei misericordia ac Beatorum Petri et Pauli Apostolorum ejus auctoritate confisi, omnibus utriusque sexus fidelibus, qui dictam confraternitatem ingredientur, postquam erit canonice erecta, die primo eorum ingressus, si vere pœnitentes et confessi sanctissimum Eucharistiæ Sacramentum sumpserint, Plenariam ; nec non tam descriptis quam pro tempore describendis in eadem Confraternitate confratribus et consororibus, in cujuslibet eorum mortis articulo, si vere etiam pœnitentes et confessi ac sacra communione refecti, vel quatenus id facere nequiverint saltem contriti, nomen Jesu ore, si potuerint, sin autem corde devote invocaverint, etiam Plenariam ; ac ipsis nunc et pro tempore confratribus et consororibus, vere pœnitentibus et confessis ac sacra communione refectis, qui prædictæ confraternitatis ecclesiam vel capellam seu oratorium decima die mensis Maji, a primis Vesperis usque ad occasum solis, die hujusmodi, singulis annis devote visitaverint ; et ibi pro Christianorum Principum concordia, hæresum extirpatione, ac sanctæ Matris Ecclesiæ exaltatione pias ad Deum preces effuderint, Plenariam similiter omnium peccatorum suorum Indulgentiam et remissionem misericorditer in Domino concedimus. Insuper eisdem, vere pariter pœnitentibus et confessis ac sacra communione refectis, ecclesiam vel capellam seu oratorium hujusmodi in Purificationis, Annuntiationis et Assumptionis B. Mariæ Virginis immaculatæ festis diebus, necnon in secundo festo Pentecostes, ut præfatur, visitantibus et orantibus, quo die prædictorum id egerint, septem annos et totidem quadragenas ; quoties vero Missis ac aliis Divinis Officiis, in dicta ecclesia vel capella seu oratorio pro tempore celebrandis et recitandis, aut congregationibus publicis vel privatis ipsius Confraternitatis ubivis faciendis interfuerint, aut pauperes hospitio susceperint, vel pacem inter inimicos composuerint seu componi fecerint vel procuraverint, ac etiam qui corpora defunctorum, tam confratrum et consororum hujusmodi quam aliorum, ad sepulturam associaverint ; aut quascumque Processiones, de licentia Ordinarii faciendas, sanctissimumque Eucharistiæ sacramentum, tam in Processionibus quam cum ad infirmos alias ubicumque aut quomodocumque pro tempore deferetur, comitati fuerint ; aut si impediti, campanæ ad id signo dato semel orationem Dominicam et salutationem Angelicam dixerint ; aut etiam quinquies orationem et salutationem eamdem pro animabus defunctorum confratrum et consororum prædictorum recitaverint ; aut demum aliquem ad viam salutis reduxerint, et ignorantes Præcepta Dei et ea quæ ad salutem sunt, docuerint ; aut quodcumque aliud pietatis vel caritatis opus exercuerint ; toties, pro quolibet prædictorum operum, sexaginta dies de injunctis eis aut alias quomodolibet debitis pœnitentiis, in forma Ecclesiæ consueta, relaxamus : præsentibus, perpetuis futuris temporibus valituris. Volumus autem ut si alias dictis confratribus aut consororibus, præmissa peragentibus, aliqua alia Indulgentia perpetuo vel ad tempus nondum elapsum duratura, concessa fuerit ; præsentes nullæ sint : utque etiam, si dicta Confraternitas alicui Archiconfraternitati aggregata jam sit, aut aggregetur vel quavis alia ratione uniatur, seu etiam quomodolibet instituatur, priores et quævis aliæ litteræ Apostolicæ illis mullatenus suffragentur, sed ex tunc eo ipso prorsus nullæ sint.

Datum Romæ apud Sanctam Mariam majorem sub annulo Piscatoris, die decima nona Martii, MDCLVIII, Pontificatus nostri Anno Tertio.

Le 22 mai de la même 1658, une ordonnance épiscopale de Mgr Anne de Levis de Ventadour autorisait dans son diocèse la publication de ces indulgences. Un autre bref du même pape, sous la date du 26 avril 1657, accordait les mêmes indulgences à la Confrérie de sainte Solange érigée dans l'Eglise de Saint-Pierre-le-Puellier.

C'est au temps même où le sanctuaire était sur le point de recouvrer une partie des saintes reliques, que la Confrérie recouvra autant et plus de faveurs spirituelles qu'elle en eût jamais eues dans ses plus beaux jours.

Par deux décrets de la Sacrée-Congrégation des indulgences, sous la date 17 juillet 1844, S. S. Grégoire XVI accordait à la Confrérie de sainte Solange les grâces suivantes, à *perpétuité*, et toutes applicables aux défunts :

1° — « Toutes les messes qui seront offertes pour les confrères défunts, dans l'église de Sainte-Solange, jouiront des grâces de l'autel privilégié, » c'est-à-dire d'une indulgence plénière applicable aux âmes pour lesquelles le Saint-Sacrifice est offert.

2° — « Une indulgence plénière est accordée à tout confrère qui, le jour de sa réception, vraiment contrit, confessé, communiera, visitera l'église de la Sainte, et y priera quelque temps aux intentions du Souverain Pontife. »

3° — « Indulgence plénière à l'article de la mort à tout confrère qui aura reçu les sacrements comme il vient d'être dit, ou, dans l'impossibilité de faire davantage, aura invoqué, au moins de cœur, le saint nom de Jésus. »

4° « Indulgence plénière à tout confrère qui accomplira les susdites œuvres, à partir des premières vêpres jusqu'au coucher du soleil de la fête annuelle que l'ordinaire aura désignée temporairement comme solennité principale de la Confrérie. »

5° « Indulgence de sept ans et sept quarantaines pour quatre fêtes secondaires qui seront désignées, une fois pour toutes, par l'ordinaire actuel, sous les mêmes conditions à remplir chaque fois : réception des sacrements, visite, prière. »

6° « Indulgence de soixante jours attachée à toute œuvre pie que les confrères auront accomplie, au moins avec dévotion et regret de leurs fautes. Ces œuvres pies expressément énumérées dans les lettres apostoliques d'Alexandre VII dont nous avons donné plus haut le texte latin, sont : « Assister à la sainte Messe ou à l'Office divin, dans ladite église; prendre part aux réunions publiques ou particulières de ladite Confrérie, en quelque lieu que ce soit; exercer l'hospitalité envers les pauvres ; réconcilier des ennemis ou travailler efficacement à leur réconciliation ; assister aux obsèques soit d'un associé soit d'un autre fidèle ; se joindre à toute procession approuvée par l'ordinaire; accompagner le Saint Sacrement quand on le porte aux malades ou bien en procession pour quelque raison que ce soit; ne pouvant l'accompagner, réciter un *Pater* et un *Ave* au son de la cloche, dire cinq *Pater* et cinq *Ave* pour le repos des âmes des confrères défunts : contribuer efficacement à la conversion d'une âme ; instruire les ignorants de la loi divine et des vérités du salut : enfin accomplir *toute autre œuvre de piété ou de charité.* »

Voici le texte latin de ces deux décrets que nous venons de traduire.

I. Decretum

Beatissime Pater, sacerdos Charbonnier, parochus ecclesiæ vulgo dictæ *Sainte-Solange*, in diœcesi Bituricensi in Gallia, pedibus S. S., etc., provolutus, devote implorat ut Confraternitati *Sanctæ-Solangiæ* quam in præfata ecclesiæ parochiali canonice erigere intendit, annectantur indulgentiæ quæ concedantur sodalitatibus canonice erectis, etc.

— « Ex audientia sanctissimi. — Sanctissimus D. Noster Gregorius P. xvi, omnibus sodalibus piæ Confraternitatis, sub titulo de quo in precibus, in supra enuntiata ecclesia canonice erigendæ, sequentes indulgentias, fidelibus quoque defunctis applicabiles benigne in perpetuum concessit : plenariam nempe die prima eorum receptionis in eamdem piam Confraternitatem, si vere pœnitentes, confessi sacraque communione refecti dictam ecclesiam, juxta mentem sanctitatis suæ per aliquod temporis spatium orando visitaverint. Similiter plenariam in articulo mortis acquirendam dummodo rite, ut supra, dispositi fuerint, vel saltem S. S. Jesu nomen corde, si ore nequiverint, devote invocaverint. Et pariter plenariam, die qua in eadem ecclesia festum principale prælaudatæ Confraternitatis, de Ordinarii pro tempore licentia celebrabitur, incipiendum a primis vesperis usque ad ipsius diei solis occasum. Et septem annorum totidemque quadragenarium indulgentiam, quatuor aliis infra annum festis diebus per actualem Ordinarium semel tantum designandis, si, ut supra, rite dispositi fuerint, visitaverint et oraverint. Ac tandem sexaginta dierum indulgentiam pro quolibet pio opere, quod corde, saltem contrito ac devote peregerint. Præsenti valituro, servatis tamen servandis, juxta constitutionem S. M. Clem P. VIII, datam Romæ apud S. Petrum die 7 decembris 1604, quæ incipit *quæcumque a Sede apostolica*.

Datum Romæ ex SS. Congregation. indulgentiarum die 17 julii 1844. — Gabriel cardinalis Ferretis, præfectus. — Jacobus Gallo, secretarius.

Vidimus et executioni mandari permisimus. Biturigibus die 11 julii 1845.

† J. M. A. Cælestinus archiepiscopus Bituricensis.

Voici l'autre décret :

Decretum alterum

Decretum ex audientia sanctissimi ad humiles preces actualis Rectoris de parochiali ecclesia loci *Sainte-Solange* nuncupati, Bituricensis diœceseos SS. D. N. Gregorius P. XVI annuens; ut omnes et singulæ missæ quæ pro quibusvis sodalibus defunctis piæ Confraternitatis sub titulo *Sanctæ Solangiæ* in dicta ecclesia canonice erigendæ, ad quodlibet ipsius ecclesiæ altare, perpetuis futuris temporibus celebrabuntur, eodem gandeant privilegio ac si in altari privilegiato celebrentur, indulsit; servatis tamen servandis, etc. ut supra.

Suivent les mêmes dates et les mêmes signatures qu'à la fin du décret précédent.

Ces grâces obtenues, Monseigneur du Pont approuva les *statuts* suivants *de la Confrérie de sainte Solange existante en l'église paroissiale du même nom.*

— « L'établissement des confréries n'étant fondé que sur la dévotion particulière de personnes pieuses, qui s'unissent ensemble, pour honorer d'un culte spécial et approuvé les mystères de notre religion ou la mémoire des Saints, les personnes qui s'engagent dans la Confrérie de sainte Solange, doivent bien se convaincre qu'elles contractent une obligation spéciale de mener une vie plus pure et plus sainte, parce que la vraie manière d'honorer cette glorieuse patronne du Berry, c'est d'imiter et de pratiquer les vertus dont elle a donné l'exemple. Mais comme une confrérie serait de peu de durée, qu'elle serait même sujette à beaucoup d'abus, si chacun se donnait la liberté d'en fixer les exercices selon son inclination ou ses propres lumières, pour éloigner de celle-ci tout esprit d'inconstance, de caprice et d'erreur, nous avons dressé les statuts et règlements, suivants, que nous ordonnons être inviolablement observés par tous les confrères, bien convaincu que la pratique des bonnes œuvres qui y sont recommandées, étant ainsi fondée sur l'obéissance, sera, par là même, plus sûre, plus constante, plus méritoire.

Article 1er. « La confrérie sera dirigée, pour le spirituel, sous notre autorité, par M. le curé de la paroisse, que nous commettons en qualité de Recteur, pour présider à toutes les assemblées des confrères, pour tenir à l'exécution des présents statuts, et nous informer des contraventions qui pourraient y être faites.

2. — « Le temporel de la Confrérie sera régi et administré par six directeurs au moins, qui seront choisis par M. le Recteur dans l'assemblée générale des confrères.

Les directeurs élus en désigneront un d'entre eux pour exercer les fonctions de Receveur.

3. — « Les personnes qui voudront se faire recevoir dans la Confrérie se présenteront aux directeurs en exercice, qui, après avoir examiné devant Dieu et jugé sur le certificat du curé de la paroisse des aspirants, de leurs bonne vie et mœurs, les inscriront dans le registre ou catalogue des confrères ; défendant expressément d'y admettre aucun ivrogne, jureur, blasphémateur, ou autre pécheur scandaleux.

4. — « Tous les confrères sont exhortés à dire fréquemment ces invocations extraites des litanies de la Sainte : *Sainte Solange, martyre de la chasteté, notre appui, notre avocate, priez pour nous* ; et, une fois chaque jour, cette oraison qui termine les mêmes litanies : *Daignez, Seigneur, par l'intercession de sainte Solange, répandre votre bénédiction sur nous et sur les fruits de la terre afin que les ayant recueillis à la louange et à la gloire de votre nom, nous en usions conformément aux intentions de votre miséricorde. Ainsi soit-il.*

5. — « On avertira ceux qui sont admis, que pour rendre leur entrée dans la Confrérie plus salutaire pour eux et plus agréable à Dieu, ils doivent s'y préparer par une bonne confession, même générale de toute leur vie s'ils n'en ont point encore faite, et par la sainte communion qu'ils feront en sorte de recevoir le jour de leur réception, pour gagner l'indulgence plénière accordée par N. S. Père le Pape.

6. — « Comme les confrères doivent se distinguer des autres fidèles par les pratiques d'une dévotion particulière, ils doivent aussi s'approcher plus souvent des sacrements de pénitence et d'eucharistie. Aussi nous les exhortons de tout notre pouvoir à se confesser et à communier au moins cinq à six fois dans le cours de l'année, et principalement le jour de la fête principale que nous fixons au lundi de la Pentecôte. En ce jour, les confrères pourront gagner une indulgence plénière.

7. — « Nous les exhortons en outre à se montrer plus particuliérement assidus aux offices, aux quatre fêtes secondaires de la confrérie, qui auront lieu à perpétuité : 1° le jour de Noël ; 2° celui de Pâques ; 3° le 10 du mois de mai, jour où se célèbre la fête de la Sainte, d'après le calendrier ; 4° enfin, le dimanche auquel cette fête est renvoyée d'après les statuts du diocèse. Les confrères pourront en tous ces jours gagner les indulgences partielles accordées par N. S. Père le Pape.

8. — La fête principale de la Confrérie sera célébrée avec le plus de solennité que faire se pourra ; on chantera la veille les premières vêpres, le tout du rit annuel. Les confrères assisteront à l'office avec la dévotion requise, de même qu'à la prédication ou instruction que nous exhortons M. le curé à faire lui-même ou à faire faire par tel autre prêtre approuvé qu'il jugera à propos de choisir.

9. — « Après la messe, on fera, selon l'antique usage, une procession solennelle au champ et au tombeau de la Sainte. La châsse sera entourée et portée par ceux des confrères qu'une vie plus édifiante aura

fait choisir par M. le Recteur. Ils feront en sorte de suivre l'exemple des anciens porteurs, et de ne se présenter pour porter la châsse qu'après s'être approchés des sacrements de pénitence et d'eucharistie.

10. — « Le lendemain de la fête principale ou le jour de l'octave, on célébrera un service solennel, autant que faire se pourra, pour le repos des confrères défunts. A l'issue du service, les confrères s'assembleront pour la nomination de trois nouveaux directeurs qui seront désignés par M. le Recteur en remplacement des trois qui chaque année devront sortir d'exercice. L'assemblée nommera trois commissaires pour arrêter les comptes du receveur, et délibérer conjointement avec le conseil sur les autres affaires concernant ladite confrérie.

11. — « Afin que tous les directeurs ne sortent point d'exercice en même temps, et qu'il y ait toujours dans le conseil des membres anciens et des membres nouveaux, la moitié de ceux qui auront été choisis à la prochaine assemblée, ne restera qu'une année seulement en exercice, après laquelle il en sera nommé par M. le Recteur un nombre égal à ceux qui sortiront. Les nouveaux nommés le seront pour deux ans, de manière que le conseil se renouvellera chaque année par moitié. Les membres sortants seront, pour la première fois, désignés par le sort.

12. — « Les directeurs de la Confrérie auront soin de visiter les confrères malades, de les consoler et de leur procurer tous les secours possibles, en cas qu'ils soient en nécessité. Lorsqu'on leur donnera le saint Viatique, ils avertiront les confrères les plus voisins pour porter le dais et accompagner le Saint-Sacrement,

rendant aux malades tous les services qu'inspire dans ces moments la charité chrétienne. Les simples confrères remplaceront les directeurs pour cet office de charité, principalement dans les lieux où il n'y aurait pas de directeur en résidence.

13. — « Dès qu'un confrère sera décédé, tous ceux qui auront connaissance de sa mort, diront pour lui, dès qu'ils l'auront apprise, cinq *Pater* et cinq *Ave*, et, ils assisteront s'ils le peuvent, à son convoi et enterrement.

14. — « La confrérie fera célébrer, pour chacun de ses membres défunts, un service solennel dans le mois qui suivra la constatation du décès. Cette constatation se fera par un certificat du curé de la paroisse où le décès aura eu lieu. A cet effet, les confrères qui seraient en danger de mort sur une autre paroisse, devront prier M. le curé du lieu de leur rendre ce service, au cas où Dieu les appellerait à lui. A cette messe est attachée une indulgence plénière, comme aussi à toutes celles qui pourront être célébrées à perpétuité pour quelque confrère défunt.

15. — « Chaque année M. le curé sera prié de vouloir bien, au service solennel prescrit par l'article 10, lire après l'Evangile, la liste de tous les confrères décédés dans le cours de l'année, et les recommander d'une manière spéciale aux prières de tous les confrères vivants.

16. — « Le premier lundi de chaque mois il sera célébré à l'autel de Sainte-Solange, s'il se peut, une messe basse pour tous les membres vivants de la confrérie. Après cette messe, le prêtre récitera à haute voix les litanies de la Sainte. Cette messe sera annoncée

le dimanche précédent, au prône de la messe paroissiale.

17. — « Les confrères seront assidus aux services de leurs paroisses respectives. Ceux qui résident à Sainte-Solange, assisteront aux processions de la Fête-Dieu, marchant avec un profond respect, deux à deux, devant le Saint-Sacrement, ayant un cierge à la main, au cas que les fonds de la confrérie puissent faire cette dépense.

18. — « Chaque année, le compte de la confrérie sera rendu le jour du service solennel, par le receveur qui sortira d'exercice. Ce compte sera réglé par les trois commissaires mentionnés art. 10, en présence du conseil, du nouveau receveur, sous la présidence du Recteur, qui indiquera tel autre nombre de séances qui seront jugées nécessaires, si la première n'avait pas été suffisante.

19. — « Aucune dépense ne pourra être faite par le receveur que sur une décision écrite par M. le Recteur et qu'après une délibération du conseil, si la dépense devait excéder trente francs. Les fonds libres seront généralement employés pour la décoration de l'église.

20. — « Dans les comptes de la confrérie, il ne sera alloué en dépense au comptable aucune somme pour festins, collations ou autres dépenses de bouche, si ce n'est pour le soulagement de quelque confrère malade dont la nécessité aurait été attestée par M. le curé de la paroisse.

21. — « Les fonds appartenant à la confrérie, les titres, les comptes, les registres et papiers concernant ses intérêts, seront déposés dans un coffre fermant à deux clefs, dont l'une sera déposé entre les mains du Recteur et l'autre en celles du receveur.

22. — « Lorsque les directeurs de la confrérie auront besoin de quelques titres ou papiers, ils ne les retireront du coffre qu'en donnant leur récépissé sur son livre destiné à cet effet, qu'ils bifferont dans la suite, lorsqu'ils rapporteront lesdits titres papiers, ou mettant à la marge le jour où ils les auraient remis.

23. — « Afin que dans les processions ou assemblées, il n'arrive aucun différend ou contestation pour les pas et préséances, les confrères y prendront place suivant l'ordre de leur réception.

24. — « On ne pourra exiger pour la reception des nouveaux confrères plus de dix sols, et les années suivantes plus de six sols; desquelles sommes reçues ou qui auront dû l'être, le receveur sera tenu de se charger dans son compte, comme aussi du produit des quêtes, qu'il sera tenu de faire ou faire faire, pendant l'office, toutes les fois que M. le Recteur le jugera utile et convenable.

25. — « Si quelques-uns des confrères refusent ou diffèrent, pendant trois années consécutives, de payer leur droit de confrérie, leur nom sera rayé du catalogue.

26. — « Les comptes de la confrérie qui auront été rendus dans le cours de l'année, seront de nouveau présentés à M. l'archidiacre dans le temps de la visite, pour être examinés, s'il le juge à propos, en présence du Recteur, du receveur, des conseillers et des principaux confrères.

27. — « Les présents statuts seront lus chaque année à haute et intelligible voix dans l'assemblée prescrite par l'art. 10. Nous exhortons les confrères à les lire souvent, afin qu'ils se rendent plus exacts à les observer avec la grâce de Dieu.

« Donné à Bourges, sous notre seing et le sceau de nos armes, le 11 juillet 1845.

† J.-M. Célestin, *archevêque de Bourges.*

Le corps de cette confrérie étant formé par ces statuts, revêtu de ses ornements par les priviléges spirituels émanés du Saint-Siége, il restait encore à lui imprimer le mouvement par l'érection canonique exigée, comme on l'a vu, par les décrets de la Sainte Congrégation des Indulgences. Une ordonnance archiépiscopale, donnée sous la même date que les statuts, vient remplir cette dernière condition.

« Jacques-Marie-Antoine-Célestin du Pont, par la miséricorde divine et la grâce du Saint-Siége apostolique, archevêque de Bourges, Primat des Aquitaines, etc., etc.

« Vu la supplique à nous présentée par M. François Charbonnier, prêtre de l'église paroissiale de Sainte-Solange, tendant à ce qu'il nous plaise ériger canoniquement dans son église une pieuse confrérie de Sainte-Solange ; désigner la fête principale et, en outre, les jours auxquels pourront être gagnées par les confrères les indulgences accordées par notre Saint Père le Pape ; vu deux brefs de Sa Sainteté, en date l'un et l'autre du 17 juillet 1844, lesquels nous ont été présentés par ledit sieur curé, et que nous avons visés ; vu les statuts et réglements qu'il nous a soumis et que nous avons approuvés ; après avoir apprécié le but principal de cette confrérie qui est d'honorer la glorieuse Patronne du Berry, et d'attirer sa protection spéciale sur les confrères ; voulant donner au témoignage de notre dévotion envers cette grande Sainte, en favorisant de plus en plus la propagation de son culte, et offrir aux fidèles de notre diocèse un nouveau moyen de manifester leur piété envers leur glorieuse Patronne et mériter sa protection et imiter ses vertus ; nous avons renouvelé et renouvelons, érigé et érigeons tout de nouveau par ces présentes, autant que besoin peut-être, en l'église de Sainte-Solange, la pieuse Confrérie qui y existe de temps immémorial sous le titre de *Confrérie de Sainte-Solange* ; nous avons permis et permettons de célébrer la fête principale de ladite confrérie le lundi de la Pentecôte, durant tout le temps de notre épiscopat. Nous avons, en outre, désigné comme fêtes secondaires à perpétuité : 1° le jour de Pâques ; 2° celui de Noël ; 3° le 10 de mai, jour où se célèbre la fête de la Sainte d'après le calendrier ; 4° enfin, le dimanche auquel cette fête est renvoyée d'après les statuts du diocèse.

« Donné à Bourges, sous notre seing et le sceau de nos armes, le 11 juillet 1845. »

† J.-M.-A. Célestin, *archevêque de Bourges*.

Ainsi il ne manque rien à cette pieuse association pour attirer à elle les âmes dévouées au culte de la Patronne du Berry. Puissent-elles, suivant les désirs du vénérable cardinal, choisir ce précieux « moyen de manifester leur piété envers leur glorieuse Patronne, mériter sa protection et imiter ses vertus ! »

BIBLIOGRAPHIE

ou

INDICATION DES SOURCES HISTORIQUES

Pour refaire cette *Vie* de la Patronne du Berry, dont on ne nous avait donné jusqu'ici que des *abrégés* ou des notices très-incomplètes, nous avons consulté consciencieusement tous les documents imprimés ou manuscrits traitant de sainte Solange, et, de plus, tous les écrits qui pouvaient éclairer notre sujet en nous faisant connaître le siècle de la Sainte. Nous insérons ici la liste de toutes les sources où nous avons dû puiser.

Nous avons déjà fait remarquer qu'il n'existe aucun écrit contemporain de la vie de sainte Solange : voilà pourquoi ici la tradition l'emporte de beaucoup sur l'histoire. Mais, ne l'oublions pas, la tradition de tout un peuple doit être acceptée tant qu'on n'a point d'évidentes raisons de la rejeter. L'histoire, comme la jurisprudence, admet quelquefois que *possession vaut titre*. Don Guéranger, abbé de Solesmes, en vengeant contre Tillemont et l'école janséniste de Port-Royal, l'authenticité des *Actes de sainte Cécile*, prouve très bien que rien n'est plus exposé à l'erreur que le *rigorisme* de la critique [1].

---

1. *Histoire de sainte Cécile* (chap. XXXI et XXXIII).

Aussi, pour tous les prodiges rapportés dans cette *Vie de sainte Solange*, nous les livrons à la piété des fidèles, déclarant tout d'abord, pour nous conformer aux décrets d'Urbain VIII et du Saint-Office, publiés en 1623, 1631 et 1654, qu'on ne doit ajouter à ces différents prodiges, attribués à la Sainte, que la croyance raisonnablement due à une autorité purement humaine. Mais nous ajouterons volontiers avec un écrivain moderne ramené à la religion par ses recherches historiques : nous professons un grand respect pour tous les récits populaires qui, sans être sanctionnés, ne sont pas repoussés par l'Église, parce que, dit-il avec raison, « réalités, allégories ou paraboles, ils renferment une morale utile et douce » [1].

Cela dit, voici la liste des ouvrages consultés.

Historiens du Berry.

1. Jean Chaumeau, *Histoire du Berry* (1566).
2. Jean Chenu, *Historia ecclesiast. Bitur.*
3. Gaspard Thaumas de la Thaumassière, *Hist. du Berry*. 2 vol. (1689).
4. Pallet, *Hist. du Berry* (1783).
5. Louis Raynal, *Hist. du Berry* (1844).
6. Le P. Philippe Labbe de Champgrand, *Nova Bibliotheca manuscriptorum librorum, rerum Aquitanarum præsertim Bituricentium uberrima collectio, historias, chronica, vitas sanctorum ac similia antiquitatis monumenta repræsentans* (1657).
7. Nicolas Catherinot, *Sanctuaires du Berry* (1680). — *Nécrologe du Berry* (1682). — *Patronages du Berry* et *Eglises de Bourges* (1683), — *Coutumes génér. des païs et duché de Berry*.

---

1. COLLIN DE PLANCY : *Légendes de la Sainte Vierge* (1845).

Ecrivains étrangers.

8. Les Bénédictins de Saint-Maur, *Art de vérifier les dates, les faits historiques des chartes, des chroniques*, etc.
9. *Gallia Christiana.*
10. Cheruel, *Dictionnaire historique des institutions, mœurs et coutumes de la France.*
11. *Les grands feudataires de la couronne.*
12. Paul Lacroix ou le Bibliophile Jacob, *Vie religieuse et militaire au moyen âge.*
13. Louis Veuillot, *Les droits du seigneur.*
14. Rorbacher, *Hist. universelle de l'Eglise.*
15. Henri de Riancey, *Histoire du monde.*
16. Guizot, *Histoire de France.*
17. Dareste, *Histoire de France.*
18. L'abbé Gorini, *Défense de l'Eglise.*
19. Baluzes, *Capitulaires.*
20. *Coutumes locales de Berry et de Lorris,* dans le nouveau *Coutumier général.*
21. Guérard, *De la condition des personnes et des terres au moyen âge.*
22. Le P. Jacques de Longueval, *Histoire de l'Eglise gallicane.*
23. Le P. Cahier, *Caractéristiques des Saints* et *Monographie de la Cathédrale de Bourges.*
24. L'abbé Martin, *Les Vierges-Martyres.*
25. A. de Saint-Albin, *Le culte de Satan.*

Historiens de la Sainte.

26. Les Bollandistes, Heuschénius et Papebroch, *Acta Sanctorum*, die x maii.
27. L'abbé Godescard, *Vies des principaux Saints* (1763).
28. Le P. Ribadeneira, *Fleurs des vies des Saints.*

Paris, Gosse (1660), page 686, dans l'appendice intitulé : *Les vies de plusieurs saincts et Bienheureux, de nouveau adjoutez, lesquels on a obmis de mettre dans l'ordre des mois et jours* [1].

29. Le P. Giry, *Vie des Saints* pour tous les jours de l'année.
30. Le P. Honoré Niquet, *Vie de sainte Sologne* (ou Solange), introuvable (1653). On n'en possède que la copie en latin.
31. Le P. François Ragueneau, son traducteur en latin (1659).
32. L'abbé Lajoie, curé de Sainte-Croix, *Abrégé de la vie de sainte Solange, Vierge et Martyre, Patronne du Berry*, imprimée à Bourges (1759).
33. Sans date et sans nom d'auteur, *Vie de sainte Solange, V. et M., Patr. du B.*, de l'imprimerie Mauceron, près les Quatre-Piliers.
34. Le chanoine Villoing, *Vie de sainte Solange* (1805).
35. Sans nom d'auteur, *Vie de sainte Solange, V. et M., P. du B.* Bourges, imprimerie de J.-B. Brulas, MDCCCX.
36. L'abbé Oudoul, curé de Reuilly, *Vie de sainte Solange, V. et M., Pat. du B.* (Bourges 1828).
37. Anonyme, *Sainte Solange, Vierge et Martyre*. Nevers, Bégat, libraire (1858).
38. Le Père J. Alet, *Vie de sainte Solange, Patronne du Berry*, Bourges, imprimerie Pigelet (1859).
39. E. Toubeau de Maisonneuve, *Sainte Solange, Patr. du Berry*. Bourges, impr. Dupré (1874).
40. Touchard-Lafosse donne aussi la *légende de sainte Solange* dans son *Histoire des bords de la Loire* (4 vol.).
41. Veillat, *Pieuses légendes du Berry*.
42. Buhot de Kersers, *Statistique monumentale du département du Cher*.
43. L'abbé Lagrange, Vicaire-général, *Panégyrique de*

---

[1]. Nous devons la communication de cette édition extrêmement rare à la grande obligeance de M. Charles Aubépin, bibliothécaire à Aurillac.

sainte Solange, prononcé dans l'église de Sainte-Solange, le 2 juin 1873.

44. L'abbé Pacton, *Panégyrique de sainte Solange, V. et M., Patr. du B.,* prononcé en l'église de Sainte-Solange, le 10 mai 1875.

45. *Chronique manuscrite* conservée en la biblioth. des P. Augustins de Bourges.

Toutes ces *vies* ou *légendes* que nous avons citées ne sont que des *abrégés* ou des *notices* copiées les unes sur les autres et ne dépassant guère les dimensions d'un panégyrique ; elles n'offrent que peu de ressources à l'historien, à l'exception cependant de la *Vie de sainte Solange*, par le P. Alet, la seule qui soit savante et un peu complète. Aucun des hagiographes précités n'a étudié le côté caractérisque de la sainteté de Solange ; aucun n'a cherché à préciser, autant que possible, la date de sa naissance et celle de son martyre. C'est cette double lacune que nous avons cherché à combler. Un troisième point laissé dans l'ombre, c'est le véritable meurtrier de la Sainte. Etait-ce le comte de Bourges lui-même ou son fils et quel était le nom de ce fils ? Pour faire le jour sur cette difficile question, qui a une grande importance, puisqu'elle sert à préciser la date du martyre de sainte Solange, nous nous sommes livrés à des recherches nombreuses. C'est le résultat de ces investigations que nous donnons ci-après dans notre *controverse sur les trois Bernard*.

Mais, avant de passer outre, nous croyons devoir nous acquitter d'une dette de reconnaissance envers les personnes qui ont bien voulu nous fournir des renseignements. Presque partout nous avons reçu le plus gracieux accueil.

Qu'on nous permette de nommer, en premier lieu, M. l'abbé Damourette, aumônier à Châteauroux. Ce prêtre, aussi modeste que savant, a mis le plus grand empressement à nous fournir une partie des documents qu'il avait rassemblés lui-même pour une vie de sainte Solange.

Nous sommes également redevables d'intéressantes

communications à M. l'abbé Lagrange, vicaire-général à Orléans, à M. le chanoine Leredde, à M. l'abbé de Champgrand, à Monseigneur Crosnier, vicaire-général à Nevers, à M. l'abbé Vallière, curé de Sainte-Solange, à M. Charles Aubépin et à M. de Jumigny, tous enfants du Berry, dévoués au culte de leur glorieuse Patronne.

NOTES & PIÈCES JUSTIFICATIVES

Note I.

Controverse sur les trois Bernard.

Nous avons vu, d'après la Chronique manuscrite des Pères Augustins de Bourges, d'après les Bollandistes et tous ceux qui ont écrit sur sainte Solange, que son martyre eut lieu sous le gouvernement de *Bernard*, comte de Bourges. Mais quel était ce Bernard ? L'histoire de l'époque fait surtout mention de trois seigneurs puissants portant ce même nom [1], dont deux se succédèrent la même année dans le gouvernement du *comté de Bourges* et *du marquisat de Septimanie*.

On était alors sous le règne si troublé de Charles le Chauve. Ce roi, qui était d'une humeur inconstante, destituait volontiers ses comtes et officiers, qui, du reste, étaient prompts à la révolte et même à la trahison. De là une confusion facile à comprendre. Les fiefs n'étaient pas encore héréditaires ; ils tendaient à le devenir. [2]. De plus les noms *patronymiques* n'existaient pas encore [3]. Ces remarques sont indispensables

---

1. Il y avait, à cette époque, une foule d'autres seigneurs portant le nom de Bernard.
2. Les comtes se rendirent *héréditaires* au commencement de la troisième race.
3. En France, on fixe communément l'adoption des noms

pour bien comprendre cette discussion historique.

Les trois *Bernard* entre lesquels les savants sont à ce sujet partagés, et qui n'avaient de commun que le nom, sont :

1° *Bernard II*, fils de *Dodane* et de *Bernard I*[er], duc de Toulouse et marquis de Gothie ou Septimanie. C'est celui que Dom Vaissete fait, à tort, comte d'Auvergne en 864 et plus tard, comte de Bourges.

2° Bernard II, fils de *Bernard I*[er], comte de Poitiers et de *Blichilde*, et petit-fils, par sa mère, de Roricon, comte du Maine ; c'est celui-là qui fut *comte de Bourges* et *marquis de Septimanie* l'année du martyre de sainte Solange. Mais, quoiqu'en dise Besli, et les légendaires de la Sainte, il ne fut pas *comte d'Auvergne* en 864, ni plus tard.

3° *Bernard III*, dit *Plantevelue (Plantapilosa)*, que Baluze fait, sans preuve, fils de Bernard 1er, comte de Poitiers, mais avec raison, comte d'Auvergne dès l'an 864. Nous en avons la preuve dans une charte datée du mois de janvier de la vingt-quatrième année du règne de Charles le Chauve, par laquelle, du consentement de sa femme *Hermengarde* et avec la permission de ce monarque, *Bernard Plantevelue* fait un échange avec Lanfrède, abbé de Mauzac[1]. C'est lui, et non pas ses deux homonymes, comme le prétendent La Thaumassière et d'autres, qui fut le véritable comte d'Auvergne en 864, et fut pourvu en 878 du Comté de Bourges et du marquisat de Septimanie, ôtés à Bernard, l'excommunié, fils de Blichilde.

« Il est certain que *le fils de Dodane* fut proscrit à la diète de Pistes ou Pitres, tenue vers la fin de juin

patronymiques à l'établissement des fiefs ; mais ce serait une erreur de croire que le nom d'un fief ait pu devenir commun à toute une famille avant la fin du onzième siècle.

L'origine des armoiries remonte à la fin du dixième siècle.

(Histoire génér. et héraldique des pairs de France et des grands dignitaires de la couronne et des principales familles nobles du royaume, etc., par le chevalier DE COURCELLES.)

1. *Gall. Chron.*, man. t. II, coll. 471 et 472.

864, et D. Vaissete avoue qu'il ne rentra en grâce que quelques années après. Ce ne peut donc pas être lui qui fut comte d'Auvergne en 864. Ce ne peut être non plus *le fils de Blichilde*. Il est vrai que cette année (864) il obtint le marquisat de Septimanie, après la proscription d'Humphrid. Mais si le comté d'Auvergne lui eût été pareillement donné, il l'eût conservé sans doute aussi longtemps que son marquisat, c'est-à-dire jusqu'à l'excommunication fulminée contre lui en 878 au concile de Troyes. Or, nous voyons que l'année précédente la Septimanie et l'Auvergne étaient gouvernées par deux *Bernard* qui n'avaient de commun que le nom.

En effet, parmi les seigneurs qui se révoltèrent contre Charles le Chauve, lorsqu'il eut passé les Alpes en 877, *les annales de S. Bertin* nomment l'un et l'autre comme deux personnages différents, « *Bernardum Avernicum comitem itemque Bernardum Gotiæ Markionem* [1]. »

C'est donc à tort que La Thaumassière, entre autres, confond ces deux *Bernard* au point de n'en faire qu'un seul et même personnage, auquel il donne les titre de *comte de Bourges et d'Auvergne et marquis de Nevers*..... Ce dernier titre, du reste, est encore une nouvelle inexactitude, attendu que « Nevers n'eut pas de comte particulier avant le dixième siècle [2]. »

Il est certain que *Bernard III*, dit *Plantevelue*, remplaça en 879 *Bernard II, fils de Blichilde*, dans le gouvernement du comté de Bourges et du marquisat de Septimanie. La question est de savoir lequel de ces deux seigneurs gouvernait Bourges au moment de la mort de sainte Solange.

Nous avons tout lieu de croire, avec les autres historiens de la Sainte, que ce fut *Bernard, fils de Blichilde*, Bernard l'excommunié. Mais ce n'est pas lui, croyons-nous, qui fut le meurtrier de la Sainte que les chroniques et les légendes nous représentent comme

---

1. Bouquet, t. VII, p. 124.
2. Voir l'*Art de vérifier les dates*.

jeune, beau et non encore engagé dans les liens du mariage. Ce ne put être qu'un de ses fils. La raison en est fort simple. En suivant la chronologie des comtes de Bourges, que nous croyons inutile de citer ici toute entière, nous voyons qu'aucun seigneur du nom de *Bernard* ne gouverna cette cité avant le *fils de Blichilde*, c'est-à-dire avant l'année 878 et que l'année suivante il perdit son comté de Bourges, donné à Bernard *Plantevelue*. Vers la fin de cette année (879), assiégé par Louis et Carloman dans son nouveau comté de Mâcon que le duc Boson, usurpateur du royaume de Provence, lui avait donné pour s'en faire un appui contre les deux nouveaux rois, *Bernard, fils de Blichilde* fut pris et, très-vraisemblablement, sa révolte fut punie du dernier supplice. Du moins l'histoire ne fait plus mention de lui depuis ce temps, et l'on voit son fils aîné, Rainulfe II, lui succéder en 880, dans le comté de Poitiers et le duché d'Aquitaine qu'il garda.

Mais le comté de Mâcon, dont Louis et Carloman s'étaient emparés, fut encore donné à son rival *Bernard Plantevelue*, par ces deux princes que celui-ci avait servis dans leurs guerres avec Boson.

Nous l'avons dit, *Bernard, fils de Blichilde*, comte de Bourges de 878 à 879, ne put pas être le meurtrier de sainte Solange, puisqu'il n'était plus jeune, qu'il était *marié* depuis longtemps et que mort l'année suivante, il laissa trois enfants : *Rainulfe II, Ebbles et Gauzbert*. Or toutes les chroniques nous disent que le meurtrier de Solange, lui offrit d'abord de la prendre pour *épouse*. Bernard, comte de Bourges, marié, ayant des enfants, au vu et su de tout le monde, n'aurait pas offert à la bergère de l'épouser : la ruse eut été par trop grossière; car Solange connaissait certainement, au moins de réputation, le *prince du pays* et toute sa famille ; elle ne pouvait ignorer ce que tout le monde savait. Il n'est donc guère admissible que le *prince* lui-même ait proposé un mariage dérisoire à la jeune bergère, sachant bien que le sien était connu dans toute la contrée. Une autre preuve que le meurtrier ne fut pas le comte *Bernard*, mais un de ses fils; c'est qu'il n'est plus *jeune*; en effet, il était depuis *quatorze ans* marquis de Septimanie, depuis 864. La même impossibilité existerait pour *Bernard Plantevelue*, époux d'Hermengarde, qui mourut en 881, selon la Thaumassière, et en 886, suivant l'*Art de vérifier les dates*, laissant aussi plusieurs enfants : *Guillaume et Warin ou Guérin*, morts jeunes; *Guillaume*, surnommé *le pieux*, *comte d'Auvergne*, et de Bourges en 886, et deux filles, *Adelinde*, ou Adelaïde, dite aussi *Adalvis*, mariée avec Alfred comte de Carcassonne et *Ave*, qui fut abbesse, après être devenue veuve d'un comte.

Ajoutons que *Bernard, fils de Blichilde* et *Bernard Plantevelue*, furent les seuls comtes de Bourges de ce nom ; car, après la mort de *Guillaume II le Jeune*, neveu et successeur de *Guillaume le Pieux*, le comté ou gouvernement du Berry fut supprimé par le roi Raoul et releva immédiatement de la couronne (926).

Si ce n'est pas le comte de Bourges lui-même, *Bernard*, qui fut le meurtrier de la Sainte, ce fut donc un de ses fils, probablement l'ainé, Rainulfe II, celui qui devait être l'héritier de tous les biens paternels, comme il s'en vantait à Solange. Et ainsi nous nous trouvons d'accord avec les *Leçons* du Bréviaire de Bourges, qui désignent le meurtrier par ces seuls mots le *fils du prince* ou *gouverneur du pays*.

La Thaumassière se trompe évidemment quand il dit : « le fils de Bernard portait même nom que son père » ; car les deux *Bernard*, qui ont été successivement *les seuls comtes de Bourges de ce nom*, bien qu'ils fussent l'un et l'autre fils de deux autres *Bernard*, n'eurent point d'enfants portant leur nom, et leurs pères ne furent jamais comtes de Bourges.

De tout ceci il résulte que si Solange, selon les plus grandes probabilités, mourut sous le pontificat de *Frotaire*, quarante-septième archevêque de Bourges, et sous le gouvernement du comte de Bourges, *Bernard fils de Blichilde*, son martyre eut nécessairement lieu en l'an 878 et elle dut périr des mains de de *Roinulfe II*, fils aîné de *Bernard* [1]. En outre, comme elle mourut jeune fille, à l'âge de 16 à 18 ans, elle dut naître environ vers l'an 860 ou 863, sous le comte Gérard qui gouverna le Berry de l'an 838 jusqu'en 867 où le roi Charles le Chauve, pour quelque sujet de mécontentement qu'on ignore, le dépouilla du comté de Bourges pour le donner à un seigneur nommé *Egfrid* ou *Acfred*, déjà pourvu, suivant D. Mabillon, de l'abbaye de Saint-Hilaire de Poitiers et d'autres bénéfices ecclésiastiques. Cette nomination occasionna une guerre entre les deux compétiteurs. *Gérard* se maintint contre les efforts d'Egfrid. Au commencement de 868, il l'assiégea dans un château fort où il s'était réfugié. Egfrid, après une résistance vigoureuse, ayant été obligé d'en sortir pour se soustraire aux flammes qui l'environnaient, les gens de Gérard se saisirent de sa personne et lui coupèrent la tête qu'ils jetèrent dans le feu. A la nouvelle de cet événement, le roi Charles le Chauve entra dans le Berry où il mit tout à feu et à sang. Gérard néanmoins ne fut pas encore cette fois dépossédé, vraisemblablement parce qu'il avait trouvé moyen de faire sa paix avec le roi. Quoiqu'il en soit, il paraît certain qu'il ne quitta le titre de comte de Bourges qu'en 872 [2].

Cette année-là même, Charles le Chauve, ayant envoyé dans l'Aquitaine son fils, Louis le Bègue, qui en était roi depuis six ans, nomma son beau-frère, le duc de Boson, grand chambellan de ce prince et le revêtit en même temps des dignités du comte Gérard. Ainsi Boson, déjà comte de Provence dont il se fit ensuite roi, posséda paisiblement, pendant quelques années, le comté de Bourges.

1. Frotaire, 47ᵉ successeur de saint Urbain, n'occupa le siège de Bourges que de la fin de 876 au 7ᵉ des ides de septembre 878, époque à laquelle, par suite d'un décret du concile de Troyes, il dut retourner à Poitiers dont il avait antérieurement tenu le siège. — Il est donc impossible de placer le martyre plus tard que le 10 mai 178.
2. Dom Vaissete, t. I, p. 878.

Mais, vers 878, *Bernard*, marquis de Septimanie, qui appartenait, à ce que l'on croit, à la famille du malheureux comte Egfrid, et qui seul, de tous les grands seigneurs du Midi, avait refusé de reconnaître Louis le Bègue comme roi d'Aquitaine, se mit à guerroyer contre Boson, quoiqu'il eût naguère conspiré avec lui contre Charles le Chauve. Il s'empara, comme nous l'avons dit ailleurs, du comté de Bourges et en fit interdire l'entrée à Frotaire, nommé, par le Pape Jean VIII, archevêque de cette ville. Nous savons le reste de l'histoire de ce comte audacieux et entreprenant, rebelle à l'Eglise et au roi, dont le fils, dans un accès de colère et de dépit, devint le meurtrier de l'humble vassale qui avait osé mépriser son amour.

Tel est le résultat des nombreuses recherches que nous nous sommes imposées afin de jeter quelque lumière sur cette question obscure du véritable meurtrier de la Sainte, de la date de sa naissance et de celle de son martyre. Heureux, si nous y avons réussi, en partie du moins. Nous avons pensé que cette dissertation historique intéresserait une certaine classe de lecteurs, amis de la science.

NOTE 2.

Nous donnons ici la relation de deux guérisons extraordinaires. La première s'est opérée en la personne de *Marie Canton*, née Bouvard, femme d'une trentaine d'années, du village de la Tillardière, près Selle-sur-Cher (Loir-et-Cher). Pour avoir occupé pendant quelque temps un logement bas et très-humide, elle se trouvait atteinte d'un rhumatisme très-grave. Les soins qu'elle avait reçus de plusieurs médecins n'avaient produit qu'un soulagement superficiel et momentané. Elle souffrait ainsi depuis deux ans, quand un nouveau séjour dans une habitation humide vint aggraver le mal. Ecoutons le récit simple et sincère qu'elle en écrivit elle-même : « Les médecins ont encore soigné mon infirmité qu'ils appelaient un *rhumatisme goutteux* ; mais pas de soulagement. Je suis tombée au point de ne pouvoir marcher. C'est aidée d'une béquille que je me traînais et toujours grandement souffrante, j'ai été huit mois dans cet état. Le dernier médecin m'ayant dit qu'il ne pouvait plus me faire autre chose, je cessai de le voir et je fis vœu d'aller à Sainte-Solange. C'était trois mois avant mon pèlerinage. Tous les remèdes étaient inutiles. Mon mal augmentait, loin de diminuer. Je ne pensais qu'à prier Dieu et sainte Solange pour ma guérison. Je demandai la force d'accomplir mon vœu ; mais plus le temps s'avançait, plus j'étais faible. Il m'a fallu le grand courage que je trouvais à prier pour me décider à partir. »

Après beaucoup de peines et d'incidents, elle arrive au sanctuaire tant désiré. C'était le jour de la Pentecôte, 19 mai 1850. Elle adresse à la Sainte, dans son église, auprès de ses reliques, une prière fervente avec la confiance de plus en plus ferme d'être exaucée. Puis, avec grand effort, elle se fait conduire au remous de l'Ouatier, dit *la Fontaine de Sainte-Solange* : « Je me suis mis les jambes dans l'eau, continue-t-elle ; tout mon corps frémissait ; j'avais déjà senti ce frémissement à l'église, maintenant c'était plus fort. Mais comme je changeais dans le bien-être que j'éprouvais ! mes douleurs se dissipaient ! je suis restée là une heure environ ; elle ne m'a point paru longue : toujours je priais Dieu et la bonne Sainte. En montant je ne pouvais pas me poser sur mes pieds : au sortir de l'eau, j'ai marché très-facilement et suis allée de nouveau à l'église parfaitement bien guérie. Le lendemain, j'ai été à la messe, à la procession, comme si jamais je n'avais été malade [1]. »

M. le chanoine Duhoux, qui a fourni cette relation écrite par sa parente, en confirme tous les détails : « A son retour, dit-il, ceux qui l'avaient vue lors de

---

[1]. Ceci est extrait de deux lettres d'elle datées de la Tillardière le 6 et le 30 juillet 1853.

son premier voyage, trois jours auparavant, ne la reconnaissaient plus et me demandaient si c'était bien la même personne. »

Au moment même où la personne dont on vient de lire la guérison subite se répandait en actions, de grâces aux pieds de la châsse de sainte Solange, à trois lieues de là une autre malade, depuis longtemps clouée sur son lit, s'adressait à la *bonne Sainte* pour obtenir d'elle un pareil bienfait. C'était une religieuse du Bon-Pasteur de Bourges. Pauline Barbery, d'Aubigny (Cher), en religion sœur Saint-Alexis, âgée de vingt-sept ans, fut successivement atteinte, à partir du 30 avril 1850, d'une grave affection de poitrine d'abord, puis d'estomac, analogues la première à une fluxion de poitrine, la seconde à une fièvre typhoïde. Elle était alitée depuis dix-sept jours, quand sa situation vint s'aggraver d'une troisième maladie, non moins dangereuse. Ce fut une inflammation du péritoine et des intestins compliquée d'une énorme enflure qui montait jusqu'à la poitrine. L'irritation était telle que la malade ne pouvait supporter le plus léger déplacement des linges. Privée de sommeil, incapable de prendre même du bouillon, elle s'affaiblit de plus en plus. Le mal ne tarda pas à présenter des caractères alarmants ; la malade fut administrée. Cependant le soir de la Pentecôte, 19 mai, veille de la grande solennité du pèlerinage à Sainte-Solange, la sœur Saint Pothin, qui connaissait plusieurs grâces obtenues par l'intercession de la glorieuse Martyre suggéra à sa compagne l'idée de commencer une neuvaine en son honneur... La neuvaine commence le lendemain. La malade boit tous les jours un peu d'eau de Sainte-Solange... Cependant le mal est loin de diminuer. La veille du jour de la clôture de la neuvaine, lundi 27 mai, le médecin de la maison, M. le docteur Minier, paraissait partager le découragement commun : on l'entendit convenir « qu'il fallait un miracle pour la sauver. » La sœur elle-même « ne croyait pas, dit-elle, que sa fin pût être éloignée, tant était forte l'oppression qu'elle ressentait. » Le lendemain, à six heures et demie, la messe de communauté commence, et autant que le permettent ses vives douleurs, celle qui se croit mourante, s'unit d'intention, avec ses compagnes, au Saint-Sacrifice. Le moment de la communion était venu, quand la malade éprouve tout-à-coup, en son corps, une impression profonde, comme une sorte de boulversement, et au même instant elle se sent guérie. Au grand étonnement d'une autre malade restée à l'infirmerie, elle témoigne le désir de se lever et l'exécute seule. En quelques minutes, l'enflure et l'inflammation ont disparu. Elle qui n'a point pris d'aliments depuis trente-huit jours, demande à manger et mange en effet avec beaucoup d'appétit. Ses forces sont subitement revenues. Il y a quelques instants, elle ne pouvait faire le moindre mouvement dans son lit ; maintenant elle court à la chapelle, sans être soutenue ; elle y passe une demi-heure à genoux, pour se préparer à la communion qu'elle se propose de faire le lendemain, afin de remercier Dieu de cette faveur signalée.

Ces faits furent attestés par les religieuses les plus graves de la maison, par le docteur Minier qui fut très-surpris de cette guérison subite, enfin par l'abbé Cailland, supérieur de la communauté, dont la persuasion fut « que cette guérison était miraculeuse ». Ce sont ses propres expressions [1].

NOTE 3.

Nous croyons devoir extraire, à titre de pièces intéressantes et curieuses, des registres des délibérations de la ville le récit des processions des années 1676, 1693, 1719 et 1731 et la mention des offrandes

---

1. Voir le P. Alet, p. 45. et suiv.
2. Nous avons tiré ces extraits de la petite *Vie abrégée de sainte Solange*, par M. Toubeau de Maisonneuve.

faites par la ville à l'église de Sainte-Solange [2]. Nous y ajouterons la relation d'un incendie qui consuma le bourg de Sainte-Solange presque en entier et auquel l'église échappa miraculeusement.

EXTRAIT

des délibérations de la ville de l'année 1676.

Procession des reliques de sainte Solange.

« Le mardy vingt-huict dud. mois (may) MM^rs de St-Estienne donnèrent advis à MM^rs du Présidial et à MM^rs de la Ville qu'ils avoient mandé au S^r curé de Ste-Soullange d'en apporter la chasse en cette ville a cause de la grande disette d'eau en laquelle on estoit, ce qui fit que ces deux corps celebres se rendirent environ les neuf heures du matin en lad. Esglise Cathedralle de St-Estienne MM^rs du Présidial revestus de leurs robbes du pallais leurs greffiers huissiers et sergens devant eux, et MM^rs de la Ville preceddez de leurs officiers revestus de leurs robbes de livrée de laquelle Esglise lon marcha processionnellement du costé de St-Privé les Mandians, parroisses, et chapitres précédens Mesd. sieurs de Saint-Estienne suivis de Mesd. sieurs du Présidial et de la Ville d'un nombre innombrable dhans et de personnes de la campagne qui estoient accourus et comme lad. procession fut arrivée au milieu du fauxbourg dud. St-Privé elle fit rencontre de lad. chasse qui fut encensée par le chanoine de lad. Esglise de St-Estienne qui estoit en tour d'officier revestu dune chappe de velours rouge cramoisy, et le curé de lad. parroisse de Ste-Soulange qu'il avoit conduit en ce lieu quitta son estolle et sa chappe et prit rang parmy les chanoines de residence de lad. Esglise de St-Estienne et ce fait sen retourna la procession dans le mesme ordre quelle estoit venue led. chanoine de St-Estienne en tour d'officier marchant derriere lad. chasse, au costé de laquelle mesd. sieurs les Maires et Eschevins firent porter par les quatre portiers des quatre principalles portes et le messager de la chambre cinq torches ardentes sur lesquelles estoient attachées cinq panonceaux aux armes du Roy et au-dessous celles de la ville Cette procession entra dans lad. Esglise de St-Estienne et y fut lad. chasse posée sur l'hostel qui est au milieu du cœur ou elle demeura pendant que quelques motets furent chantez, les oraisons de la Sainte celles pour obtenir de la pluye, et pour le Roy dites, ensuite de quoi fut lad. chasse conduite dans l'Esglise de Notre-Dame de Salle, ou après quelle eust esté receue par le chapitre de lad. Esglise Mesd. sieurs de St-Estienne du Présidial et de la Ville se retirèrent et demeura lad. chasse en icelle jusques au soir environ les trois heures que ledt sieur Curé de Ste-Soulange la renmena la pluye tombant en abondance. »

P. LACHAPELLE [1].

EXTRAIT

des délibérations de la ville de l'année 1693.

Comme il n'y a point de motif plus sensible, et plus pressant, ny de moyen plus raisonnable pour apaiser la colère de Dieu justement irrité contre nous, que d'employer auprès de sa divine bonté, le suffrage et l'intercession de ses saints, et particulièrement de ceux

---

1. Signature du Maire.

que les provinces se sont choisies pour protecteurs ; nous avons jugé nécessaire de supplier Monseigneur l'Archevêque de vouloir ordonner que la feste de Sainte-Solange patronne de ce païs soit solennisée dans la ville et septaine ; nous avons pour ce sujet présenté requête a Mondit seigneur qui la recue avec toute la bonté imaginable, et qui en a ordonné en même temps la communication à M Perrot son promoteur après quoi mondit seigneur a fait assembler les principaux du clergé dans son palais ou il a esté délibéré que la susd. feste sera solennisée tous les ans le dix du mois de may, et pour en rendre l'établissement plus remarquable Mondit seigneur a déclaré qu'il voulait luimême officier à la grande messe qui se dira pour ce sujet en l'église cathedrale le 18 du mois de may courant 1693, ou nous nous trouverons en robbes de livrées et de Magistrature avec tous nos officiers qui communiront avec nous à lad. messe.

Le Begue,
Maire.

Copie de la Requête et Ordonnance sur ce rendu par Monseigneur l'Archevêque.

« Michel Phelypeaux de la Vrillière par la grace de Dieu et du Saint-Siége apostolique patriarche archevesque de Bourges primat des acquitaines conseiller du Roy en ses conseils a tous ceux qui ces présentes lettres verront Salut Scavoir faisons que veu la requête a Nous présentée par les sieurs conseillers du Roy Maire perpétuel et Eschevins de la ville de Bourges au nom de tous les habitants dicelle contenante que toutes les intemperyes et stérilités qui depuis quelques années désolent cette province ne proviennent que de la colère de Dieu, qu'ils ne trouvent point de Moyen plus assuré pour apaiser son ire que d'employer auprès de sa divine bonté l'intercession des saints et particulièrement de Sainte-Solange patronne de ce païs, et comme lesdits supplians ont considéré qu'il n'y avoit point de manière plus juste et plus raisonnable que de célébrer et solemnizer sa feste qui est le dixième jour de may, ils nous requeroient qu'il nous plust ordonner que cette feste seroit célébrée et solemnisée dans toute la ville et septaine, offrant de faire dire une grande Messe ledit jour dans l'église dont Nous ferions le choix, à laquelle ils assisteroient en corps, et que le soir il serait dit un salut avec l'exposition du Très Saint-Sacrement auquel ils assisteroient aussy en corps, et pour la ceremonye extraordinaire du premier jour de l'établissement de cette dite feste ils s'en remetoient à nostre volonté, ladite requeste signée Le Bègue maire, Alabat, Poupardin et Robe Eschevins, sur laquelle faisant droit et veu les conclusions de nostre promoteur auquel elle a été communiquée de nostre ordonnance disons que la feste de Sainte-Solange sera à l'advenir festée dans la ville et septaine de Bourges, a commancer des la présente année, et comme cette feste est le dixième de ce mois et que la feste de la Pentecoste se trouve cette mesme année à pareil jour, Nous remettons ladite feste au lundy dix-huit du courant et a faire l'ouverture de la solemnité dans nostre Eglize Cathédralle, ordonnons que la chasse de Ste-Solange y sera pour ce apportée processionnellement et avec les cérémonies ordinaires, donné dans notre chasteau de Turly le huit may mil six cens quatre-vingt treize, signé M. Phelypeaux ar. de Bourges, et plus bas par Monseigneur de la Porte [1].

---

1. Le mandement de Mgr Phelypeaux, qui ordonne que la fête de sainte Solange sera célébrée dans la ville et septaine, est reproduit dans les délibérations de la ville de l'année 1731. Reg des délib. de 1716 à 1757 p. 100 v°.

Relation de la procession.

Aujourd'hui 18e jour du mois de may en conséquence de ce qui avoit été délibéré en l'Assemblée du clergé tenüe dans le palais archiépiscopal par Monseigneur Phelippeaux archevêque de bourges. Nous Con^{rs} du roy Maire perpétuel et Echevins d. lad. ville, Nous sommes assemblez en l'hotel de ville ou nous nous sommes revetus de nos robbes consulaires, et avons été avec tous nos officiers en robbes de livré en l'église cathedrale ou tous les Ecclesiastiques religieux et séculiers, même les religieux de St-Sulpice étoient assemblez avec Messieurs du présidial à la teste desquels étoit Monseigneur L'intendant en robbe rouge. Ayant été avertis que la chasse de Ste Soulange étoit en l'église de St-Privé accompagnée de tous les curez et paroissiens de la Septaine. Tous les corps sont sortis de l'église cathedrale, et sont allez processionelement chacun en son rang dans lad Eglise de St-Privé quoiqu'il tombât une pluie considérable, Monseigneur l'Archevêque y estoit en surplis et bonnet carré. Après la cérémonie ordinaire faite en lad. Eglise de St Privé, tous les corps sont retournez dans le mesme ordre en l'eglise de St Estienne, pendant la meme pluie, Le concours du peuple y etait extraordinaire, le bruit de cette ceremonie avoit attiré un grand nombre de personnes de la province en sorte que les rues les maisons et L'eglise cathedrale étoient pleines. Quand on a été arivé en la dite Eglise Monseigneur L'archevêque y a fait chanter une Messe solennelle, ou il a officié pontificalement et pendant laquelle la châsse de Ste-Solange a été mise sur l'hotel de Saint-Philippe. Après La communion de la messe Nous Maire perpétuel, Echevins avons communié avec tous nos officiers au nom des peuples de la ville et Septaine. La Messe finie nous avons été en la sacristie marquer à Monseigneur l'archevêque notre reconnoissance par la voix de Monsieur le Maire qui lui a dit que pour laisser a la postérité un monument de sa piété et de cette grande cérémonie, Le corps de ville feroit peindre Ste-Soulange dans le plus bel endroit de l'hotel de ville, accompagnée de tous les ornemens nécessaires, avec les armes de Mondit Seigneur, et une inscription dont il nous a marqué être contant, après quoi nous nous sommes retirés, et avons été reprendre nos places dans le chœur de lad. Eglise, d'ou tous les corps sont sortis pour aller conduire la châsse de Ste-Soulange en l'eglise de St-Pierre le puellier Après quoi tout le monde s'est retiré. Nous Maire perpétuel et Echevins avons résolu d'assister tous les ans en corps à la grande Messe qui sera célébrée en l'église cathedrale en l'honneur de lad. sainte ou en celle de Saint Pierre le puellier au choix de Monseigneur l'archevêque. *Ou en celle de Ste-Solange* [1].

Le Begue,
Maire.

EXTRAIT

des délibérations de la ville de l'année 1718.

Présent fait à l'église de Ste-Solange d'un Dais et d'une Robe de taffetas rouge et ver.

Aujourd'hui trois Juin mil sept cent dix huit nous maire et échevins de la ville de Bourges assistez du secrétaire grefier en chef de lad. ville pour délibérer

1. Ce membre de phrase est de la même écriture que la signature du maire, et a été ajouté par lui.

des affaires d'icelle et entrautres sur la procession qui se fait lundy prochain des reliques de Ste-Solange de Berry, sommes convenus que pour témoigner notre piété et donner à Dieu des marques de reconnoissance des secours que nous avons reçu de luy par l'intercession de cette sainte, on donneroit à la paroisse de Ste-Solange quatre pantes du dais en velours bleu a frange d or et argent faux, et une robbe de taffetas rouge et vert qui est entre les mains de M. Pierre Thouzeau concierge de cette ville lesquels dais et robbe ont esté délivrez par ledit Sr Thouzeau en notre présence et envoyez au Sieur curé de lad. p^{sse} dont il demeurera dechargé.

Le Bègue

EXTRAIT

des délibérations de la ville de l'année 1719.

Procession de Sainte-Soulange.

Aujourdhuy ving neuf mai 1719 plus de trois cent abitans de cette ville sont venus à la messe des Carmes, pour nous prier de vouloir bien aler trouver Mgr Larchevêque pour luy demender des prières publiques à cause de la stérilité qui durent depuis plus de quatre mois, ce qui fait apréhender une disette encore plus affreuse que celle de 1694. et celle de 1709. Nous Maire et échevins après avoir délibéré sur leur demande, avons député deux de nous pour aler a Turly pour prier Mgr Larchevêsque de vouloir bien nous accorder de faire apporter en cette ville les reliques de Ste-Soulange patrone du Berry, et le mesme jour deux heures après midy les deux M^{rs} députés ont été salué mon dit Sgr, qui nous a accordé volontier nostre demande. Le iour pour la procesion fut pry pour le lundy cinq de juin et pour que la procesion fut plus solemnelle, Mgr Larchevêque a convoqué plus de soisante paroisses des environs qui se sont trouvés

Aujourd'huy cinq juin nous maire et échevins asistez de tous les officiers tant de milice bourgoise que autres de la ville, nous nous sommes assemblez en l'hôtel et maison commune de cette ville ou après nous estre revetus de nos robes consuleres, nous sommes alés à St-Etienne pour asister a la procesion générale qui se devet faire ; en arivent nous avons trouvé que les corps des arts et metiez netoit pas encore defiles, nous sommes entres dans le cœur ou nous avons pry nos places acoutumès. Sur les huit heures le Clerge est sorty de léglise et nous lavons suivy. Lon est sorty par la grande porte, l'on a pase dans la rue de bourbonnou, par la porte Gordenne par la rue de St privè, et lon a esté jusque à St-Lasare dehors la ville de cinq ou six cent pas où lon a trouve les reliques de Ste Soulange, et de St-Palais M^{rs} de St-estienne fesent porter les reliques de St-fulgent que lon a ioint aus autres, apres que lon a este joint, M le Cure de Ste Soulange a foit un petit discours fort touchant sur lestat malureuse ou lon estoit, et sur la confiense que lon devet avoir en dieu par lintercesion des saints, après qu'il a eu finy M^r le grand archidiacre luy a fa t un pety compliment. Les complimens fais, lon a repry sa marche par le mesme chemin, les corps ales a la maniere acoutumée, aprez que M^{rs} de St estienne ont eu defile, St fulgent a pase devent, ensuite St palais et sinte Soulange la derniere autour delaquelle lon fit porter les torches de la ville au nombre de cinq, que lon dona au cure apres la ceremonie. M^{rs} du presidial aves la drete, M^{rs} de ville la gauche, et M^r le bailly de Ste Soulange estoit au milieu imediatement apres la chase, en arrivans a St estienne lon mit dans le cœur au deux cotes du grand autel les reliques de St fulgent et de St palais, et celles de Ste Soulange lon les mit sur le grand autel, apres quoy lon chanta un motet et lon dit les oresons acoutumes pour implorer la misericorde du Seigneur. Les prieres finis, tout le monde sorty, le clergé ensuite dans le mesme ordre conduisit toutes les reliques à nostre dame de salle et apres que lon les ut déposes dans leglise et que tout le clerge se fut retirer M^{rs} les chanoines de notre dame de salle chanterent une grande messe a laquelle nous asistames. La messe finie nous nous retirames en lhotel de ville quil estoit deux heures Lon na iames tant temoigne de devotion soit des gens de la ville que de la campagne, il i avet bien ving mil personnes etrangeres, et pour pourvoir a la subsistence de tant de peuples lon avoit enioin a tous les boulanges et bouchers de se pourvoire de vivres nececaires ce qui fu execute sans ocun desordre, sur les quatre heures du soir le Cure de Ste Soulange acompagne de tous les cures de la campagne fut reprendre les reliques pour sen retourner, et il pasa dans quelques comuneautes qui avet eu permision de Mgr Larcheveque, et ces communeautes firent present de Chapes et dautres ornemens pour leglise.

LE BEGUE.

EXTRAIT

des délibérations de la ville de l'année 1731.

Demande de transport de la chasse de sainte Solange.

Le samedy suivant (26 mai 1731) le froment monta jusques a 44 s. le boisseau, la marsèche jusques à 32 s. et l'avoine à 14 s. par une sécheresse obstinée et sans intervalle depuis le 1er de mars qu'il n'est pas tombé goûte d'eau, après un hiver très rude par rapport aux neiges qui ont duré sur terre tous les mois de janvier et de février.

Le dimanche de l'Octave, Messieurs a la prière et requisition des habitants, furent à la sortie de la messe des Carmes a l'archevêché par demander à sa Grandeur qu'elle eût la bonté de fixer un jour pour le transport de la chasse de Ste-Solange patrone de la province, en la ville capitale, Mgr. par rapport à l'octave fixa le jour de la procession au jeudy 7ᵉ juin.

Députation au curé de Sainte-Solange.

Le lundy 4ᵉ juin messieurs deputerent l'un d'entre eux suivy d'un messager de ville pour aller prévenir monʳ le Curé de Ste-Solange du transport de la chasse de Ste-Solange patrone de la province qui se devoit faire en la ville capitale le jeudy suivant jour dont Messieurs estoyent convenus avec Mgr l'archevêque. Monʳ le Curé receùt l'Echevin député sous le porche, et à la porte de l'Eglise où estant entrés ensemble, Monʳ le Curé ouvrit l'armoire ou est déposé la chasse, et ensuite dit la messe après laquelle il ne manqua pas de faire voir les besoings de son Eglise à la sortie de laquelle le député fit visite à Monsieur le Curé dans sa maison presbitérale.

Arrivée de la chasse de sainte Solange à Bourges.

Le jeudy 7ᵉ juin Messieurs s'assemblerent avec leurs officiers à six heures du matin en l'hôtel de ville d'ou ils partirent en robes consulaires précédes de leur cortege ordinaire pour se rendre à l'Eglise de St-Estienne pour la procession qui devoit aller au devant de la chasse de Saincte Solange; les Bannières et Croix des paroisses de l'archipreveré de Bourges commencèrent la marche, ensuite celles de la ville, les mendiants, et autres Rell gieux; les curés de l'archipreveré que Mgr avoit fa t avertir déz le vendredy precedant, ceux de la ville, le seminaire les Chapitres suivirent ensuite ainsy que Messieurs de Sainct-Estienne Monseigneur fut à la procession pontificalement, Mon^r l'Intendant y assista aussy ayant la droite sur M. le président; on sortit en cet ordre de l'Eglise de St-Estienne et on descendit par la rüe de Bourbonnois et celle de Saint Bonnet et estant sorty par le fauxbourg de Saint Privé on fut recevoir la chasse au bout des maisons et de la chappelle de Saint-Lazare; la chasse y estoit déposée sur une table fort elevée; le chef de St-Palais, et celui de Saint-Fulgence que l'on avoit apporté en procession de St-Estienne, où M. le Curé l'avait dèz le matin fait porter, furent déposés aussy chacun sur une table au devant de la chasse de la Sainte de laquelle Monseigneur s'estant approché, monsieur le Curé en la luy remettant fit l'éloge de cette illustre protectrice et des faveurs que nous avons souvent receu du Ciel par son intercession et finit par un compliment auquel Monseigneur ayant répondù ; on fit recommencer la marche par les bannières et croix et suivre ainsy que cy dessus; le Chef de Saint Palais estoit porté par des particuliers du lieu revetûs d'aubes, et celuy de Saint Fulgence estoit aussy porté de mesme au milieu de grands flambeaux de cire blanche, ensuite suivait la chasse de Saincte-Solange portée par des Eclesiastiques; autour de la chasse p^r empescher le foule et le désordre estoyent 14 cavaliers de mareschaussée la baionette au bout du fusil, commandés par leur Grand prévost et lieutenant. La marche de Messieurs de Ville et du Présidial estoit fermée par les dixainiers, et dix cavaliers de la mareschaussée à cheval qui arrestèrent fort bien la foule du peuple. On se reposa sur le pont entre la ville et les faubourgs, et on y posa les trois reliques sur des tables à ce préparées; MM. de Ville firent porter aux costé de la chasse de la patrone 4 flambeaux de cire blanche par quatre messagers et cinq torches aux armes de la ville. La procession suivit en très bon ordre la rüe de Saint-Bonnet monta par celle de Coursalon, passa devant l'Eglise de Notre-Dame du Fourchaud et celle de Saint-Pierre Lepuellier, et entra par la porte jaune dans le Cloitre, et ensuite dans Saint-Estienne. Les relique ayant passés dans la nef au milieu de deux lignes de Croix de bannières, et d'Ecclesiastiques furent portées dans le cœur et déposées sur trois tables à ce preparées ; la chasse de la Sainte sur celle du milieu. Monseigneur commenca la messe pontificalement et icelle finie la procession sortit dans le même ordre par les grandes portes, passa devant les Grandes Ecoles, et entra dans l'Eglise des Bons frères capucins, où après avoir chanté un motet on laissa Ste-Solange en depost dans le chœur ; Messieurs y firent laisser les flambeaux et les torches qui l'avoyent accompagnée. On reconduisit dans le même ordre les chefs de St-Palais et de Saint-Fulgence dans le chœur de l'Eglise de St-Estienne d'où après les prières ordinaires et la bénédiction de Mgr MM. les Curés eurent soing de les retirer.

Le chasse de Ste-Solange resta en depost dans le chœur de l'Eglise des Révérands pères capucins jusques à quatre heures du soir que Mon. le Curé et ses paroissiens et les curés ses voisins furent la prendre et reconduire processionnellement avec les flambeaux et orches de la ville.

MM. les maires et echevins firent présent au Massier de Saincte-Solange d'une grande robe de damas mi-partie de rouge et de vert aux Couleurs de la ville.

Les rües par où passa la procession fûrent toutes tapissées ; il y eût une affluence extraordinaire de peuple ; il y avoit 60 parroisses éstrangères, c'est-à-dire les Croix les Bannières, et les Curés avec une grande partie de leurs paroissiens ; sans compter ceux qui estoyent venûs de loing.

« La ferveur des fidèles ne tarda pas a être récompensée... le ciel en peu de temps se couvrit de nuages, la pluie tomba avec tant d'abondance, que la terre en fut bientôt pénétrée et reprit une force nouvelle. Les herbes desséchées recouvrèrent leur verdure, les blés dont on commençait à n'espérer plus rien reçurent une nouvelle vigueur, aussi bien que les arbres, les vignes et tous les fruits des campagnes. » [1]

Incendie du bourg de Sainte-Solange
10 avril 1785.

Nous donnons, en terminant, la relation d'un incendie qui consuma le bourg de Sainte-Solange presqu'en entier, et auquel l'église dont nous venons de parler, attaquée par le feu en douze endroits, n'échappa, comme le porte la relation elle-même, que grâce « à une protection particulière de la Patronne du Berry. »

EXTRAIT

Des registres de l'état civil de Sainte-Solange.

Le dimanche dix Juillet 1785 Monseigneur l'Archevêque de Bourges [2] accompagné de Messieurs Godard son grand archidiacre, de la Brugière son secrétaire et Goumet, son aumônier est venu pour voir le désastre causé par l'incendie qui le vingt huit avril de cette année à huit heures du matin a réduit en cendre tout le

1. L'abbé Lajoie, *Vie abrégée de Sainte-Solange*, 1759.
2. Mgr Philippeaux d'Herbault.

bourg de Ste-Solange, à l'exception de trois ou quatre maisons, a brûlé le clocher et l'aiguille qui était fort belle et haute établie sur la tour de pierre actuellement éxistante, fondu quatre grosses cloches et une petite pour les messes, la grosse pesant 3,000, la seconde 2,000, la troisième 1,500 et la quatrième 900, la petite pesait environ 200. Desquelles cloches le métal a coulé sur la voûte qui couvre le porche, où il est resté en masse mailé pendant plusieurs mois avec la cendre le charbon, etc. Mondit Seigneur archevêque, pénétré jusqu'aux larmes au spectacle affreux des ravages et dégats de trente deux maisons, de trente deux ménages mis à la mendicité, vit avec effroy douze endroits de la nef de l'Eglise auxquels le feu avait pris, tant aux lambris qu'a quatre tirans tous charbonés, marqua sa reconnaissance de ce que la providence avait conservé l'Eglise et louant beaucoup d'intrépidité, le courage des nommés Jacques Buet domestique du curé, Choveau charpentier de Morogues et Dureau de cette paroisse qui avaient exposés leur vie pour secourir ladite Eglise ainsi que le clocher, témoigna que quoi que l'on dût reconnaitre les efforts de ces trois hommes, l'on devait pourtant attribuer à la divine providence, et à une protection particulière de la patronne du Berry la conservation du temple, qu'il ratifiait l'assertion qu'il avait faite par son mandement à tous les curés et fidèles de son diocèse aux fins de secourir par leurs aumônes les incendiés de cette paroisse, que c'était par un espèce de miracle de notre Sainte si l'Eglise avait échappé aux flammes. Le pieux prélat ne s'en tint pas à ces seules marques de sa confiance énoncées dans le particulier de ce jour où il fit célébrer par son aumonier la messe pendant laquelle il fit paraitre la piété la plus tendre, et fit une prière très longue au tombeau de Ste-Solange, après la dite messe. Rendu dans l'habitation du curé, laquelle consistait en une chambre unique ou à peine tenoient deux lits et les autres meubles d'un ménage en désordre et mal monté. Ce Seigneur ne dédaigna pas d'y entrer et même de s'y asseoir et d'y rester un certain temps toujours en consolant le pasteur et plusieurs de ses ouaïlles qui avoient suivi. Là il s'informa si l'on avoit rendu de publiques et solennelles actions de grâces de ce que l'Eglise avait échappée à l'incendie et sur ce qu'on lui répondit qu'on ne s'était pas acquité de ce devoir, il ordonna qu'il serait dit une messe en actions de grâces après laquelle on chanterait le *tedeum* et que le soir on donnerait la bénédiction du St-Sacrement, le tout le plus pompeusement que faire se pourrait, plus pour montrer l'étendue de sa confiance aux mérites de la patronne du Berry, comme il faisait une sécheresse qui désolait non seulement notre province mais même tout le Royaume, il demanda si l'on avait fait des prières pour le temps et sur ce qu'il fut dit qu'il y avait deux mois que l'on en avait fait et qu'on s'en tenait là, l'usage étant que les paroissiens vinssent en demander ; il dit au Curé, Eh bien je vous en demande pour eux, et je vous demande même l'exposition de votre Relique. Ovrez la neuvaine ce soir et j'y viendrai, en effet il vint et assista avec une piété indicible. la Sainte fut portée avec la plus grande pompe et exposée sur la suspension dont, après le salut, il loua l'arrangement, et ordonna qu'à la cloture de la neuvaine, puisque l'on pouvait voiler la Relique, après la prière à la Sainte, on la voilerait, et l'on terminerait la neuvaine par le salut et la bénédiction du Saint Sacrement. Sa grandeur voulant animer la piété de nos paroissiens, presque tous les jours de la semaine est venu de Turly assister à la Cérémonie, le vendredy le Curé de Ste Solange représenta à ce prélat exemplaire que M. le Curé des Aix le priait de lui accorder la grâce de venir en procession. Marquez-lui, me répondit-il; qu'il me fera plaisir. M. le Curé de St-Michel étant présent dans le quart d'heure, sollicita la même grâce. il lui répondit : quoique j'accorde difficilement la permission de sortir ainsi de sa paroisse, cependant je la donne, et même vous m'obligerez. je m'y trouverai moi même à cinq heures du soir. Sa grandeur effectivement descendit lui quatrième à la petite chambre, elle n'était venue les autres jours qu'en habit court, ce jour là ce qui surprit, elle parut en soutane et prit son Rochet et sa Mozette et fut à l'Eglise, après avoir prié quelques momens, personne ne s'y attendant, ce Seigneur prit le chemin de la chaire y monta, et débita un discours de presqu'une demi-heure. sur les afflictions. et la manière de les recevoir de la main de Dieu, il consola les incendiés par la perspective des grâces célestes qu'ils avoient à attendre, imprima dans le cœur de tous ceux qui souffraient avec résignation, il prêcha avec tant d'onction que plusieurs de l'auditoire fondirent en larmes, il fit sentir à chacun les ressources dont on doit se servir dans la tribulation. il montra que l'on trouve de très grands secours dans l'invocation des Saints. il apprit comment on doit les prier, et quel homage on doit leur présenter, et le culte dont nous leurs sommes redevables, il exalta le pouvoir de Ste Solange auprès de Dieu, et recommanda à tous de s'adresser à elle dans les calamités publiques non seulement comme patronne de ce lieu, mais comme protectrice de toute la province.

L'Eglise ne pouvait contenir tout le monde, il y faisait un si grand chaud, qu'on ne pouvait respirer. ce digne prélat refusa de se soulager en prenant un peu l'air, tout en sueur, il ne voulut point qu'on différa la prière, il y assista pontificalement, y chanta devant la relique, comme tout le chœur sans être assis, les litanies de Ste Solange, très longues : retourna au chœur, y chanta le *Domine non secundum*. et le v. *petite* il dit les oraisons et finit l'auguste cérémonie en donnant sa bénédiction Episcopale arrivé à la chambre, il prit le plus petit raffraichissement, et partit en disant que s'il n'avait du partir pour Néry, il serait venu à la clôture. Monté en carosse il honora d'un adieux attendrissant le peuple qui l'avait suivi. GODARD, Vic. [1].

Nous devons la communication de ce document à M. l'instituteur de Sainte-Solange.

TABLE DES MATIÈRES

PRÉFACE iii
CHAPITRE I. — Le siècle de sainte Solange 1
CHAPITRE II. — Le pays de sainte Solange. — Sa famille répand autour d'elle la bonne odeur de Jésus-Christ. — Sa première enfance............ 49
CHAPITRE III. — Fiançailles avec Notre-Seigneur Jésus-Christ.................... 71
CHAPITRE IV. — Le champ des oraisons. — Une journée de sainte Solange........ 83
CHAPITRE V. — Les visites à l'église. — L'Eucharistie........................... 95
CHAPITRE VI. — Ce qui caractérise la sainteté de Solange. — Union à la croix de Jésus-Christ.................... 105
CHAPITRE VII. — Contemplations................ 115
CHAPITRE VIII. — Mortifications de la Sainte. — Sa charité envers les pauvres. — Son grand amour pour Dieu et son éminente chasteté récompensés par le don des miracles...... 123

CHAPITRE IX. — La plénitude des vertus et des grâces de la Sainte. — *La fontaine de sainte Solange* à Villemont. — La beauté qui vient de la terre et la beauté qui vient du ciel 139

CHAPITRE X. — La cour de Bourges au neuvième siècle. — La serve et le jeune seigneur............................ 157

CHAPITRE XI. — Les chasses. — Le vautour et la colombe............................ 171

CHAPITRE XII. — Le meurtre. 187

HISTOIRE DU CULTE DE SAINTE SOLANGE

CHAPITRE XIII. — Ce qui arriva après la mort de Solange. — Enthousiasme du peuple qui la proclame martyre. — Substitution d'un vocable à un autre. — Commencements du culte de sainte Solange......... 199

CHAPITRE XIV. — Développement du culte de la Sainte jusqu'à la révolution. — Histoire de ses reliques. — Ses miracles. — Les processions célèbres en son honneur........... 211

CHAPITRE XV. — Recouvrement d'une partie des reliques de la Sainte. — Etat actuel de son culte depuis la Révolution jusqu'à nos jours. — Ses miracles les plus récents......... 237

CHAPITRE XVI. — Le grand pèlerinage de 1876. — L'église et la chapelle de Sainte-Solange. — Harmonie de cette dévotion avec les temps actuels. 253

TABLE DES MATIÈRES

APPENDICE

Hymnes et proses composées en l'honneur de sainte Solange...	277
Litanies de sainte Solange.............................	307
Prière à sainte Sollange pour le Berry................	310
Pèlerinage de Sainte Solange..........................	312
Office propre de sainte Solange.......................	313
Office ancien suivi de la traduction française........	317
Confrérie de sainte Solange...........................	332
Histoire et statuts de cette confrérie................	333
Décret du Pape Alexandre VII.........................	333
BIBLIOGRAPHIE OU INDICATION DES SOURCES HISTORIQUES.	349

NOTES ET PIÈCES JUSTIFICATIVES :

1. Controverse sur les trois Bernard................	355
2. Relation de deux guérisons miraculeuses........	361
3. Extrait des délibérations de la ville de Bourges des années 1676, 1693, 1719 et 1731. Procession de sainte Solange.............................	364
4. Incendie du bourg de sainte Solange, 28 avril 1785, extrait des registres de l'état civil......	365

ERRATA

Malgré le soin mis à corriger les épreuves, plusieurs fautes d'impression sont restées dans le texte : nous les indiquons ici, en signalant les plus graves qui se trouvent aux pages 315, 317, 330 et 331.

Page 61, ligne 16, au lieu de *couvert* lisez *couverte*.
Page 75, ligne 28, au lieu de *un* lisez *une*.
Page 77, ligne 26, au lieu de *mmartyre* lisez *martyre*.
Page 85, ligne 3, au lieu de *leur* lisez *leurs*.
Page 91, ligne 26, au lieu de *toute* entière lisez *tout* entière.
Page 92, ligne 9, *id.* *id.* *id.*
Page 153, note, au lieu de *Laubin* lisez *Lobin*.
Page 156, ligne 5, au lieu de *toute* lisez *tout*.
Page 164, ligne 1, au lieu de *n'cixistent* lisez *n'existent*.
Page 176, ligne 2, au lieu de *toute* lisez *tout*.
Page 187, ligne 3, au lieu de *devenait* lisez *fût devenue*.
Page 196, ligne 8, au lieu de *l'Eglise* lisez *l'église*.
Page 212, note, au lieu de *Audoul* lisez *Oudoul*.
Page 216, ligne 7, au lieu de *martyrologue* lisez *martyrologe*.
Page 221, ligne 7, au lieu de *père* lisez *Père*.
Page 240, ligne 15, *id.* *id.* *id.*
Page 248, ligne 25, au lieu de *sculpter* lisez *sculpte*.
Page 256, ligne 13, au lieu de *à pieds* lisez *à pied*.
Page 257, ligne 2, au lieu de *est* lisez *était dressé,*
Page 259, ligne 15, au lieu de *elle a de la grâce* lisez *elle a tant de grâce*.

Page 261, ligne 10, au lieu de *emportaient* lisez *recueillaient*.
Ibid, ligne 21, au lieu de *impossible* lisez *impossibles*.
Page 295, note, au lieu de *le* 13ᵉ lisez *la* 13ᵉ.
Page 300, ligne 4, au lieu de *d'un ange elle reçoit le nom* lisez *aussi d'un ange elle a le nom*.
Page 315, titre, au lieu de SON OFFICE ANCIEN lisez SON OFFICE ACTUEL.
Page 317, titre, au lieu de SON OFFICE ANCIEN lisez SON OFFICE ACTUEL.
Page 330, supprimez tout le titre : LEÇONS DU PROPRE ACTUEL.
Page 331, au lieu du titre : LEÇONS DU PROPRE ACTUEL lisez LEÇONS DU PROPRE DE 1676.
Page 358, ligne 5, au lieu de *toute* lisez *tout*.
Page 360, note 1, au lieu de 178 lisez 878.
Et à la note 2, au lieu de 878 lisez 178.
Page 378, ligne 20, au lieu de *exposés* lisez *exposé*.

Nous avons oublié de citer, dans notre *Bibliographie*, plusieurs ouvrages consultés, entre autres les histoires de *Dom Vaissette et de Besli*, les œuvres de saint Augustin, de saint Bernard, de sainte Thérèse, de Mgr Gay, etc.

FIN DU VOLUME

Le Puy, imprimerie Marchessou.

DU MÊME AUTEUR

L'orpheline de Béthoncourt, *Poème couronné par l'Académie des arts, sciences et belles-lettres de Savoie.* Prix.. 2 f.

Vie abrégée de sainte Solange. — Prix...... 0 f. 50

Sous presse :

Choix et cantiques à l'usage des maisons d'éducation.